NONNOS DE PANOPOLIS

LES DIONYSIAQUES

CHANTS XLI - XLIII

COLLECTION DES UNIVERSITÉS DE FRANCE
publiée sous le patronage de l'ASSOCIATION GUILLAUME BUDÉ

NONNOS DE PANOPOLIS

LES DIONYSIAQUES

TOME XV

CHANTS XLI - XLIII

TEXTE ÉTABLI ET TRADUIT

PAR

PIERRE CHUVIN ET MARIE-CHRISTINE FAYANT

PARIS

LES BELLES LETTRES

2006

Conformément aux statuts de l'Association Guillaume Budé, ce volume a été soumis à l'approbation de la commission technique, qui a chargé M. Francis Vian d'en faire la révision et d'en surveiller la correction en collaboration avec M. Pierre Chuvin et Mme Marie-Christine Fayant.

© 2006. Société d'édition Les Belles Lettres
95 boulevard Raspail, 75006 Paris
www.lesbelleslettres.com

ISBN : 2-251-00530-7
ISSN : 0184-7155

AVANT-PROPOS

Ce tome XV des *Dionysiaques* est de ceux qui ont la plus grande unité. Les trois chants (XLI à XLIII) qu'il renferme sont, en effet, entièrement consacrés au passage de Dionysos sur le site de Beyrouth, marqué par sa vaine tentative de séduire la nymphe locale ; ils racontent l'ensemble de l'aventure, et ne racontent que cela.

Unité de lieu, unité d'action. Il ne manque que l'unité de temps : car l'action, brève en elle-même, ouvre au lecteur une de ces vertigineuses perspectives d'histoire universelle dont Nonnos a le secret. Si bien que ces trois chants, par la variété des tons, offrent comme un condensé des charmes de l'ensemble du poème. Mais c'est sans doute l'évocation du paysage de Beyrouth et les contes sur ses origines qui leur valent d'être parmi les plus célèbres de l'œuvre — célébrité, on s'en convaincra sans peine en les lisant, largement méritée.

Ce brillant volume achève « presque » l'édition des *Dionysiaques* dans la Collection des Universités de France. Elle a été mise en chantier par Francis Vian, alors professeur à l'Université de Clermont-Ferrand, qui me recruta en 1966. Voici donc quarante ans, l'espace d'une carrière, quarante ans marqués aussi, comme il est naturel, pour les uns et les autres, par d'autres productions, en particulier, pour notre infatigable maître, par une gerbe d'éditions, de traductions et de commentaires de poètes épiques, dont un seul aurait suffi à asseoir sa renommée. Tous sont marqués au coin du scrupule le plus minutieux, d'une juste sensibilité littéraire et aussi de la perspicacité et d'un bon sens dont nous savons tous qu'il est loin d'être la chose la mieux partagée du monde.

Francis Vian, alors que pour la seconde fois je me trouve détaché de l'Université, a bien voulu s'associer à Marie-Christine Fayant pour la relecture des épreuves de ce volume, mesurant son travail de reviseur avec sa générosité coutumière. Je leur dois à l'un et à l'autre la gratitude qui va aux plus agréables des compagnons de promenade par le jardin des Muses. Hélène Frangoulis devrait bientôt nous rejoindre, apportant la dernière pierre manquante à l'édifice, les chants XXXV-XXXVI dans le tome XII. Mais l'équipe ne se limite pas à nos quatre noms ! Citons aussi Bernard Gerlaud, Bernadette Simon, Neil Hopkinson, et celles qui nous ont quittés prématurément, Gisèle Chrétien, Joëlle Gerbeau…

Et il faut mentionner encore nos amis de l'autre côté des Alpes, qui se sont joints à la chevauchée non-nienne : leur publication des *Dionysiaques* est complète en quatre gros volumes (le quatrième, dû à D. Accorinti, a paru en 2004). Elle doit certes, et c'est heureux, à la nôtre et la flanque d'une sorte d'*editio minor* ; mais les échanges de manuscrits entre Paris et Pise ont été fructueux dans les deux sens, et nous avons plaisir à saluer au seuil de ce tome le travail de notre ami Domenico Accorinti. On regrettera seulement que, pour des raisons d'économie, l'éditeur italien, la BUR, pourtant si méritant à l'égard des lettres classiques, se soit borné à reproduire le texte de l'édition Keydell, alors même que le commentaire adopte un autre parti — assez souvent le nôtre, oserons-nous dire si l'on nous pardonne cette immodestie.

Voici donc, amis lecteurs, notre moisson. Je suis responsable du chant XLI, Marie-Christine Fayant du chant XLIII, le travail ayant été commun sur le chant XLII. Nous avons bénéficié des lectures de Francis Vian sur le Laurentianus 32, 16 et, comme il a été dit, de ses talents de reviseur. Puissent les matériaux amassés dans ce volume, comme dans les seize qui l'ont précédé, contribuer à faire revivre le plus disert des poètes de la Grèce antique !

Pierre Chuvin

Directeur
de l'Institut français d'études anatoliennes –
Georges Dumézil, Istanbul

ÉDITIONS ET ÉTUDES
CITÉES DANS L'APPARAT CRITIQUE[1]

Canter : notes de G. Canter publiées en appendice de l'éd. Falkenburg.

Castiglioni[1] : A. Castiglioni, *Collectanea Graeca* (Pisa, 1911).

Castiglioni[2] : A. Castiglioni, *Rend. Ist. Lomb.*, 65, 1932, p. 309-337.

Collart[2] : P. Collart, *Nonnos de Panopolis* (Le Caire, 1930).

Cunaeus : P. Cunaeus, *Animadversiones in Nonni Dion.*, formant le début du t. 2 (p. 1-174) de l'éd. de Hanovre (1610).

Dilthey : C. Dilthey, *De Callimachi Cydippa* (1863).

Falkenburg : *editio princeps* de G. Falkenburg (Anvers, 1569).

Falkenburg[*] : notes critiques en appendice de l'édition précédente.

Falkenburg" : nouvelles notes, publiées avec celles de Scaliger en appendice de l'éd. Cunaeus, t. 2, p. 203-216 (1610).

Giangrande : G. Giangrande, *Class. Rev.*, n.s., 13, 1963, p. 253-256.

Graefe : édition de D. F. Graefe, t. 2 : ch. XXV-XLVIII (Leipzig, 1826).

Graefe[*] : notes de l'édition précédente.

Keydell : édition de R. Keydell, t. 2 : ch. XXV-XLVIII (Berlin, 1959).

Keydell[2] : R. Keydell, *Byz.-Neugr. Jahrbb.*, 5, 1926-1927, p. 380-389.

Keydell[9] : id., *Antiquité classique*, 1, 1932, p. 173-202.

---

1. On a conservé les signes diacritiques adoptés par R. Keydell dans son édition à la suite d'A. Ludwich.

Keydell[10] : id., *Hermes*, 79, 1944, p. 13-24.

Keydell[11] : id., *Byz. Zeitschr.*, 46, 1953, p. 1-17.

Koch[1] : H. A. Koch, *Rhein. Mus.*, 10, 1855, p. 167-194.

Koch[2] : id., *ibid.*, 14, 1859, p. 453-460.

Koechly : édition d'A. Koechly, t. 2 : ch. XXV-XLVIII (Leipzig, 1858).

Koechly* : préface de l'édition précédente.

Koechly[1] : A. Koechly, *Opuscula philologica I* (Leipzig, 1881).

Lubin : édition d'E. Lubin (Hanovre, 1605), rééditée en 1610.

Ludwich : édition d'A Ludwich, t. 2 : ch. XXV-XLVIII (Leipzig, 1911).

Ludwich[1] : A. Ludwich, *Beiträge zur Kritik des Nonnos* (Königsberg, 1873).

Ludwich[9] : id., *Epimetrum Nonnianum II* (Königsberg, 1913).

Ludwich[11] : id., *Berl. Phil. Wochenschr.*, 38, 1918, p. 373-384.

Maas : P. Maas, cité par R. Keydell.

Maas[3] : P. Maas, *Byz.-Neugr. Jahrbb.*, 3, 1922, p. 130-134.

Marcellus : édition du comte de Marcellus (Paris, 1856).

Moser[2] : G. H. Moser, *Heidelberger Jahrbb. der Lit.*, 20, 7, 1827, p. 695-720.

Politianus : *excerpta* des *Dionysiaques* copiés par Ange Politien en 1485 dans le *Paris. gr.*, 3069, fol. 171[r]-174[r2].

Rhodomann : *marginalia* de L. Rhodomann sur un exemplaire de l'éd. Falkenburg, mentionnés par G. Hermann, *Orphica* (Leipzig, 1805).

Rigler[4] : F. A. Rigler, *Meletemata Nonniana IV* (Potsdam, 1854).

Rigler[8] : id., *Lexicon nonnianum* (demeuré manuscrit).

Scaliger : notes de J. J. Scaliger publiées en appendice de l'édition Cunaeus, t. 2, p. 203-216.

Tiedke[1] : H. Tiedke, *Quaestionum Nonnianarum specimen* (Berlin, 1873).

Tiedke[13] : id., *Hermes*, 49, 1914, p. 214-228.

Tiedke[14] : id., *Hermes*, 50, 1915, p. 445-455.

Wernicke : édition de Triphiodore par F. A. Wernicke (Leipzig, 1819).

---

2. Sur ces *excerpta*, cf. F. Vian, dans *Synodia* (*Studia... A. Garzya*), Naples, 1997, p. 988-992.

OUVRAGES CITÉS EN ABRÉGÉ
DANS LES NOTICES ET
DANS LES NOTES

D. Accorinti, « L'etimologia di Βηρυτός : Nonnos, *Dioni-siache* 41, 364-367 », *Glotta*, 73, 1995-1996, p. 127-133.

D. Accorinti, *Nonno di Panopoli, Parafrasi del Vangelo di S. Giovanni, Canto XX*, Pisa 1996.

D. Accorinti, « Note critiche ed esegetiche al canto 41 delle Dionisiache di Nonno di Panopoli », *Byz. Zeitschr.*, 1997, 2, p. 349-366.

D. Accorinti, *Quaestiunculae Nonnianae, Medioevo greco*, 1, 2001, p. 1-21.

D. Accorinti et P. Chuvin, *Des Géants à Dionysos. Mélanges de mythologie et de poésie grecques offerts à Francis Vian* (*Hellenica*. Testi e strumenti di letteratura greca antica, medievale e umanistica, 10), Alessandria, 2003.

D. Accorinti, *Nonno di Panopoli, Le Dionisiache. Volume IV (canti XL-XLVIII)*, Milano, 2004.

P. Chuvin, *Mythologie et géographie dionysiaques. Recherches sur l'œuvre de Nonnos de Panopolis*. Clermont-Ferrand, ADOSA, 1992.

P. Chuvin, *La mythologie grecque. Du premier homme à l'apo-théose d'Héraclès*, Fayard, 1992.

P. Collart, *Nonnos de Panopolis. Études sur la composition et le texte des Dionysiaques*. Le Caire, Institut français, 1930.

P. Collinet, *Histoire de l'École de Droit de Beyrouth*, Paris, 1925.

D. Gigli Piccardi, « Alcune nuove concordanze fra Nonno ed Achille Tazio », *Studi in onore di Anthos Ardizzoni*, Roma, 1978, p. 431-436.

D. Gigli Piccardi, *Metafora e poetica in Nonno di Panopoli*. Firenze, Università degli studi, 1985 (Studi e testi, 7).

L. J. Hall, *Roman Berytus. Beirut in Late Antiquity*, London / New York 2004.

N. Hopkinson (éd.), *Studies in the* Dionysiaca *of Nonnus*. The Cambridge Philological Society, 1994 (Supplementary Volume n°17).

G. D'Ippolito, *Studi Nonniani. L'epillio nelle* Dionisiache. Palermo, presso l'Accademia, 1964 (Quaderni dell'Istituto di filologia greca della Università di Palermo, 3).

R. Keydell, *Nonni Panopolitani Dionysiaca* (2 vol.), Berlin, Weidmann, 1959.

R. Keydell, *Kleine Schriften zur hellenistischen und spätgriechischen Dichtung (1911-1976)*, zusammengestellt von W. Peek. Leipzig, Zentralantiquariat, 1982.

J.H.W.G. Liebeschuetz, *Decline and Fall of the Roman City*, Oxford, 2001.

H. Lloyd-Jones et P. Parsons, *Supplementum hellenisticum*, Berlin / New-York, 1983.

W. Peek, *Lexikon zu den Dionysiaka des Nonnos*. Berlin, Akademie-Verlag, 1968, 1973, 1974, 1975.

W.D. Rouse, *Nonnos, Dionysiaca*, traduit par W.D. Rouse, introduction et notes de H.J. Rose (3 vol.). Cambridge, Mass. / London, 1940 (Coll. Loeb).

R. Shorrock, *The Challenge of Epic. Allusive Engagement in the Dionysiaca of Nonnus*. Leiden, Brill, 2001 (*Mnemosyne*, Suppl. CCX).

V. Stegemann, *Astrologie und Universalgeschichte. Studien zur Interpretationen den Dionysiaka des Nonnos von Panopolis*. Leipzig/ Berlin, Teubner, 1930 (Stoicheia, 9).

M. String, *Untersuchungen zum Stil der Dionysiaka des Nonnos von Panopolis*. Dissert. dactylographiée, Hamburg, 1966.

F. Vian, « XOPEYEIN « aller » chez Nonnos ? », *Revue de Philologie*, 61, 1987, p. 13-17.

F. Vian, « Préludes cosmiques dans les *Dionysiaques* de Nonnos de Panopolis », *Prometheus*, 19, 1993, p. 39-52.

F. Vian, « L'" invention " de la vigne chez Nonnos », *Studia classica Iohanni Tarditi oblata*, Milano, 1995, p. 199-214.

F. Vian, « MAPTYΣ chez Nonnos de Panopolis : étude de sémantique et de chronologie », *Revue des Études grecques*, 110, 1997, p. 143-160.

SIGLA

L   Laurentianus 32, 16 (1280).
L¹   librarii ipsius correcturae.
L²…L⁵   recentiorum virorum coniecturae (uide t. I, p. LXII-
           LXIV).

Codices recentiores qui nonnunquam respiciuntur.

P   Palatinus Heidelbergensis gr. 85 (s. XVI), ex L
           descriptus.
F   Vindobonenses phil. gr. 45 et 51 (circa 1550),
           ex P descripti.

CHANT XLI

Πρῶτον τεσσαρακοοστὸν ἔχει, πόθεν υἱέι Μύρρης
ἄλλην Κύπριν ἔτικτεν Ἀμυμώνην Ἀφροδίτη.

NOTICE

Deux villes, et deux seules, font dans les *Dionysiaques*
l'objet à la fois d'une évocation détaillée de leur site et
d'une mise en scène de leurs légendes d'origine qui les
intègre à l'ensemble de la geste de Dionysos : Tyr et Beyrouth, voisines dans le poème comme dans la réalité.
Cette proximité et cette analogie de position ne sont évidemment pas dues au hasard, et le poète lui-même nous
invite à la réflexion lorsque, au début du ch. 41, il s'amuse
brièvement à l'une de ces comparaisons dénigrantes qu'il
affectionne, entre le site resserré, quasi-insulaire, de Tyr
et le site étalé de Beyrouth (v. 15-19), jouant de surcroît à
inverser les thèmes de l'éloge de Tyr au ch. 40.

***Enchaînement
avec le chant XL***
Cependant, même si les compo-
santes du récit et certains procédés mis en œuvre sont les mêmes
dans les deux passages, le traitement est tout différent. Le
récit de l'étape tyrienne occupe un peu moins de trois
cents vers et presque la moitié du ch. 40 (v. 298-580),
alors que les aventures de Dionysos à Beyrouth se déve-
loppent sur trois chants (41-43) et près de mille cinq cents
vers (1412). La visite à l'Héraclès de Tyr se lit dans la
perspective de l'apothéose de Dionysos dont elle constitue une étape solennelle, comme l'a signalé F. Vian[1].

---

1. F. Vian, Introduction à l'édition des *Dionysiaques* dans la Coll.
des Univ. de France, Paris, 1976, t. 1, p. XXII.

À Beyrouth, une tentative d'aventure amoureuse — le seul échec en ce domaine de Dionysos — est racontée au ch. 42 sur le mode badin. Cela crée un contraste curieux entre la futilité apparente du thème et l'ampleur qui est donnée à sa présentation au ch. 41, doublement rehaussée, par une invocation aux Muses (v. 10-12) et par un prélude cosmique (v. 263-427). L'épisode tyrien n'offre pas ces contrastes déconcertants. Mais c'est aussi que derrière le destin de l'éponyme de Beyrouth, le destin impérial de Rome se profile et donne son ampleur au ch. 41.

D'autre part, nous connaissons pour Tyr des devanciers du poète, et très certainement des modèles (Achille Tatios) que nous ne possédons pas pour Beyrouth (mais Nonnos pouvait disposer au moins des *patria* composés par Claudien pour cette ville, et sans doute d'autres documents[1]). Néanmoins, nous pouvons vérifier dans une large mesure la véracité de la partie descriptive des deux épisodes ; la précision visuelle et topographique de Nonnos est étonnante dans l'un comme dans l'autre.

Pour ce qui est du fonds mythologique, nous n'avons pas tout à fait les mêmes possibilités de contrôle, car les légendes de Beyrouth nous sont moins bien connues que celles de Tyr. Mais il est clair malgré cela que Nonnos utilise ces dernières de manière beaucoup plus complète et finalement plus respectueuse de la réalité locale. On peut faire de multiples rapprochements entre le texte de Nonnos et les très anciennes traditions phéniciennes de

---

1. « L'abondance et l'exactitude » des informations géographiques de Nonnos ne devraient pas faire de doute, qu'elles soient d'origine érudite, qu'elles résultent d'une observation personnelle ou qu'elles associent les deux. Elles sont liées le plus souvent à un intérêt du poète (qui reflète certainement celui de son public) pour les traditions locales qui abondent dans son œuvre, contrairement aux étranges affirmations de G. Casadio (compte rendu de *Myth. et géogr.* paru dans *Gnomon*, 1996, p. 295-299). L. J. Hall, *Roman Berytus. Beirut in Late Antiquity*, Londres / New York 2004, n'a pas tiré parti des indications topographiques de Nonnos.

Tyr ; l'arrière-plan indigène du récit des origines de Beyrouth est, comme on le verra, beaucoup plus conjectural.
Cela n'est pas seulement dû à l'amplification qui amène
Nonnos, à propos de Beyrouth, à utiliser des éléments
allégoriques généraux (les tables écrites par Ophion par
exemple) ; même le portrait de la nymphe « éponyme »,
Béroé / Amymôné, semble de prime abord totalement
conventionnel, ses rares traits originaux étant empruntés
à la mythologie grecque.

Bref, alors que la visite de Dionysos à Tyr fait figure de
pélerinage et a une portée « théologique[1] », son passage à
Beyrouth semble avoir une double signification : érotique
et, de ce point de vue, il est parmi les plus réussis de
l'œuvre — voir les propos de Dionysos faux jardinier (42,
282-312) ; et surtout politique : il parachève l'éloge de
Rome entamé au ch. 3. À cet égard, lui aussi contribue à
inscrire l'œuvre dans une perspective générale, celle de
l'établissement d'un pouvoir universel et éternel[2]. Mais la

---

1. Cela ne préjuge pas de la croyance ou non de Nonnos, qui ne
doit pas être définie en termes trop modernes. Quelle qu'ait été sa foi,
il faut reconnaître à son œuvre un plan cohérent, comme on l'a fait
depuis V. Stegemann, *Astrologie und Universalgeschichte*, Leipzig-
Berlin, 1930. À cet égard, J.H.W.G. Liebeschuetz nous semble aller
trop loin : Nonnos, certes, pratique l'humour, mais non la dérision à
l'égard de son sujet (« Pagan Mythology in the Christian Empire »,
International Journal of the Classical Tradition, II, 2 (1995), p. 205-
206 ; *Decline and Fall of the Roman City*, Oxford, 2001, p. 231-237).
De plus, il ne faut pas juger les aventures qu'il raconte selon les critères moraux d'aujourd'hui. Lorsque Liebeschuetz, *Decline and Fall*,
p. 232, juge que Dionysos fait un bien piètre séducteur, qui viole ses
amantes plutôt qu'il ne les aime, et les abandonne aussitôt (ce qui n'est
pas contestable), il n'est pas sûr que l'auditeur ancien du poème, fût-il
chrétien, aurait partagé notre réprobation.

2. Comparer (sans qu'il y ait, certainement, imitation de la part de
Nonnos) Virgile, *Én.*, VI, 851-853, *tu regere imperio populos, Romane,
memento / (hae tibi erunt artes), pacique imponere morem, / parcere
subiectis et debellare superbos*. Κοιρανίη (Nonnos, 41, 391) correspond exactement à l'*imperium* romain. On peut aussi comparer les vers
précédant ceux-ci, où Virgile énumère les domaines où les Romains
n'auront pas la suprématie, et le tableau nonnien des premières inven-

dimension ainsi atteinte est extérieure à la geste de Dionysos[1].

Les chants XLI-XLIII
dans l'ensemble
du poème

Le passage de Dionysos
à Beyrouth, en apparence
infructueux, n'en rentre
donc pas moins dans le
dessein d'ensemble du poème. Comme d'autres aventures
d'après la guerre des Indes, il peut être comparé à des épisodes placés avant cette guerre : le don de la justice aux
hommes grâce à Béroé a un parallèle évident, le don du vin
grâce à Dionysos ; l'un et l'autre sont mis en scène par le
même procédé du « prélude cosmique » (ch. 12 et 41) et
constituent des « chapitres d'histoire universelle[2] ». Le
don de la justice est préfiguré au ch. 3 par l'arrivée des Saisons chez Électre pour la naissance de Dardanos, avec les
emblèmes impériaux, présage de la souveraineté des
Romains, tout comme le don de la vigne est annoncé au
début du ch. 7 par les prières d'Aiôn. Les deux préludes
ont en commun un trait formel supplémentaire, celui de
comporter deux versions, l'une « ancienne » et l'autre
« récente[3] » (comparer 12, 292 et 41, 155). Enfin, la présentation successive, au ch. 6, du globe céleste d'Astraios
montrant l'ensemble du ciel et des constellations, puis, au
ch. 12, des tables rédigées par Phanès et répartissant l'histoire du monde selon le zodiaque, et enfin, au ch. 41, des
tables rédigées par Ophion et cette fois consacrées aux sept
planètes, introduit une récurrence des mêmes thèmes ou de
thèmes complémentaires, irrégulière certes mais cohérente.

---

tions. Chez Virgile, les beaux-arts (la sculpture), l'éloquence judi-
ciaire, l'astronomie ; chez Nonnos, les beaux-arts (la musique et la
poésie), l'astronomie, l'éloquence, les lois.
    1. On reviendra un peu plus loin (p. 10) sur cet aspect.
    2. F. Vian, Notice du ch. 12, t. 5, p. 60.
    3. Les deux autres exemples de « juxtaposition érudite de versions
différentes » relevés par F. Vian dans sa Notice du ch. 12, t. 5, p. 75,
sont moins proches que ces deux-là.

Ces rappels, d'un bout à l'autre du poème, se combinent avec d'autres pour former une sorte de composition annulaire géante, sensible à la lecture encore que souple[1]. On mentionnera seulement quelques-uns de ces balancements : les destinées de Sémélé la mère et d'Ariadne l'épouse de Dionysos (ch. 7-8 et 47) ; les similitudes de comportement entre Typhée l'adversaire de Zeus (ch. 1-2) et Aura la Titanide, adversaire de Dionysos (ch. 48)[2] ; les comportements des ennemis du dieu, Lycurgue avant la guerre (ch. 20-21) et Penthée après celle-ci (ch. 44-46), avec leurs contreparties amicales, Brongos (ch. 17) et Staphylos (ch. 18-20) d'un côté, Icarios (ch. 47) de l'autre ; les amours du dieu avec Nicaia (ch. 15-16) et avec Aura[3] (ch. 48), peut-être avec Palléné (mais cette dernière union, ch. 48, reste inféconde).

Vue d'ensemble de l'épisode de Béroé   Avant d'examiner la composition du ch. 41, il convient de prendre une vue d'ensemble de l'épisode, à travers les trois chants. Du reste, la répartition est claire ; elle illustre une fois de plus le souci de variété, de ποικιλία du poète, à la fois par rapport à l'épisode tyrien qui précède et à l'intérieur même de celui qui nous occupe, et propose une sorte de condensé des thèmes de l'œuvre : le ch. 41 est consacré à la description élogieuse du site de la ville (à la différence de Tyr, aucun monument ne peut être évoqué puisque la ville

---

1. G. D'Ippolito a été l'un des premiers à relever ces récurrences de thèmes et à les envisager sous l'angle de l'esthétique et non comme des répétitions défectueuses, dans son livre *Studi Nonniani. L'epillio nelle Dionisiache* (Palerme, 1964), même si la notion alors à la mode d'epyllion l'a empêché de procéder à une étude d'ensemble de la composition du poème.

2. Voir les rapprochements relevés par F. Vian, Notice du ch. 48, t. 18, p. 37, 41, 64 et n. 5, et les n. aux v. 452 et 923[b]-924[a].

3. On trouvera un parallèle soigné des deux épisodes dans la Notice de B. Gerlaud au ch. 16, t. 6, p. 102-107, écartant à juste titre l'idée qu'un épisode soit un « doublet » de l'autre.

n'est pas encore fondée) et à l'histoire de la nymphe éponyme, « Béroé » ; il déploie la dernière des quatre gran-
dioses scènes cosmiques qui ponctuent le poème, à elle
seule presque aussi longue que l'ensemble de l'épisode
tyrien[1]. Trois sur quatre de ces scènes sont situées dans le
premier quart du poème ; celle du ch. 41, par son
ampleur, par les rappels de chacune des trois autres
qu'elle contient, affirme avec force le caractère d'« épopée culturelle » des *Dionysiaques*, célébration à la fois
de la joie de vivre et de la justice.

Le ch. 42, qui s'ouvre sur la figure du « brûlant
Amour » (v. 2), est consacré au manège amoureux des
rivaux, Poseidon et Dionysos, pour séduire Béroé — ils
échouent du reste tous les deux. Le ch. 43, lui, est guerrier comme l'annoncent ses deux premiers vers : il
raconte l'affrontement des deux dieux et la victoire de
Poseidon, avec toutes les précautions nécessaires pour
que Dionysos n'apparaisse pas vaincu. L'extrême fin du
ch. 43 fait à nouveau, assez discrètement, allusion à la
ville réelle, contemporaine de Nonnos (v. 396-397, rôle
de Beyrouth comme port militaire ; v. 409-410, activités
commerciales : la soie de Perse, l'or des Pyrénées), se
rapprochant ainsi des thèmes des vers initiaux de l'épisode (41, 14-50). Nous proposons plus loin (p. 16-17)
une interprétation conjecturale de ce qui doit être, dans ce
ch. 43, une allusion à un site côtier non loin de Beyrouth
(v. 129-132), né d'un cataclysme provoqué par Dionysos.
Quant au ch. 42, il ne semble renfermer aucun détail
topique à part la mention d'une forêt de pins, qui pourrait
correspondre à un site des environs immédiats de Beyrouth, réputé jusqu'à aujourd'hui.

---

1. 273 vers (et plusieurs lacunes) contre 283 pour Tyr. — Scènes
cosmiques : 6, 4-108 ; 7, 7-135 ; 11, 485-12, 117 ; 41, 155-427. Ces
scènes ont été étudiées par F. Vian, « Préludes cosmiques dans les
Dionysiaques de Nonnos de Panopolis », *Prometheus*, 19, 1993, p. 39-
52 et dans la Notice du ch. 12 (t. 5, 1995).

1. La composition du chant XLI : éloge et description

On n'observe guère ici de ces correspondances arithmétiques qui sont frappantes dans d'autres parties du poème (par exemple dans le discours d'Héraclès Astrochitôn), encore qu'elles ne soient pas totalement absentes[1]. En revanche, le poète procède par reprise et transformation de thèmes.

L'invocation aux Muses Le chant s'ouvre par un tableau de la marche du thiase, v. 1-9 (vue ici à travers ses conséquences : la campagne se couvre de vignobles[2]). L'invocation aux Muses suit immédiatement. On comparera à ces v. 10-13 les quelques autres passages qui solennisent de la même manière l'œuvre entière ou un épisode : le prologue général de l'œuvre, ch. 1, v. 1, 11, 45 ; puis 13, 46 (cf. 14, 15-16) ; 21, 73 ; le « second prologue » du ch. 25, v. 1-21 (cf. v. 1 et 18), repris aux v. 253-264 (Homère et la Muse) ; 32, 184. Ces invocations sont placées à des charnières majeures du poème (ch. 1 et 25) ou en tête d'énumérations (ch. 13 et 14, qui du reste coïncident aussi avec un tournant du récit, la mobilisation pour la guerre des Indes ; ch. 21 et 32). Dans le reste de l'œuvre, les Muses sont ainsi soit les inspiratrices d'un grand dessein soit les auxiliaires de la mémoire.

En 41, 10-13, elles ne sont ni l'un ni l'autre et l'invocation de ce chant, seule en son genre, ne paraît se conformer à aucun de ces deux modèles : elle met simplement l'épisode à part ; l'éloge de la ville législatrice, θεμιστοπόλος, sera rehaussé par la rivalité de Dionysos et de Poseidon pour son patronage. La figure principale

---

1. On en verra quelques exemples à propos de la naissance de Béroé (ci-après, p. 20-21).
2. À l'inverse de ce qui se passera en Grèce, Dionysos n'a pas à « évangéliser » les campagnes libanaises. Sur les vignobles de l'arrière-pays de Beyrouth, cf. la n. à 42, 521-522.

des trois chants 41-43 n'est pas Dionysos, mais Béroé /
Beyrouth et, derrière elle, Rome. Au-delà et en dehors de
la marche de Dionysos vers l'apothéose, elle rétablit en
fait la perspective d'histoire universelle si évidente dans
les premiers chants (1-8 ; cf. en particulier 3, 195-199).
Beyrouth sera l'héritière d'Athènes autant que de Rome,
d'où l'insistance de Nonnos sur les lois de Solon, qui fait
ses seules apparitions de tout le poème aux v. 165-169,
273, 383[1]. Solon figure ainsi parmi le tout petit nombre
de personnages historiques qui sont nommés dans les
Dionysiaques, l'un, Olympias la mère d'Alexandre[2], au
ch. 7, v. 128, les deux autres au ch. 41, Lycurgue le légis-
lateur de Sparte au v. 330 et Auguste au v. 389[3].

Les litanies
de Beyrouth

Les litanies de Beyrouth (v. 14-49 et
143-154) reprennent un procédé déjà
utilisé à propos de Tyr, l'énumération
descriptive (cf. 40, 333-336, sans doute imitation directe
d'Achille Tatios). Mais à Tyr, tout tourne autour d'un
paradoxe, νῆσος ἐν ἠπείρῳ, avec l'alternance méca-
nique des termes, « une faux / des barques » ; à Beyrouth le ton est aussitôt celui de l'éloge (v. 14), avec un
rappel du site de Tyr pour faire-valoir (v. 15[b]-17), et ne
s'en écartera pas. On s'est plu à souligner la justesse de
la célébration d'un des plus beaux sites portuaires de la
Méditerranée (aujourd'hui dénaturé par l'essor urbain qui
commença vers 1860, mais encore vu dans sa splendeur

---

1. Sans que Solon soit nommé, on a aussi une allusion aux v. 218
et 223.
2. Nonnos évoque les amours d'Olympias avec Zeus transformé en
serpent, légende illustrée entre autres sur une mosaïque d'époque
impériale tardive provenant de Baalbek et conservée au musée de Beyrouth. Voir la Notice du ch. 7, p. 73-74 et la n. au v. 128.
3. Il faut ajouter les poètes (Solon n'est pas cité en tant que tel),
parmi lesquels Nonnos mentionne Homère (à plusieurs reprises, sous
son nom et comme « fils de Mélès »), Hésiode — par allusion au ch.
13, v. 75-76 — et Pindare (25, 20-21).

par Marcellus)[1] : nous en avons détaillé ailleurs les éléments et ils seront rappelés en note à la traduction[2].

Si les trente-six vers 14-49 sont consacrés au site naturel, les douze vers 143-154, eux, sont une énumération de divinités et une proclamation de la très haute antiquité de la ville ; les deux litanies commencent par deux expressions parallèles : βιότου τρόπις (v. 14), ῥίζα βίου (v. 143). Cette dernière expression sera, sans modification, appliquée à Aphrodite elle-même au v. 315, comme si la ville se confondait avec sa protectrice. La seconde litanie, ainsi ouverte, égrène ses vers dont chacun des sept premiers paraît former une unité, en général à trois membres :

(1) v. 143, éloge général (trois termes accolés au nom de la ville) ;
(2) v. 144, l'antiquité de la ville (trois termes) ;
(3) v. 145, Hermès, la Justice, les Lois ;
(4) v. 146, Joie (divinisée), Aphrodite, les Amours ;
(5) v. 147, Bacchos et Artémis (les vergers et la chasse) ;
(6) v. 148, les Néréides, Zeus, Arès : ici l'association est moins immédiate, mais si l'on considère que Zeus représente le dieu d'Héliopolis, « le palais d'Arès » pourrait désigner les colonies de vétérans qu'étaient Héliopolis comme Beyrouth et l' « offrande des Néréides » se rapporter vraisemblablement à la fondation de la *Colonia... Berytus*, longtemps après la victoire d'Actium, mais en référence explicite à celle-ci[3] ;

1. Les références à la beauté de Beyrouth, à toutes les époques, sont trop nombreuses pour qu'on les cite ; on en trouvera, pour l'Antiquité tardive, dans P. Collinet, *Histoire de l'École de Droit de Beyrouth*, Paris, 1925, en particulier chez Libanios, « Bérytos la toute belle » (*Ep.*, 1242 W.), « la très belle cité de Phénicie » (*Ep.*, 1547 W.). Au Ve siècle, c'est devenu un titre : dans une liste d'évêques au concile de Chalcédoine (451) est mentionné Eustathe, évêque τῆς Βηρυτίων καλλιπόλεως (Labbe, *Concilia*, 627 et 631, d'après Collinet, p. 54).
2. P. Chuvin, *Myth. et géogr.*, p. 197-201 et ci-après, dans les notes à la traduction, en particulier les n. aux v. 13-15[a], 15[b]-17, 18-49 (50) et 32-37.
3. La bataille navale d'Actium est de 31, la *deductio* de la colonie de 14 av. J.-C. ; malgré le temps écoulé, les monnaies de celle-ci n'en

(7) v. 149, reprise de l'éloge général : la patrie des Charites, l'astre du Liban ;

(8) v. 150-154, retour au thème de l'ancienneté de la ville, avec la mention de Tèthys et d'Océan, les parents de Béroé, « surnommée Amymônè » ; elle est donc une Océanide, ce qui convient bien à la patronne des ressources en eau de la ville (v. 150-154).

Un site primordial La célébration de l'antériorité du lieu (v. 51-142) prend place entre ces deux litanies. Elle forme un triptyque, portant successivement sur sa population, sa ville et sa divinité : (1) v. 51-66, les premiers hommes ; (2) v. 67-96, la ville bâtie (ou plutôt le site établi) par Cronos, au temps des enfances de Zeus ; (3) v. 97-142, l'arrivée sur terre d'Aphrodite, à la suite de la mutilation d'Ouranos. Ces trois morceaux vont en remontant dans le temps, quoique le premier ne semble pas refléter les mêmes conceptions que les deux autres. En effet, l'anthropogonie des v. 51-66, à partir de boue fécondée par un souffle de feu, est d'inspiration « scientifique ». Nonnos a déjà fait montre, au ch. 2, de son goût pour les explications physiques, à propos des origines de la foudre[1]. Cette création matérialiste pourrait sembler bien dans la manière de Philon de Byblos[2] ; mais elle est due à Physis donnant aux quatre éléments vie et forme (v. 57-58), ce qui rejoint la tradition hellénique, d'Empédocle à Aristote et au-delà[3]. Aux

font pas moins référence à l'illustre bataille : *Myth. et géogr.*, p. 203-204. L'expression « offrande des Néréides » est aussi susceptible d'une interprétation phénicienne, les traditions rapportées par Philon faisant état d'une lutte des dieux contre Pontos, la Mer : *ibid.*, p. 210-211.

1. *Dion.*, 2, 436-450 et 478-507, avec les notes de F. Vian et sa Notice, t. 1, p. 99-101.

2. Philon dans Eusèbe, *Prép. Év.*, I, 10, 1-4. Les éléments premiers chez Philon sont le souffle, la ténèbre, et un « chaos bourbeux » (trad. Sirinelli – Des Places, χάος θολερόν) qui associe la terre et l'eau (et non la lumière ni le feu, qui n'apparaissent que plus tard).

3. Voir les notes à 41, 51-66 et, pour une mise en situation générale, J. Brunschwig, G. Lloyd, *Le Savoir grec. Dictionnaire critique*,

v. 67-96, la création du site reflète la même ambivalence
entre la mythologie grecque et la tradition phénicienne
telle que nous l'entrevoyons à travers Philon de Byblos.
En effet, Philon, en mentionnant « Bérouth, qui habitait
aux environs de Byblos », semble bien se faire l'écho
d'une querelle d'ancienneté entre les deux villes[1]. Au
contraire, la scène suivante, la naissance d'Aphrodite
(v. 97-142), de même que son complément des v. 150-
154 (fin de la litanie), la naissance de Béroé / Amymôné,
se conforme à la mythologie classique, sans qu'on voie
de reflet phénicien possible. L'on reviendra sur le problé-
matique dédoublement de la déesse poliade : est-ce
Aphrodite ou Béroé ? Cette dernière est-elle fille
d'Océan et de Tèthys ou d'Aphrodite et d'Adonis ?

L'élément central du triptyque signalé plus haut martèle
le terme πρῶτος, « premier », seul ou en composition, le
plus souvent en début de vers, entouré de mots proches par
le sens : v. 66 (πρωτοφανής), 67 (πρωτόσπορον), 83
(προτέρη), 84 (πρωτοφανής), cf. 91 (πρεσϐυτέρη), 92 et
97 (καὶ φθαμένη), 95, 98 et 119 (πρώτη), 129 (πρωτόσπορον, en fin de vers comme au v. 67) … L'insistance
est rendue encore plus sensible par la présence de formules
parallèles, notamment, entrelacé à l'anaphore de πρώτη
qui vient d'être signalée, un chiasme entre les vers 91-92
(πρεσϐυτέρη… καὶ φθαμένη) et 97-98 (καὶ φθαμένη…
πρώτη), le v. 98 trouvant un écho appuyé au v. 119 (répétition initiale de l'hémistiche πρώτη Κύπριν ἔδεκτο). Le
thème de l'antériorité absolue du site « déborde » sur les
deux autres, renforçant l'unité de l'ensemble.

2. Données mythographiques : le patrimoine bérytien

Comme à propos des légendes de Tyr, se pose ici la
question de savoir si à la richesse et à la précision de

Paris, 1996, p. 320 et 611. Une étude précise de ce genre de passages
est donnée par F. Vian, à Apoll. Rh., 4, 681.
  1. Cité par Eusèbe, *Prép. Év.*, I, 10, 14.

l'information topographique de Nonnos correspond une fidélité égale aux données mythographiques locales. À Tyr, ce sont essentiellement le monnayage et un bas-relief qui nous permettent de répondre par l'affirmative et de chercher ensuite à relier nos deux sources écrites principales, les vers de Nonnos et les fragments de Philon de Byblos conservés par Eusèbe[1]. À Beyrouth, chez Nonnos comme dans les traditions locales, le dieu patron de la ville, Ba'al Berit, s'appelle en grec Poseidon alors qu'il semble y avoir, des deux côtés, hésitation sur l'identité de la déesse patronne, Aphrodite ou une nymphe ; et les points de comparaison, surtout dans le domaine des textes, sont beaucoup moins nombreux.

Noms, villes, légendes Mais la première difficulté se situe à l'intérieur de la mythologie grecque. La nymphe patronne est en effet désignée par Nonnos de deux manières différentes, tantôt comme Béroé (le cas le plus fréquent, près d'une cinquantaine d'exemples) et, à onze reprises, donc moins souvent mais non pas de manière exceptionnelle, Amymôné[2]. Même si la forme Béroé n'est pas attestée avant Nonnos pour désigner Beyrouth, il paraît invraisemblable qu'il ait innové en l'appliquant à la grande ville de Phénicie. La manière dont le nom est lancé dans le poème (ch. 41, v. 10 et 14) suppose qu'il était compris immédiatement.

Béroé est à l'origine une nymphe océanide, éponyme de la cité de Beroia, capitale du *koinon* de Macédoine à l'époque impériale, aujourd'hui Veria en Grèce. Son nom offrait une certaine ressemblance avec le singulier, *bêr*,

1. Voir *Myth. et géogr.*, p. 239-245, et B. Simon, Notice du ch. 40, t. 14, p. 153 et 155.
2. Une troisième dénomination, Bérytos, s'applique à la cité plutôt qu'à la nymphe ; elle apparaît trois fois, en 41, 367 et 396, et 43, 130. Elle semble se référer à la cité contemporaine de Nonnos. Voir ci-après : Appendice : l'étymologie de Bérytos (v. 364-367), p. 27-28.

du mot pluriel *bêroth*, « les puits », qui est celui de la ville en phénicien[1]. Cela se doublait d'une analogie des sites : Beroia de Macédoine était et reste célèbre pour l'abondance de ses eaux, même s'il s'agit de cascades et non de puits, qui en font une ville agréable et verdoyante (comme était Beyrouth). Par ailleurs, nous ignorons la légende macédonienne de Béroé (si une telle légende existait sous forme développée, elle n'a pas été reprise à Beyrouth, comme on va le voir) et, dans le monde de la colonisation séleucide, le nom de Beroia est communément porté par Alep, où il ne semble pas pouvoir s'expliquer par une analogie de paysages — peut-être par la provenance des colons macédoniens ?

L'autre nom, Amymôné, est celui d'une figure argienne, une Danaïde ; il n'est pas davantage attesté avant Nonnos pour désigner la nymphe patronne de Beyrouth, mais le monnayage pseudo-autonome de la ville, sous Macrin (217-218) et sous Gordien III (238-244), représente, comme acrotère sur le fronton du temple de Poseidon, l'épisode principal de la légende de cette Danaïde : son enlèvement par Poseidon alors qu'elle est allée chercher de l'eau à une source dans la campagne[2]. Ce détail doublement officiel (par son choix comme acrotère du temple du dieu poliade puis comme type monétaire) vaut preuve indirecte que le nom était connu, ce que semble bien confirmer, au IVe siècle (« vers 362-363 » selon J.-Ch. Balty), une mosaïque d'Apamée de Syrie montrant une Amymôné qui est l'épouse de Poseidon[3].

On retrouve donc dans l'iconographie de la cité la représentation du mythe d'enlèvement attaché au nom

---

1. Cela donne à penser que le nom a été choisi par quelqu'un qui comprenait que l'élément radical, dans le nom de Beyrouth, était *bêr*. Donc qui savait un minimum de phénicien.

2. P. Chuvin, *Myth. et géogr.*, p. 215 et pl. III, fig. 21.

3. Mosaïque du jugement des Néréides dans une version locale où c'est Cassiopée qui l'emporte (sous Julien) : J.-Ch. Balty, *Guide d'Apamée*, Bruxelles, 1981, p. 215 ; cf. *Myth. et géogr.*, p. 222.

d'Amymôné, mythe qui était par conséquent intégré au patrimoine légendaire de Beyrouth. Il n'y a pas trace en revanche d'un combat entre deux divinités pour la main de la nymphe et on pourrait se demander si cette partie de la légende n'aurait pas été inventée par Nonnos. Mais, d'après la tradition argienne élaborée par Eschyle dans le drame satyrique *Amymôné*, Poseidon a dû disputer sa tendre proie à un satyre arrivé avant lui avec les mêmes prétentions[1]. Nonnos ou sa source, soucieux de donner un rôle à Dionysos dans un récit de fondation auquel ce dieu était étranger, a pu être inspiré par la péripétie argienne du satyre.

Il ne s'ensuit pas que le Dionysos nonnien soit ici une figure totalement importée et artificielle. Il arrive à Beyrouth en descendant du mont Liban. Or un grand dieu local, régnant sur la *chôra* de Beyrouth, a son sanctuaire sur les hauteurs qui dominent la ville, à Deir al-Qala'a ; il porte le nom phénicien de Ba'al Marqôd (Θεὸς Βααλμαρκως en grec) ; son identification la plus courante, à Jupiter, n'était pas la seule ; Gennaios est attesté également[2] et il a pu être identifié à Dionysos puisqu'un de ses dévots porte le surnom *Bromiacus* et que certaines de ses épithètes conviennent parfaitement à Dionysos : Ba'al Marqôd est en effet invoqué comme « souverain des *cômoi* » et « dieu ancestral conducteur des danses ». Certes, son nom même laisse entendre qu'il peut adopter des comportements qui ne sont pas dionysiaques, puisqu'il signifie « celui qui fait trembler la terre ». Mais cela le rapproche paradoxalement du Dionysos nonnien lorsque ce dernier se vante d'ouvrir un passage commode en bordure de mer, entre mer et montagne, aux environs

1. Eschyle, fr. 128-133 Mette ; Apollod., 1, 4, 13 (= Esch., fr. 130 Mette) ; Hygin, *Fable* 169a.

2. Voir H. Seyrig – J. Starcky, *Ant. Syr.* IV, 41 bis. « Genneas et les dieux cavaliers en Syrie » (*Syria*, XXVI, 1949, p. 230-257), en partic. p. 252-256, à propos de l'identification de Ba'al-Marqôd à un dieu Gennaios.

de la ville (ch. 43, v. 129-132) — il ne peut guère s'agir que des défilés au nord de Beyrouth, à l'extérieur de la ville et sur la route de Byblos[1].

Comme à propos de l'expression « Beyrouth, offrande des Néréides », on voit se combiner des éléments gréco-romains (ici la référence à Actium, là la légende d'Amy-môné dans le drame satyrique) et des éléments indigènes (ici la consécration des dépouilles de Pontos, là le dieu Ba'al Marqôd, danseur et ébranleur du sol).

Les deux dénominations hellénisées de Beyrouth paraissent donc complémentaires. Se rattachant toutes deux à des sites aquifères, l'une, Béroé, évoque approxi-mativement, par ses sonorités, le nom phénicien de la ville et lui donne un glorieux parrainage macédonien (Beroia de Macédoine frappe monnaie à l'effigie d'Alexandre et d'Olympias, et illustre elle aussi les amours d'Olympias et de Zeus-serpent) ; l'autre évoque l'union de la nymphe des puits et du dieu des mers et a pu lui procurer des ori-gines argiennes, fort recherchées sous l'Empire ; mais ce titre de gloire est négligé par Nonnos qui distingue claire-ment les deux Amymôné[2].

La mère et la fille ?
La mère ou la fille ?
Il reste une question à laquelle les types moné-taires ne permettent pas de répondre immédiatement : quel est le rapport entre Aphrodite et « Béroé » ? Ou plutôt, comment se fait-il

---

1. Il faut citer ici une inscription qui décrit de grands travaux, entrepris par Proculus, gouverneur de Phénicie en 382-383, pour élar-gir la route côtière au niveau des gorges du Lycos (Nahr el-Kelb) : *SEG*, VII, 195 et L. J. Hall, *Roman Berytus*, p. 145-146, qui cependant se réfère à un dieu fantôme Malek issu d'une mélecture de μαλ ' ἐκτε-λέων... Les indications de l'inscription, sinon ses termes, sont très proches de celles que donne Nonnos. Sur l'identification du Dionysos nonnien et de Ba'al Marqôd, voir *Myth. et géogr.*, p. 218-221, avec l'interprétation d'une épigramme, *Anth. Pal.*, XIV, 75.

2. 42, 407. Sur ces distinctions de personnages homonymes, voir ci-après, p. 19 et 27.

que ce ne soit pas Aphrodite elle-même qui ait le patronage de Beyrouth ? Elle est pourtant πολιοῦχος de la
ville (42, 516) chez Nonnos. Et l'ascendance « ancienne »
de la nymphe, celle qui en fait la fille d'Océan et de
Tèthys, conviendrait bien aussi pour Aphrodite. D'autre
part, il y a quelque paradoxe à placer la plus ancienne
cité de l'univers sous la protection d'une nymphe « tard
venue ». Mais cela ne doit pas nous amener à confondre
les deux divinités : elles n'étaient peut-être pas tout à fait
identiques dès l'époque hellénistique[1].

L'explication tient vraisemblablement aux multiples
refondations qu'a connues Beyrouth, et en particulier à la
principale, celle qui intervint sous le principat d'Auguste
avec la transformation en colonie, qui marqua l'abandon
définitif du nom séleucide usuel, Laodicée de Phénicie, et
la « résurrection » officielle du nom indigène, qui n'était
sans doute jamais sorti de l'usage, sous la forme *Berytus*.
Dans ses deux premiers emplois chez Nonnos, en 41, 367
et 396, Bérytos est bien marqué comme un nom romain.
Aphrodite et Amymôné correspondraient donc à deux
images de la déesse-patronne : Aphrodite / Astarté, compagne de Poseidon, antérieure à la venue des Grecs et *a
fortiori* des Romains, et Amymôné / Béroé, son dédoublement tardif… Les vers 361-367 sont fort clairs à cet
égard : « Béroé la première apparue, […] portant le nom
de la nymphe qui naîtra plus tard ».

Peut-on remonter au-delà ? Le thème de l'antiquité a
dû, naturellement, faire partie de tout temps des traditions
de Beyrouth et figurait certainement déjà dans la source
de Philon, l'énigmatique Sanchuniathon qui est précisément donné comme un prêtre phénicien originaire de
Beyrouth. En définitive, Nonnos aurait procédé à Bey-

---

1. *Myth. et géogr.*, p. 208. Au IIe et au Ier siècles av. J.-C., les types
monétaires montrent, en types de droit, soit Poseidon soit une Tyché
tourelée ; et, en type de revers, soit Poseidon sur un char soit une
déesse (non tourelée) debout à la proue d'un navire. Les deux figura-
tions féminines peuvent représenter « deux visages hellénisés d'une
seule déesse phénicienne ».

routh comme à Tyr : imaginant de son propre fonds les
relations entre son héros Dionysos et le dieu poliade,
d'emblée amicales là, d'abord hostiles ici ; mais par
ailleurs, sous les dehors d'une mythologie d'agrément,
restant fidèle à des formes très anciennes, hellénisées
depuis bien des siècles mais encore reconnaissables, des
divinités qu'il met en scène.

Au demeurant, on se gardera d'opposer schématique-
ment des traditions « indigène » et « hellénique ». Le
jeu des identifications d'épithète ou d'attribut, des noms
multiples, des homonymies même approximatives, per-
mettait d'éviter les solutions de continuité. C'est ainsi
que le culte d'Agénor, arrière-grand-père de Dionysos
dans une généalogie de facture grecque, est mentionné
par Nonnos à Tyr (40, 356). Or il ne s'agit pas d'une fan-
taisie de poète, puisque l'Agènorion est mentionné par
Arrien comme un lieu de résistance des Tyriens lors de la
prise de la ville par Alexandre (II, 24, 2). Un culte que les
Grecs pouvaient identifier à celui d'Agénor existait donc
à Tyr dès avant la venue d'Alexandre[1]. Le patron de la
chôra de Beyrouth, Baalmarcôs, offre un comportement
d'une ressemblance frappante avec celui du Dionysos
nonnien lors de son passage sur le territoire de cette ville,
qu'il protégera sans en être tout à fait le maître, aux
termes de l'accord conclu sous les auspices d'Aphrodite
à la fin du ch. 42 (v. 514-525). Une assimilation des deux
divinités n'aurait rien eu que de très plausible.

3. Mythe et poésie : l'échafaudage cosmique

La fille d'Aphrodite   Venant après la seconde litanie,
la version « récente » des ori-
gines de la déesse poliade (v. 155-262) est celle que Non-

---

1. Ce point a échappé à B. Simon dans son édition comme à P.
Chuvin dans *Myth. et géogr.* et aux récents commentateurs de Nonnos.
Il s'agit vraisemblablement du lieu de culte du fondateur de Tyr. D.
Accorinti, *ad loc.*, rappelle que, selon Quinte-Curce, IV, 4, 19, Agénor
passait pour le fondateur de la ville.

nos exploitera par la suite ; elle en fait la fille, et non plus le double, d'Aphrodite. Cette modification est nécessaire pour motiver la consultation des destins du monde par Aphrodite : comme Déméter au ch. 6, c'est une mère inquiète pour sa fille — mais ici elle sera pleinement rassurée. La visite à Harmonie tient lieu d'horoscope établi à la naissance d'un enfant. Cette version « récente » est introduite par les trois vers 155-157 et paraît d'abord porter la marque d'une mythologie plus littéraire, plus conventionnelle que l'autre : elle ne fait pas même une allusion aux origines giblites d'Adonis, alors que Byblos et Beyrouth étaient rivales pour le titre de « la plus ancienne », comme on l'entrevoit d'après Philon de Byblos[1] — et Nonnos lui-même, un peu plus haut (v. 107). Cette fille d'Aphrodite et d'Adonis était trop facile à imaginer et elle est certainement artificielle, de création en effet « récente » sans être forcément sortie de l'imagination du poète. Il n'est du reste pas sûr que l'autre version ne soit pas aussi en partie factice…

La scène développée de la naissance (v. 158-184, 27 vers : accouchement d'Aphrodite, v. 158-171, 14 vers ; premiers soins donnés à Béroé, v. 172-184, 13 vers), reprend des procédés utilisés pour glorifier la naissance de Dardanos, ancêtre des Troyens et donc des Romains, au ch. 3, v. 195-199, et rappelle de façon plus générale le rôle d'Hermès dans ce même ch. 3, avec la mention de la Justice, de l'Éternité et, en guise de langes, d'un manteau (πέπλα) emblématique de la souveraineté.

La naissance de Béroé fait régner l'harmonie universelle, développée dans un tableau de 27 vers (v. 185-211, autant que la scène de la naissance) qui montre la réconciliation des espèces ennemies, des proies et des préda-

---

1. Philon évoque la naissance « d'un certain Elioum appelé Très Haut et d'une femme appelée Bèrouth, qui habitaient aux environs de Byblos » (dans Eusèbe, *Prép. Év.*, I, 10, 14). Si la déesse éponyme de Beyrouth est située par rapport à Byblos, cela signifie que cette dernière existait avant Beyrouth.

teurs, présentés en sept couples assortis[1] : le lion et le
taureau (v. 186ᵇ-188), la panthère et le lièvre (v. 191-
192), le loup et le mouton (v. 193-194), le chien et le sanglier (v. 195-197) ; puis deux couples femelles, l'ourse et
la génisse (v. 198-199), la lionne et la génisse (v. 200-
202), version femelle du premier couple mâle ; enfin,
l'éléphant et le serpent (v. 203) ; une espèce est présentée isolément, le cheval en deuxième position (v. 189-
190), marquant le rythme de la danse générale par le mar-
tèlement de ses sabots. Dans le détail des comportements
des animaux, on peut relever des correspondances entre
ceux des trois premiers couples mâles et ceux des deux
couples femelles, avec une reprise en chiasme autour du
couple central formé par le chien et le sanglier :

v. 186-188 : le lion baise l'échine du taureau avec un amical mugissement (φίλον μυκηθμόν) (a)
v. 191-192 : la panthère gambade (ἐπεσκίρτησε) près du lièvre (b)
v. 193-194 : le loup étreint (προσπτύξατο) le mouton avec un hululu-
ment (c)
v. 195-196 : le chien danse avec le sanglier (d)
v. 198-199 : l'ourse entoure le cou (ἠγκάσσατο) de la génisse (c')
v. 200-202 : la génisse gambade (ἀνεσκίρτησε) (b') et lèche la lionne
en mugissant doucement (ἡμιτελὲς μύκημα) (a')

La mention du bavardage des chênes au début du v. 204
montre que la joie exprimée par la danse des animaux
s'étend à l'ensemble de la nature. La réaction d'Aphrodite
à ce spectacle (v. 204ᵇ-211) est contradictoire, ce que souligne l'antithèse πᾶσι... μούνην (v. 208), appuyée par la
reprise de πᾶσι (v. 207, 208) : la déesse se réjouit à la vue
de tous les animaux, à l'exception des sangliers qu'elle

---

1. On peut rapprocher cette scène de celle qui, au début du ch. 22
(v. 28-54), marque l'arrivée de Dionysos sur les rives de l'Hydaspe.
On y retrouve, regroupés différemment, un bon nombre des animaux
qui figurent dans notre chant : chien et lièvre, serpent, (tigre et) éléphant, lion et sanglier, panthère et ours, lionne, tous participant à la
liesse générale par la danse, sous le regard ému d'Artémis qui renonce
à chasser.

refuse de regarder car leur présence préfigure la mort d'Adonis (v. 208ᵇ-211). On notera que le couple chien-sanglier est mis en valeur dans l'évocation de la danse générale où il occupe la position centrale, la quatrième.

Le jeu des correspondances arithmétiques s'interrompt dans l'évocation de l'enfance de Béroé (v. 212-229, 18 vers). L'enfant grandit en ayant pour nourrice la Vierge (Nonnos joue sur ce paradoxe en évoquant le « lait virginal » au v. 216), qui lui offre comme de juste en guise de collier son emblème céleste, l'Épi (v. 228-229) ; ces deux notations astrales encadrent un rappel du thème des origines attiques de la législation (v. 218-224, après 165-168). Même si l'on juge répétitifs ces procédés, il faut concéder à l'auteur une certaine virtuosité pour tresser les différents motifs en une composition musicale qui ne pouvait que charmer un auditoire bérytien. Ces multiples correspondances n'incitent pas à suivre R. Keydell quand il considère comme « additions postérieures » les v. 221-227. Tout donne à penser au contraire que la construction de ce passage est extrêmement réfléchie.

Les « enfances de Béroé » s'achèvent par son portrait (v. 230-262) : elle est à l'image de ses parents (v. 230-233ᵃ et 260-262). Ce long morceau de 33 vers décrit d'abord (v. 233ᵇ-249) la jeune fille à travers le regard de spectateurs divins, humiliés par sa beauté (Thétis) ou pleins de convoitise (Zeus) — prétexte à annoncer qu'elle est réservée à Poseidon (v. 247-249). Puis vient le portrait à proprement parler (v. 250-262), assez conventionnel, si on le rapporte à son parallèle le plus précis, le portrait (efféminé) de Cadmos dressé par Aphrodite / Peisinoé au ch. 4 : voix de miel, éclat du regard, carnation aux nuances contrastées de rose et de blanc[1]... Seul le

---

1. Comparer 41, 250ᵇ-253 et 4, 139-140 (voix de miel) ; 41, 254-258ᵃ et 4, 135-137ᵃ (éclat lunaire des regards) ; 41, 258-259 et 4, 130ᵇ-132ᵃ (la neige et les roses, ou le blanc et la pourpre, des chevilles ou

thème des v. 41, 260-262 (la beauté de ses deux parents se reflète sur son visage) n'appartient qu'à Béroé. Le seul équivalent à ce détail au ch. 4 serait la comparaison de Cadmos avec une statue d'Apollon (v. 102-105).

Chez Nonnos, les évocations concrètes de la beauté sont surtout masculines ; voir les portraits contrastés de Nicaia et d'Hymnos en 15, 169-203 et 204-207 : celui de Nicaia est « essentiellement moral », tandis que celui d'Hymnos, « purement physique », dépeint un athlète bien bâti mais au teint de rose[1]. Les autres amantes de Dionysos (Ariadne, Palléné, Aura) ne feront pas davantage l'objet d'une description sensuelle — pas même Ariadne (47, 275-294), qui illustre le thème de « la belle inconnue » comparée à des déesses, selon un schéma rhétorique utilisé au ch. 1, v. 97-109, pour Europé. C'est Ampélos vu par Bacchos qui se rapproche le plus des deux portraits de Cadmos et de Béroé[2] (10, 175-192 et 11, 17-42).

Le destin de Béroé sur les tables de l'univers	Le destin de Béroé (v. 263-398) est la partie la plus développée, en 136 vers

comportant au moins une lacune assurée (avant le v. 318), probablement de plusieurs vers.

La lecture des sept tables, rattachées chacune à une planète, écrites par Ophion (v. 362 et 399) et conservées par Harmonie (v. 340-399), forme, on l'a dit plus haut, un prélude cosmique, le seul dans le poème qui précède non pas une naissance mais seulement la révélation d'une

---

des pieds). Au ch. 41, Nonnos ne retient que trois des motifs du ch. 4, mais les développe davantage. Voir les notes à 4, 102-106 et 126-134 (t. 2, p. 155).

1. B. Gerlaud, Notice du ch. 15, t. 6, p. 55-56.

2. Des scènes érotiques peuvent cependant amener le poète à évoquer les fleurs de la beauté féminine : à propos de Nicaia, 15, 220-232. Relevé de beautés nonniennes par G. Chrétien, n. à 10, 175-192 (t. 4, p. 142).

destinée[1] ; Nonnos a soin de le distinguer de la consultation du ch. 12, dont il est cependant proche à plus d'un
égard : en 12, les Saisons vont lire les tables de l'histoire
universelle, zodiacales celles-là, qui sont certes dites
« d'Harmonie », mais conservées dans le palais du
Soleil, et ont été écrites par Phanès[2]. Dans les deux passages, Nonnos ne donne pas une description exhaustive ;
toutefois, il est plus facile de reconstruire un ensemble
cohérent, voire complet, à partir des données du ch. 12
qu'à partir de celles du ch. 41.

L'ordre des planètes est le même qu'en 5, 68-87 ; c'est
un ordre courant qui ne semble pas appeler de commentaire particulier. Cependant ici elles portent, sauf la lune
et le soleil, deux séries de noms : l'une les place sous le
patronage d'une divinité, l'autre évoque leur apparence
(ou, pour Vénus, le moment de leur apparition). Il revient
à D. Accorinti d'avoir remarqué que ces épithètes apparaissent dans la liste de planètes, rangées selon le même
ordre que chez Nonnos, qui ouvre les *Phainomena*
d'Alexandre d'Éphèse, poète de la fin de l'époque hellénistique[3].

Trois de ces tables sont examinées par Aphrodite : la
première est aussi la plus lointaine, celle de Cronos : elle
révèle quelle est la cité la plus ancienne de l'univers
(v. 361-367).

Aphrodite passe alors à la seconde table, celle d'Hermès, qui porte les inventions (370-384), donc retrace
l'histoire de l'humanité, et s'achève avec l'apparition des
lois de la cité et des lois du mariage, attribuées les unes et
les autres à Athènes.

1. Ci-dessus, p. 8 et n. 1.
2. F. Vian, Notice du ch. 12, t. 5, p. 55-57. Il s'y ajoute un « jeu
subtil de ressemblances » entre 6, 12 et 41, analysé par F. Vian, *Prometheus*, 19, 1993, p. 45. Ces ressemblances seront signalées ici *ad
loc.*
3. *Suppl. Hell.*, 21, v. 1-10 et D. Accorinti, « Note critiche ed esegetiche al canto 41 delle Dionisiache di Nonno di Panopoli », *Byz.
Zeitschr.*, 1997, 2, p. 366.

Après avoir vu sur les autres tables « les hauts faits des cités » (v. 386), expression qui vise sans doute essentiellement leur gloire militaire d'avant la conquête romaine et leur parure architecturale largement due à l'évergétisme d'époque impériale, Aphrodite s'arrête enfin devant la table centrale, la quatrième, celle du Soleil/Apollon, le dieu qui a accordé à Auguste la victoire d'Actium (v. 387-398).

C'est un monde de cités qui est évoqué et la fréquence du mot πτόλις est notable : v. 320, 327, 355, 357, 394, 395, 398 ; de plus le chant ne comprend pas moins de trois listes de cités, groupées selon différents critères : aux v. 85-90, Tarse, Thèbes, Sardes, l'Arcadie, sont rivales en ancienneté ; aux v. 267-275, Mycènes, Thèbes, Athènes ont chacune un titre de noblesse particulier : Mycènes, les murailles cyclopéennes ; Thèbes, le fait de porter le nom de la capitale de Haute Égypte ; Athènes, les lois de Solon et la protection d'Athéna ; aux v. 328-331, Chypre et Paphos, curieusement distinguées, ainsi que Corinthe, se caractérisent par leur culte d'Aphrodite[1] et Sparte par les lois de Lycurgue. La présence parallèle, en fin d'énumération, des deux grandes rivales de la Grèce classique mérite d'être notée. Ces listes associent les villes qui, comme Beyrouth elle-même, étaient prospères à l'époque de Nonnos (Paphos, Tarse, Sardes) et les souvenirs de grandeurs historiques[2] (Sparte, Athènes…).

Les inventions, v. 372ᵃ-384, sont présentées en douze vers :

---

1. Chypre et Corinthe sont déjà mentionnées au v. 97, qui fait lui aussi difficulté. Voir *ad loc.*

2. L'absence de détails topographiques directs, sauf pour Tyr et Beyrouth, ne prouve pas que le savoir de Nonnos soit « entirely bookish » comme l'écrit J.H.W.G. Liebeschuetz, *Decline and Fall*, p. 235, mais seulement que, selon un procédé fort ancien, il évoque les paysages à travers les légendes qui rendent compte de leurs singularités ; un exemple clair est fourni par la légende de S(t)atala, expliquée par L. Robert ; voir le t. 5 de cette édition, ch. 13, v. 474-498, et les notes de F. Vian ; L. Robert, *Villes d'Asie Mineure*² (1962), p. 280-317.

— les instruments de musique, 372ᵃ-374 (au nombre de trois, syrinx, lyre, aulos) ; le chant et la poésie, v. 375-376ᵃ ;

— le calendrier solaire (376ᵇ-378) ; les cycles de la lune (379-381ᵃ) ;

— l'art de la parole (381ᵇ-382) ; les lois (383ᵃ) et le mariage (383ᵇ-384).

On voit qu'en fait trois groupes sensiblement égaux sont liés entre eux par enjambement ou rejet : musique et poésie, un peu moins de 4 vers ; les deux formes (lunaire et solaire) de l'astronomie et du calendrier, un peu plus de 4 vers ; l'éloquence, les lois et le mariage, un peu moins de 4 vers. Assez naturellement, c'est l'astronomie, thème central, qui est mise en valeur, empiétant légèrement sur les deux ordres d'inventions voisins. Un procédé analogue a été relevé plus haut (p. 12-13) à propos du thème de l'ancienneté de la ville.

Si l'on compare les tables d'Harmonie dans le palais du Soleil, au début du ch. 12, on voit que les choix sont tout différents et que l'histoire du monde s'y ordonne autrement, de manière plus respectueuse de la mythologie : le ch. 12 combine deux types de présentation, suite généalogique (débutant par une théogonie) et juxtaposition de métamorphoses[1]. Sur des thèmes discrètement teintés d'orphisme, il ne fait aucun doute que ces variations, de la part de Nonnos, sont conscientes[2]. Elles correspondent à une distinction entre l'élément mythologique de l'œuvre (au ch. 12, le don du vin entraînant l'accession de Dionysos à l'Olympe) et l'élément politique (au ch. 41, le don des lois et la célébration du pouvoir éternel de Rome). Elles sont soulignées par la diffé-

---

1. Voir la comparaison entre les tables du ch. 12 et celles du ch. 41 par F. Vian, Notice du ch. 12, t. 5, p. 55-56. F. Vian montre bien que Nonnos a joué sur la complémentarité des deux passages et « pratiqué la *variatio* avec subtilité » : le ch. 12 relate l'histoire du monde, le ch. 41 les progrès de l'ordre social.

2. « Orphisme » littéraire au ch. 12 : F. Vian, *ibid.*, p. 61.

rence d'identité de la consultante, les Saisons au ch. 12, Aphrodite au ch. 41 ; des scribes, Phanès « premier-né » au ch. 12, Ophion, figure orphique, au ch. 41 (Ophion est présent aussi en 12, mais comme premier souverain du monde) ; des lieux de conservation, le palais du Soleil au ch. 12, le palais d'Harmonie au ch. 41 ; par leur principe d'ordonnancement astronomique enfin, selon les signes du zodiaque au ch. 12, selon les sept planètes au ch. 41[1]. Tout cela est trop systématique pour être fortuit.

Le destin de Béroé : retour au monde olympien

Le dernier élément du chant est le retour d'Aphrodite à son palais et, comme au ch. 7, le recours à Éros pour déclencher la réalisation des plans divins (v. 399-427, 29 vers). Très curieusement, Nonnos place alors dans la bouche d'Aphrodite le rappel de l'existence de sa fille Harmonie, qui vit « dans le chagrin » (v. 413), à cause sans doute (ce n'est pas précisé) des malheurs de sa descendance, évoqués en particulier au ch. 5. Cette Harmonie est la compagne terrestre de Cadmos et ne peut pas se confondre avec la « mère universelle » du v. 277. Nonnos distingue à diverses reprises entre des figures homonymes, à commencer par trois Dionysos et deux Héraclès[2].

Appendice : l'étymologie de Bérytos (v. 364-367)

On ne reviendra pas sur diverses explications, toutes peu plausibles, de l'expression par laquelle Nonnos justifie l'appellation Bérytos de la cité « parce qu'elle est voisine du Liban ». Soit que l'on corrige avec Graefe Λιβάνῳ en λιβάσιν[3], ou qu'avec D. Accorinti on veuille

---

1. Déjà relevé par F. Vian, *ibid.*, p. 56.
2. Voir une liste plus complète chez Vian, *Prometheus*, 19, 1993, p. 40 et ci-dessus, p. 17, n. 2, les « deux Amymôné ».
3. La forme est peu vraisemblable : le mot est toujours employé par Nonnos au datif pluriel sous la forme λιβάδεσσι(ν) (23 ex.) et

rapprocher Βηρυτός du nom ouest-sémitique d'un arbre (le pin ?) dont on n'a aucune transcription ancienne en grec et en latin[1], ou encore qu'avec F. Vian on rapproche Βηρυτός de βηρυλλός, l'aigue-marine, pierre de Poseidon[2], ces hypothèses ne tiennent pas face à la transparence du nom Βηρυτός = phén. bêr-oth, « les puits », forme attestée dès les tablettes de Tell-el Amarna (XIVᵉ s. av. J.C.) et, ce qui est plus important pour nous, encore connue d'Étienne de Byzance (début du VIᵉ s. ap. J.C.).

Il semble donc que le plus simple soit de faire l'économie de la lacune et de comprendre, en corrigeant πέσε en πέλε[3], que les Romains ont appelé la ville Βηρυτός, c'est-à-dire lui ont donné un nom phénicien, « parce qu'elle est voisine du Liban », autrement dit en Phénicie.

---

pour désigner un liquide qui coule : or une caractéristique de l'hydrographie de Beyrouth est précisément l'absence de sources et le recours à des puits. C'est chez Eschyle, *Perses*, 613, que l'on trouve la forme λιβάσιν et en prose que le mot peut désigner une eau immobile.

1. D. Accorinti, « L'etimologia di Βηρυτός : Nonnos, *Dionisiache* 41, 364-367 », *Glotta*, 73, 1995-1996, p. 127-133.

2. F. Vian a fait cette suggestion par lettre, à D. Accorinti puis à P. Chuvin : il garde le verbe πέσε, mais lui donne un autre sujet, βηρυλλός l'aigue-marine, pierre sur laquelle on gravait l'effigie de Poseidon (*Lapid. gr.*, p. 188, *Lap. naut.* 3) qui est le patron de Beyrouth. « Car près du Liban est tombé <un béryl qui...> ». L'hypothèse ne permet pas de faire l'économie d'une lacune et d'autre part, si l'Antiquité tardive a eu un culte pour les aérolithes, ceux-ci normalement ne sont pas des pierres précieuses.

3. Peut-être pourrait-on garder πέσε en se souvenant que le verbe est employé à propos d'une naissance en T 110 πίπτειν μετὰ ποσσὶ γυναικός, « tomber aux pieds d'une femme », d'où « naître ». Mais ici le verbe n'est pas accompagné d'un complément qui en précise le sens et ce serait en outre le seul exemple d'emploi du verbe avec cette signification dans le poème.

SOMMAIRE DU CHANT XLI

CHANT XLI

À peine, franchissant les cimes abruptes du Liban, a-t-il planté sur cette terre la grappe automnale aux grains brillants, qu'il enivre par tout le pays les vallées qui enfantent le vin[1].

Et il voit la demeure de la Paphienne, vouée aux
5 unions. Couronnant le bois ombreux avec les surgeons de cépages à peine poussés, il apporte le présent de la vigne à Adonis et à la déesse de Cythère.

Et les Grâces se mettent à danser. Pour enclore les cépages du fourré vigoureux, surgi dans l'élan qui le faisait grimper, le lierre au vol léger s'enlace au cyprès* !

10 Allons ! Sur le rivage voisin de Béroé la législatrice, dites, Muses du Liban, l'hymne d'Amymôné et, entre le Cronide venu des abysses et Lyaios fort par son thyrse, la guerre houleuse et la querelle vineuse* !

Il est une cité, Béroé[2], nef de vie, havre des Amours, dressée sur la mer, bénie par ses îles, bénie par sa ver-
15 dure !

Ce n'est pas l'étroite crête d'un isthme qui s'étire, là où, prise entre deux mers, d'un côté comme de l'autre une nuque raide est fouettée par les vagues* ! Non, elle se déploie vers la crête forestière de l'Euros flamboyant[3],

---

1. Οἰνοτόκους : des sept emplois de cette création nonnienne c'est le seul où il qualifie un lieu.
2. Pour le mouvement initial du vers, cf. 3, 258.
3. Παραπέπταται : seule attestation de ce verbe dans le poème.

ΔΙΟΝΥΣΙΑΚΩΝ ΜΑ

Ἄρτι μὲν ὀφρυόεντος ὑπὲρ Λιβάνοιο καρήνων
πήξας ἀγλαόκαρπον ἐπὶ χθονὶ βότρυν ὀπώρης
οἰνοτόκους ἐμέθυσσεν ὅλης κενεῶνας ἀρούρης.
Καὶ Παφίης δόμον εἶδε γαμήλιον· ἡμερίδων δέ
5 ἔρνεσιν ἀρτιφύτοισι βαθύσκιον ἄλσος ἐρέψας
ἀμπελόεν πόρε δῶρον Ἀδώνιδι καὶ Κυθερείῃ.
Καὶ Χαρίτων χορὸς ἦεν· ἀεξιφύτοιο δὲ λόχμης
ἡμερίδων ζωστῆρι θορὼν ἐπιβήτορι παλμῷ
κισσὸς ἀερσιπότητος ἐμιτρώθη κυπαρίσσῳ.
10 Ἀλλὰ θεμιστοπόλου Βερόης παρὰ γείτονι πέζῃ
ὕμνον Ἀμυμώνης Λιβανηίδες εἴπατε Μοῦσαι
καὶ βυθίου Κρονίδαο καὶ εὐθύρσοιο Λυαίου
ἄρεα κυματόεντα καὶ ἀμπελόεσσαν ἐνυώ.
Ἔστι πόλις Βερόη, βιότου τρόπις, ὅρμος Ἐρώτων,
15 ποντοπαγής, εὔνησος, ἐύχλοος. — Οὐ ῥάχις ἰσθμοῦ
στεινὴ μῆκος ἔχοντος, ὅπῃ διδύμης μέσος ἅλμης
κύμασιν ἀμφοτέροισιν ἱμάσσεται ὄρθιος αὐχήν.
Ἀλλὰ τὰ μὲν βαθύδενδρον ὑπὸ ῥάχιν αἴθοπος Εὔρου
Ἀσσυρίῳ Λιβάνῳ παραπέπταται, ἧχι πολίταις

1 fol. 141ᵛ L ‖ καρήνων Graefe* : -νου L ‖ 2 ἐπὶ L : ἐνὶ Keydell ‖
5 ἐρέψας F : -έψαι L ‖ 6 πόρε Canter : ποτὲ L ‖ 7 λόχμης L :
Βάκχου Koch², cl. 47, 7 ‖ 12 εὐθύρσοιο dub. Koechly*, cl. 11, 123 :
εὐύμνοιο L ‖ 15 ἐύχλοος Graefe : ἐύχροος L ‖ οὐ L : οὖ Koechly
(et P ut uid.) ‖ 18 βαθυδένδρον [pr. δ ex θ] L.

20 le long du Liban assyrien ; de là les citadins reçoivent
une brise salubre, dans un sifflement strident, et les
cyprès ondulent sous les vents qui embaument. Et c'est le
séjour des agriculteurs, où souvent, près d'un boqueteau,
Déô tenant sa faucille[1] croise Pan jouant de la musique ;
et le laboureur, nuque penchée sur le timon, dispersant
25 sur la terre qu'il vient de fendre le grain qu'il jette à la
volée derrière lui, retenant sa paire de bœufs, bavarde,
valet de charrue voûté, avec le berger son voisin, à l'orée
de la forêt nourricière*.

L'autre côté, le bord de mer, c'est la ville qui l'occupe.
Là, elle tend sa poitrine à Poseidon et la nuque couverte
30 d'algues de la jeune fille est enserrée par le bras ruisse-
lant de son humide époux, qui envoie des baisers
mouillés aux lèvres de sa fiancée. Et la compagne de
Poseidon reçoit, déposés par une main venue des abysses
dans son sein coutumier de ces hommages, les présents
du dieu, troupeaux nourris par la mer en ses plaines, régal
35 de la table, toutes sortes de poissons frétillant sur la table
marine de Nérée, près du rivage septentrional où, sur la
côte battue des flots, au creux d'une baie[2], au nord, se
déverse un courant*.

Du côté de la nuque méridionale de cette terre charmante, en direction de son échine sud, des chemins, par
40 les dunes, mènent vers la terre de Sidon. Là verdoient les
arbres variés des jardins et la vigne, et sous leurs amples
frondaisons un chemin ombragé s'allonge devant les
voyageurs et ne les laisse pas s'égarer*.

Infléchissant son courant contre la côte, la mer déferle,
45 du côté du couchant brumeux, où, tandis que le Zéphyr,
au son clair de ses rémiges, mène sa chevauchée par les
retraites occidentales, le cap libyen est balayé par un sifflement chargé de rosée. Là est une prairie fleurie, là, tout

---

1. Δρεπανηφόρος qualifie aussi Déméter en 6, 104.
2. Κενεών est très proche pour le sens de κόλπος (cf. par ex. 45,
210 ou 21, 26).

20 ὄρθια συρίζουσα βιοσσόος ἔρχεται αὔρη,
  εὐόδμοις ἀνέμοισι τινασσομένων κυπαρίσσων ·
  καὶ δόμος ἀγρονόμων, ὅθι πολλάκις ἐγγύθι λόχμης
  Πανὶ μελιζομένῳ δρεπανηφόρος ἤντετο Δηώ,
  καί τις ἐφ᾽ ἱστοβόῃ γεωμόρος αὐχένα κάμψας,
25 ῥαίνων ἀρτιχάρακτον ὀπισθοβόλῳ χθόνα καρπῷ,
  γείτονι μηλοβοτῆρι παρὰ σφυρὰ φορβάδος ὕλης,
  σφίγξας σύζυγα ταῦρον, ὁμίλεε κυρτὸς ἀροτρεύς.

  Ἄλλα δὲ πὰρ πελάγεσσιν ἔχει πτόλις, ἧχι τιταίνει
  στέρνα Ποσειδάωνι, καὶ ἔμβρυον αὐχένα κούρης
30 πήχεϊ μυδαλέῳ περιβάλλεται ὑγρὸς ἀκοίτης,
  πέμπων ὑδατόεντα φιλήματα χείλεσι νύμφης·
  καὶ βυθίης ἀπὸ χειρὸς ὁμευνέτις ἠθάδι κόλπῳ
  ἔδνα Ποσειδάωνος ἀλίτροφα πώεα λίμνης
  δέχνυται, ἰχθυόεντα πολύχροα δεῖπνα τραπέζης,
35 εἰναλίη Νηρῆος ἐπισκαίροντα τραπέζῃ,
  ἀρκτῴην παρὰ πέζαν, ὅπῃ βαθυκύμονος ἀκτῆς
  μηκεδανῷ κενεῶνι Βορήιος ἕλκεται αὐλών.

  Ἀμφὶ δὲ τερψινόοιο μεσημβρινὸν αὐχένα γαίης
  εἰς ῥαχίην Νοτίην ψαμαθώδεές εἰσιν ἀταρποί
40 εἰς χθόνα Σιδονίην, ὅθι ποικίλα δένδρεα κήπων
  καὶ σταφυλαὶ κομόωσι, τανυπτόρθοις δὲ πετήλοις
  δάσκιος ἀπλανέεσσι τιταίνεται οἶμος ὁδίταις.

  Δοχμώσας δὲ ῥέεθρον ἐπ᾽ ἠόνι πόντος ἀράσσει
  ἀμφὶ δύσιν κυανωπόν, ὅπῃ λιγυηχέι ταρσῷ
45 Ἑσπερίων Ζεφύροιο καθιππεύοντος ἐναύλων
  συριγμῷ δροσόεντι Λίβυς ῥιπίζεται ἀγκών,
  ἀνθεμόεις ὅθι χῶρος, ὅπῃ παρὰ γείτονι πόντῳ
  φυταλιαὶ θαλέουσι, καὶ εὐπετάλων ἀπὸ δένδρων

---

21 post u. lac. pos. Graefe sed uide adn. ‖ 31 νύμφης Marcellus :
κούρης L ‖ 34 τραπέζης L (cf. 42, 29) : θαλάσσης Marcellus, u. 35
ante 34 posito ‖ 35 ἐπισκαίροντα [αι p.c.] L ‖ 45 καθιππεύοντος F² :
-ντες L ‖ 48 φυταλίαι L.

près de la mer, prospèrent les vergers et des frondaisons
des arbres s'échappe en un souffle bruissant le chant de
50 la forêt animée. [Compagnon du pêcheur, chante le vieux
pasteur.]*
    C'est là qu'habitaient des mortels aussi anciens que le
Jour ; Nature, en une naissance spontanée, selon une loi qui
ignorait le mariage, les avait engendrés sans union —
Nature qui n'a pas de père, qui n'a pas été enfantée, qui n'a
pas de mère ! — lorsque, liant les quatre éléments mêlés,
55 elle forma un savant produit, pétri avec l'eau et la vapeur de
feu qui était dans l'air, et qu'un accouchement sans fécon-
dation donna souffle de vie à la descendance qui était en
gestation dans la boue. À ces hommes, Nature donna une
figure en tous points parfaite. Car ils n'avaient point
l'aspect de Kécrops l'ancêtre qui, des anneaux venimeux de
60 ses jambes raclant le sol, se traînait avec une démarche rep-
tilienne, dragon pour le bas tandis qu'en haut, de la taille à
la tête, hybride, inachevé, il apparaissait en homme à deux
corps. Non, ils n'avaient pas l'aspect sauvage d'Érechthée,
qu'Héphaistos avait engendré, offrant en mariage sa rosée
65 nuptiale au sillon de la Terre. Mais, enracinant sa génération dans le sol même, l'épi d'or des hommes premiers
apparus fut mis au monde à l'image des dieux*.
    Et ils habitaient la ville de Béroé, résidence première
semée[1], que Cronos lui-même avait bâtie, lorsque, par la
volonté de la sage Rhéa, il enfourna un rugueux repas
70 dans sa gorge goulue ; et son Accoucheuse (Eileithyia)
pour la charge qui lui pesait fut une pierre qui fit jaillir
les nombreux enfants de sa descendance comprimée,
lorsqu'il aspira goulûment le cours d'un fleuve entier, à
la manière d'un nuage, et attira dans sa poitrine bouillon-
nante l'eau qui facilita l'enfantement, libérant le fardeau
75 de son estomac. Expulsant l'un après l'autre ses fils deux
fois nés, son col dilaté les vomit ; ils empruntèrent pour
naître un gosier en gésine !

    1. Πρωτοσπόρον a ici le sens de « premier semé », rare dans le
poème ; cf. la note à 1, 398 (t. 1, p. 159).

ἄσθματι βομβήεντι μελίζεται ἔμπνοος ὕλη.
50 [Σύννομος ἰχθυβολῆι γέρων ἐμελίζετο ποιμήν.]
    Ἐνθάδε φῶτες ἔναιον ὁμήλικες Ἠριγενείης,
    οὓς Φύσις αὐτογένεθλος ἀνυμφεύτῳ τινὶ θεσμῷ
    ἥροσε νόσφι γάμων, ἀπάτωρ, ἀλόχευτος, ἀμήτωρ,
    ὁππότε συμμιγέων ἀτόμων τετράζυγι δεσμῷ
55 ὕδατι καὶ πυρόεντι πεφυρμένον ἠέρος ἀτμῷ
    σύζυγα μορφώσασα σοφὸν τόκον ἄσπορος ὠδίς
    ἔμπνοον ἐψύχωσε γονὴν ἐγκύμονι πηλῷ.
    Οἷς Φύσις εἶδος ὄπασσε τελεσφόρον· ἀρχεγόνου γάρ
    Κέκροπος οὐ τύπον εἶχον, ὃς ἰοβόλῳ ποδὸς ὁλκῷ
60 γαῖαν ἐπιξύων ὀφιώδεϊ σύρετο ταρσῷ,
    νέρθε δράκων, καὶ ὕπερθεν ἀπ' ἰξύος ἄχρι καρήνου
    ἀλλοφυὴς ἀτέλεστος ἐφαίνετο δίχροος ἀνήρ·
    οὐ τύπον ἄγριον εἶχον Ἐρεχθέος, ὃν τέκε Γαίης
    αὔλακι νυμφεύσας γαμίην Ἥφαιστος ἐέρσην·
65 ἀλλὰ θεῶν ἴνδαλμα γονῆς αὐτόχθονι ῥίζῃ
    πρωτοφανὴς χρύσειος ἐμαιώθη στάχυς ἀνδρῶν.
    Καὶ Βερόης νάσσαντο πόλιν πρωτόσπορον ἕδρην,
    ἣν Κρόνος αὐτὸς ἔδειμε, σοφῆς ὅτε νεύματι Ῥείης
    ὀκριόεν θέτο δόρπον ἑῷ πολυχανδέι λαιμῷ,
70 καὶ λίθον Εἰλείθυιαν ἔχων βεβριθότι φόρτῳ,
    θλιβομένης πολύπαιδος ἀκοντιστῆρα γενέθλης,
    χανδὸν ὅλου ποταμοῖο ῥόον νεφεληδὸν ἀφύσσων
    στήθεϊ παφλάζοντι μογοστόκον ἔσπασεν ὕδωρ,
    λύσας γαστέρος ὄγκον· ἐπασσυτέρους δὲ διώκων
75 δισσοτόκους υἷας ἀνήρυγεν ἔγκυος αὐχήν,
    πορθμὸν ἔχων τοκετοῖο λεχώιον ἀνθερεῶνα.

---

49 ἔμπνοος LP : ὄρθριος L² ˢˡ Pˢˡ (sed uerbo postea fort. deleto in L) ‖ 50 del. Collart² ‖ 54 ἀτόμων Graefe : ἀροτῶν L ‖ δεσμῷ Marcellus : θεσμῷ L ‖ 57 γονὴν Graefe, cl. 65 : τομὴν L ‖ 63 γαίης Graefe* : γαίη L ‖ 66 πρωτοφανὴς Lubin : -φαὴς L ‖ 67 fol. 142ʳ L ‖ 69 ὀκριόεν Koechly : ὀκρυόεν L ‖ 70 βεβριθότι [τ ex π] L.

Zeus alors était petit garçon, nourrisson encore. Ce
n'était pas alors le temps où, déchirant coup sur coup de
ses bonds dansants les nuages échauffés, l'éclair allait
80   luire, ni où, dans la bataille contre les Titans, les foudres,
auxiliaires de Zeus, allaient être lancées ; et, dans le
grondement mugissant des nuages qui s'entrechoquent, le
son grave du tonnerre qui annonce l'orage ne retentissait
pas[1]*.

Mais la ville de Béroé fut la première. En même temps
que la terre, Aiôn [Éternité], premier apparu, né avec elle,
85   la vit : elle a son âge. Tarse n'existait pas alors, charme
des mortels ; ni Thèbes n'existait alors, ni Sardes où un
limon opulent étincelle lorsque les rives du Pactole rejettent de l'or, Sardes, aussi ancienne que le Soleil ; la race
des hommes n'existait pas, ni aucune cité achéenne, ni
90   même l'Arcadie plus antique que la Lune. Elle a grandi,
seule, l'aînée de Phaéthon d'où la Lune tire sa lumière et,
précédant toute terre, dans son sein de mère universelle
recueillant l'éclat tout neuf de la lumière du Soleil et la
95   lueur tardive de la Lune insomniaque, la première elle a
secoué le sombre cône d'ombre et rejeté la chape téné-
breuse du chaos*.

Et, précédant la cité de Chypre et Corinthe sur son
Isthme, Béroé la première accueillit à sa porte hospitalière[2] Cypris qui venait de naître de la mer, lorsque l'eau,
100 grosse d'un sillon tracé par le Ciel, donnait naissance à
l'Aphrodite abyssale, quand, sans union, fécondant les
flots par le sang de sa virilité, la semence qui d'elle-
même venait à terme prenait forme dans l'écume d'où
allait naître une fille, et Nature était sage-femme. Surgis-
sant avec la déesse, un ruban brodé, roulant son orbe en
105 couronne sur ses hanches, de lui-même ceignait d'une
écharpe le corps de la souveraine*.

---

1. Noter le jeu sur les consonnes labiales (occlusives ou nasales) et
sur les ρ pour imiter le grondement du tonnerre. Pour l'expression, cf.
2, 608 βρονταίην... ὄμβριον ἠχώ.
2. Φιλοξείνῳ πυλεῶνι : même hémistiche en 32, 291.

Ζεὺς τότε κοῦρος ἔην, ἔτι που βρέφος· οὐ τότε πυκνῷ
θερμὸν ἀνασχίσσασα νέφος βητάρμονι παλμῷ
ἀστεροπὴ σελάγιζε, καὶ οὐ Τιτηνίδι χάρμῃ
80 Ζηνὸς ἀοσσητῆρες ὀιστεύοντο κεραυνοί·
οὐδὲ συνερχομένων νεφέων μυκήτορι ῥόμβῳ
βρονταίη βαρύδουπος ἐδόμβεεν ὄμβριος ἠχώ.
Ἀλλὰ πόλις Βερόη προτέρη πέλεν, ἣν ἅμα γαίῃ
πρωτοφανὴς ἐνόησεν ὁμήλικα σύμφυτος Αἰών·
85 οὐ τότε Ταρσὸς ἔην τερψίμβροτος, οὐ τότε Θήβη,
οὐ τότε Σάρδιες ἦσαν, ὅπῃ Πακτωλίδος ὄχθης
χρυσὸν ἐρευγομένης ἀμαρύσσεται ὄλβιος ἰλύς,
Σάρδιες, Ἡελίοιο συνήλικες· οὐ γένος ἀνδρῶν,
οὐ τότε τις πτόλις ἦεν Ἀχαιιάς, οὐδὲ καὶ αὐτή
90 Ἀρκαδίη προσέληνος· ἀνεβλάστησε δὲ μούνη
πρεσβυτέρη Φαέθοντος, ὅθεν φάος ἔσχε Σελήνη,
καὶ φθαμένη χθόνα πᾶσαν, ἑῷ παμμήτορι κόλπῳ
Ἡελίου νεοφεγγὲς ἀμεργομένη σέλας αἴγλης
καὶ φάος ὀψιτέλεστον ἀκοιμήτοιο Σελήνης,
95 πρώτη κυανέης ἀπεσείσατο κῶνον ὀμίχλης,
καὶ χάεος ζοφόεσσαν ἀπεστυφέλιξε καλύπτρην.
    Καὶ φθαμένη Κύπροιο καὶ Ἴσθμιον ἄστυ Κορίνθου
πρώτη Κύπριν ἔδεκτο φιλοξείνῳ πυλεῶνι
ἐξ ἁλὸς ἀρτιλόχευτον, ὅτε βρυχίην Ἀφροδίτην
100 Οὐρανίης ὤδινεν ἀπ' αὔλακος ἔγκυον ὕδωρ,
ὁππότε νόσφι γάμων ἀρόσας ῥόον ἄρσενι λύθρῳ
αὐτοτελὴς μορφοῦτο θυγατρογόνῳ σπόρος ἀφρῷ,
καὶ Φύσις ἔπλετο μαῖα· συναντέλλων δὲ θεαίνῃ
στικτὸς ἱμάς, στεφανηδὸν ἐπ' ἰξύι κύκλον ἑλίξας,
105 αὐτομάτῳ ζωστῆρι δέμας μίτρωσεν ἀνάσσης.

77 οὐ τότε Koechly : οὔ ποτε L ‖ 78 ἀνασχίσασα L ‖ 82 ὄμβριος
LP : ρθι (i. e. ὄρθιος) L² ˢˡ (et fort. Pˢˡ sed postea eraso) ‖ 84 σύμφυτος [υμφυ p.c.] L : fort. σώματος Lᵃᶜ ‖ 93 ἀμεργομένη (cf. 22,
137) L : ἀμελγ- Graefe ‖ 94 ὀψιτέλεστον Graefe : ὑψι- L ‖
100 αὔλακος [κ p.c.] L ‖ ἔγκυον F² : ἔγγυον L ‖ 101 ὁππότε Keydell² : ὁππόθι L ‖ 102 σπόρος Koechly : γένος L γόνος Rhodomann.

Et quand la déesse traversa l'onde en quête d'un rivage
silencieux, ce n'est pas à Paphos, ni à Byblos, qu'elle
accourut ; elle ne posa pas le pied sur le sol du Colias
avec ses brisants[1] ; elle dépassa même, tourbillonnant
110 plus vite, la cité de Cythère. Et frottant son corps aux
grappes d'algues, elle n'en fut que plus rose. Ramant des
bras sur la mer sans vagues, elle fendit à la nage l'eau qui
donnait naissance à une déesse et, étendant la poitrine sur
la mer, en silence, elle soulevait l'onde ouverte par son
115 talon, et redressait le torse ; déchirant la mer tranquille,
le battement de ses pieds repoussait l'eau derrière elle. Et
elle touchait terre à Béroé. Quand ils disent que la déesse,
au sortir de la mer, a pris pied sur leur île, les Chypriotes
mentent* !

La première, Béroé accueillit Cypris. Et à la surface de
120 la baie, à son approche, des prairies spontanées, rejetant
des algues qui étaient herbages, fleurissaient ici et là ;
dans la crique sablonneuse, la plage s'empourprait de
buissons de roses ; le récif écumant, gros d'un vin capi-
teux, faisait naître de sa mamelle de pierre un produit
125 purpurin ; le flot argenté faisait clapoter dans sa traînée
laiteuse une averse de rosée ombrée par ce ruissellement
de pressoir ; emportant en volutes les vapeurs d'un parfum qui s'exhalait naturellement, un vent embaumé
enivrait les chemins de l'air*.

Et c'est alors que, tout juste apparue, sur les hauteurs
du havre voisin, elle enfanta Amour hardi, origine pre-
130 mière semée de la génération, guide vivifiant de l'harmonie universelle, Et l'enfant aux pieds lestes, donnant de
ses pieds l'impulsion d'une naissance mâle, avança le
moment des douleurs d'un ventre qui n'avait jamais

---

1. Ῥηγμίς désigne les vagues qui se brisent sur la plage, par opposition au calme de la mer à Beyrouth.

Καὶ θεὸς ἰχνεύουσα δι᾽ ὕδατος ἄψοφον ἀκτήν
οὐ Πάφον, οὐκ ἐπὶ Βύβλον ἀνέδραμεν, οὐ πόδα χέρσῳ
Κωλιάδος ῥηγμῖνος ἐφήρμοσεν, ἀλλὰ καὶ αὐτῶν
ὠκυτέρη στροφάλιγγι παρέτρεχεν ἄστυ Κυθήρων·
110 καὶ χρόα φυκιόεντι περιτρίψασα κορύμβῳ
πορφυρέη πέλε μᾶλλον· ἀκυμάντοιο δὲ πόντου
χεῖρας ἐρετμώσασα θεητόκον ἔσχισεν ὕδωρ
νηχομένη, καὶ στέρνον ἐπιστορέσασα θαλάσσῃ
σιγαλέην ἀνέκοπτε χαρασσομένην ἅλα ταρσῷ,
115 καὶ δέμας ᾐώρησε, διχαζομένης δὲ γαλήνης
ποσσὶν ἀμοιβαίοισιν ὀπίστερον ὤθεεν ὕδωρ·
καὶ Βερόης ἐπέβαινε· ποδῶν δ᾽ ἐπίβαθρα θεαίνης
ἐξ ἁλὸς ἐρχομένης νάετης ἐψεύσατο Κύπρου.
Πρώτη Κύπριν ἔδεκτο· καὶ ὑψόθι γείτονος ὅρμου
120 αὐτοφυεῖς λειμῶνες ἐρευγόμενοι βρύα ποίης
ἤνθεον ἔνθα καὶ ἔνθα, πολυψαμάθῳ δ᾽ ἐνὶ κόλπῳ
ἠιόνες ῥοδέοισιν ἐφοινίσσοντο κορύμβοις,
πέτρη δ᾽ ἀφριόωσα θυώδεος ἔγκυος οἴνου
πορφυρέην ὠδῖνα χαραδραίῳ τέκε μαζῷ·
125 ληναίαις λιβάδεσσι κατάσκιον ὄμβρον ἐέρσης
ἀργεννὴ κελάρυζε γαλαξαίῳ χύσις ὁλκῷ,
αὐτοχύτου δὲ μύροιο μετάρσιον ἀτμὸν ἑλίσσων
ἠερίους ἐμέθυσσε πόρους εὔοδμος ἀήτης.
Καὶ τότε θοῦρον Ἔρωτα, γονῆς πρωτόσπορον ἀρχήν,
130 ἁρμονίης κόσμοιο φερέσβιον ἡνιοχῆα,
ἀρτιφανὴς ὤδινεν ἐπ᾽ ὀφρύσι γείτονος ὅρμου·
καὶ πάις ὠκυπόδης, τόκον ἄρσενα ποσσὶ τινάξας,
γαστρὸς ἀμαιεύτοιο μογοστόκον ἔφθασεν ὥρην,

---

113 ἐπιστορέσασα Ludwich[1], cl. 7, 188 : ἐρετμώσασα (ex 112)
L ǁ 117 ἐπέβαινε· ποδῶν Cunaeus : ἐπέβη. νεπόδων L ǁ 123 ἔγκυος
Falkenburg* : ἔγγυος L ǁ 125 κατάσκιον L : κατάρρυτον Graefe*
κατάσσυτον Koechly καὶ ἄρκιον Keydell, cl. Par. 4, 58 καὶ αἴσιον
Collart[2] ǁ 129 Ἔρωτα F[2] : ἄρηα L ǁ 132 τόκον L : τόπον Key-
dell[10] ǁ ποσὶ LP ǁ 133 fol. 142ᵛ L.

accouché, frappant les entrailles closes d'une mère qui
135   n'avait jamais été épousée[1], ardent dès avant sa naissance. D'un bond d'acrobate, battant de ses ailes légères,
il ouvrit les portes de l'enfantement. Et vite, se jetant
dans les bras lumineux de sa mère, Amour qui ne tient
pas en place s'élançait vers les seins dressés pour se blot-
140   tir contre la poitrine maternelle ; il avait d'instinct le
désir de boire. Mordant le bout d'un mamelon que nul
n'avait tété, il suça, insatiable, tout le lait qui gonflait les
seins, comprimé par l'abondance même de ses flots
féconds[2]*.

Racine de la vie, Béroé, nourrice des cités, gloire des
rois, première apparue, semée avec Aiôn, aussi antique
145   que l'univers, siège d'Hermès, sol de Justice, ville des
lois, séjour de la Joie, demeure de la Paphienne, maison
des Amours, délicieux domaine de Bacchos, résidence de
l'Archère, offrande des Néréides, demeure de Zeus,
palais d'Arès, Orchomène (place de danse) des Grâces,
150   étoile de la terre libanaise, aussi chargée d'ans que
Tèthys, antique à l'égal d'Océan, qui engendra Béroé
dans son lit aux mille sources, s'unissant à Tèthys en des
noces ruisselantes, Béroé que l'on surnomma Amymôné,
lorsque sa mère la mit au monde, dans la couche abyssale
d'une humide tendresse* !

155   Mais il est une légende plus récente : Cythérée elle-
même, timonière des générations humaines, devint mère
de la toute blanche pour Adonis l'Assyrien. Et, allant au
terme des neuf cycles lunaires, elle portait son fardeau.
Devançant ce terme de son talon rapide, Hermès, tenant
160   une tablette en latin, messagère de l'avenir, vint à la naissance de Béroé, pour en apaiser les douleurs. Et c'est Justice qui fut Eileithyia (l'Accoucheuse), et, à travers le

---

1. Les vers 133-134 sont construits sur des formules parallèles que
la traduction s'efforce de rendre.
2. C'est probablement la montée irrésistible du lait qui est évoquée
ici.

μητρὸς ἀνυμφεύτοιο μεμυκότα κόλπον ἀράξας,
135 θερμὸς ἔτι πρὸ τόκοιο· κυβιστητῆρι δὲ παλμῷ
δινεύων πτερὰ κοῦφα πύλας ὤιξε λοχείης.
Καὶ ταχὺς αἰγλήεντι θορὼν ἐπὶ μητρὸς ἀγοστῷ
ἄστατος ἀκλινέεσσιν Ἔρως ἀνεπάλλετο μαζοῖς,
στήθεϊ παιδοκόμῳ τετανυσμένος· εἶχε δὲ φορβῆς
140 ἵμερον αὐτοδίδακτον· ἀνημέλκτοιο δὲ θηλῆς
ἄκρα δακὼν γονίμων λιβάδων τεθλιμμένον ὄγκῳ
οἰδαλέων ἀκόρητος ὅλον γλάγος ἔσπασε μαζῶν.
Ῥίζα βίου, Βερόη, πτολίων τροφός, εὖχος ἀνάκτων,
πρωτοφανής, Αἰῶνος ὁμόσπορε, σύγχρονε κόσμου,
145 ἕδρανον Ἑρμείαο, Δίκης πέδον, ἄστυ θεμίστων,
ἔνδιον Εὐφροσύνης, Παφίης δόμος, οἶκος Ἐρώτων,
Βάκχου τερπνὸν ἔδεθλον, ἐναύλιον Ἰοχεαίρης,
Νηρεΐδων ἀνάθημα, Διὸς δόμος, Ἄρεος αὐλή,
Ὀρχομενὸς Χαρίτων, Λιβανηίδος ἄστρον ἀρούρης,
150 Τηθύος ἰσοέτηρος, ὁμόχρονος Ὠκεανοῖο,
ὃς Βερόην ἐφύτευσεν ἑῷ πολυπίδακι παστῷ
Τηθύος ἰκμαλέοισιν ὁμιλήσας ὑμεναίοις,
ἥν περ Ἀμυμώνην ἐπεφήμισαν, εὖτέ ἑ μήτηρ
ὑδρηλῆς φιλότητος ὑποβρυχίῃ τέκεν εὐνῇ.
155   Ἀλλά τις ὁπλοτέρη πέλεται φάτις, ὅττι μιν αὐτή
ἀνδρομέης Κυθέρεια κυβερνήτειρα γενέθλης
Ἀσσυρίῳ πάνλευκον Ἀδώνιδι γείνατο μήτηρ ·
καὶ δρόμον ἐννεάκυκλον ἀναπλήσασα Σελήνης
φόρτον ἐλαφρίζειν· φθάμενος δέ μιν ὠκέι ταρσῷ,
160 ἐσσομένων κήρυκα, Λατινίδα δέλτον, ἀείρων,
εἰς Βερόης ὠδῖνα μογοστόκος ἤλυθεν Ἑρμῆς,
καὶ Θέμις Εἰλείθυια, καὶ οἰδαλέου διὰ κόλπου

138 ἀνεπάλλετο F² : ἀνέπαλτο [πα in ras.] L ǁ 139 φορβῆς
Cunaeus : φοί.θης (cum ras. post ι) L ǁ 144 σύγχρονε Koechly :
σύνθρονε [θ ex γ : uoluitne σύγγονε ?] L ǁ 148 δόμος L : θρόνος
Koechly ǁ 150 ὁμόχρονος Rigler⁸ : ὁμόδρομος L ǁ 159 ἐλαφρίζειν
L : -ζει Graefe ǁ 160 ἐσσομένων Graefe, cl. 180 : -μένην L.

ventre gonflé[1], ouvrant la poche qui retenait l'enfant, elle soulageait la flèche aiguë d'un accouchement qui était
165 mûr, en tenant les lois de Solon. Appuyant son dos alourdi à la déesse des délivrances qui l'assistait dans ses couches, Cypris enfantait, et mettait au monde sa savante fille sur un livre attique, tout comme les femmes de Laconie accouchent de leurs fils sur un bouclier rond. Et
170 elle expulsa de son sein féminin l'enfant nouveau-né, avec une mâle sage-femme, le Juge (Hermès), le fils de Maia (Sage-femme)[2]*.

Et le bébé vint au monde. Pour baigner la fillette vinrent les quatre Vents, chevauchant par toutes cités pour,
175 depuis Béroé, emplir la terre entière de lois. Premier messager des lois pour celle qui était encore en train de naître, Océan fournit les flots du bain natal, versant son eau qui entoure les reins de l'univers d'une ceinture jamais tarie. Tendant ses vieilles mains vers le corps de la fillette tout juste née, Aiôn son compagnon lui apportait
180 des langes, les voiles de Justice, et prédisait ainsi l'avenir, car, déposant le fardeau de la vieillesse, comme un serpent qui secoue ses anneaux aux écailles impotentes, il allait retrouver la jeunesse, baigné dans les ondes des lois. Tandis qu'Aphrodite donnait le jour à sa divine fille, les quatre Saisons à l'unisson rythmaient une mélodie*.
185 Et, en apprenant l'accouchement de la Paphienne et sa bonne fin, les bêtes sauvages étaient prises de transports bacchiques. Un lion, s'amusant gentiment, baisait d'une bouche clémente l'échine d'un taureau ; il ne lançait plus que du bout des lèvres un amical mugissement ; et frap-
190 pant de son sabot rapide le sol sonore, le cheval jouait des claquettes, rythmant de leur bruit la naissance ; et bondissant sur ses pattes qui la portent bien haut, la pan-

---

1. Οἰδαλέου διὰ κόλπου : cf. 48, 741 (Aura enceinte).
2. V. 170-171. Noter le jeu sur θήλεϊ et ἄρσενα, μαῖαν et Μαίης.

στεινομένης ὠδῖνος ἀναπτύξασα καλύπτρην
ὀξὺ βέλος κούφιζε πεπαινομένου τοκετοῖο,
165 θεσμὰ Σόλωνος ἔχουσα· παρεζομένη δὲ λοχείη
λυσιτόκῳ βαρὺ νῶτον ἐπικλίνασα θεαίνη
Κύπρις ἀνωδίνεσκε, καὶ Ἀτθίδος ὑψόθι βίβλου
παῖδα σοφὴν ἐλόχευσε, Λακωνίδες οἷα γυναῖκες
υἱέας ὠδίνουσιν ἐπ᾽ εὐκύκλοιο βοείης·
170 καὶ τόκον ἀρτιλόχευτον ἀπέπτυε θήλεϊ κόλπῳ,
ἄρσενα μαῖαν ἔχουσα δικασπόλον υἱέα Μαίης.
    Καὶ βρέφος εἰς φάος ἦλθεν· ἐχυτλώσαντο δὲ κούρην
τέσσαρες ἄστεα πάντα διιππεύοντες ἀῆται,
ἐκ Βερόης ἵνα γαῖαν ὅλην πλήσωσι θεμίστων.
175 Τῇ δὲ λοχευομένῃ πρωτάγγελος εἰσέτι θεσμῶν
Ὠκεανὸς πόρε χεῦμα λεχώιον ἰξύι κόσμου
ἀενάῳ τελαμῶνι χέων μιτρούμενον ὕδωρ.
Χερσὶ δὲ γηραλέῃσιν ἐς ἀρτιτόκου χρόα κούρης
σπάργανα πέπλα Δίκης ἀνεκούφισε σύντροφος Αἰών,
180 μάντις ἐπεσσομένων, ὅτι γήραος ἄχθος ἀμείβων,
ὡς ὄφις ἀδρανέων φολίδων σπείρημα τινάξας,
ἔμπαλιν ἡβήσειε λελουμένος οἴδμασι θεσμῶν.
Θεσπεσίην δὲ θύγατρα λοχευομένης Ἀφροδίτης
σύνθροον ἐκρούσαντο μέλος τετράζυγες Ὧραι.
185   Καὶ Παφίης ὠδῖνα τελεσσιγόνοιο μαθόντες
θῆρες ἐβακχεύοντο· λέων δέ τις ἁβρὸν ἀθύρων
χείλεϊ μειλιχίῳ ῥαχίην ἠσπάζετο ταύρου,
ἀκροτέροις στομάτεσσι φίλον μυκηθμὸν ἰάλλων,
καὶ τροχαλῇ βαρύδουπον ἐπιρρήσσων πέδον ὁπλῇ
190 ἵππος ἀνεκροτάλιζε γενέθλιον ἦχον ἀράσσων,
καὶ ποδὸς ὑψιπόροιο θορὼν ἐπιβήτορι παλμῷ

    165 παρεζομένη Graefe, cl. 162 : -νη L ‖ **166** βαρὺ νῶτον
Graefe : βαρύνωτον L ‖ **167** Κύπρις Graefe : -ιν L ‖ **171** δικασπόλον [λ ex κ ?] L ‖ **172** ἦλθεν Keydell, cl. 48, 851 : ἦγεν L ‖
186 ἁβρὸν LP : δ supra β (uoluit ἁδρὸν) L^sl P^sl ‖ **188** ἀκροτέροις L :
-τάτοις Koechly.

thère au dos tacheté gambada auprès du lièvre ; faisant
couler d'un gosier espiègle un hululement en guise de
hurlement, le loup, d'une mâchoire qui n'écorchait pas,
195 étreignit le mouton ; et dans les boqueteaux, délaissant la
chasse qui poursuit les cerfs, sous une autre douce piqûre,
dans un concours de ballet, un chien danseur rivalisait
avec un sanglier qui marquait la cadence*. Et, dressée sur
ses pattes, l'ourse, entourant le cou de la génisse, la ser-
rait dans une embrassade qui ne lui faisait aucun mal. À
200 maintes reprises inclinant sa tête folâtre[1], la génisse gam-
badait, léchant le corps de la lionne, émettant de sa
gueule juvénile l'ébauche d'un mugissement ; et le serpent tâtait la défense amicale de l'éléphant. Et les chênes
se mirent à parler. Aphrodite amie des ris fit monter son
205 rire familier à son visage serein en voyant pour ses
couches les jeux des bêtes ravies.Vers tous elle promenait
à la ronde ses regards réjouis, vers tous également. Ce fut
seulement l'allégresse des sangliers qu'elle refusa de
regarder, en devineresse, car, sous l'apparence d'un san-
210 glier, Arès aux crocs redoutables, lançant un venin meurtrier, dans sa folle jalousie, allait tisser le destin d'Adonis*.

Et Béroé tout en rires, encore bébé, c'est la nourrice de
tout l'univers qui la reçut de sa mère et la prit dans ses
bras, elle, la Vierge constellée qui avait élevé la généra-
215 tion de l'âge d'or ; elle nourrit à son sein plein de raison
la petite au babil plein de droit. Faisant couler des flots
de lois avec son lait virginal[2], elle en mouillait les lèvres
de l'enfant et, pressant le suave produit de l'abeille
attique, elle faisait jaillir dans la bouche de la fillette le
220 fruit élaboré qui naît dans mille alvéoles, lui versant, dans

---

1. Ἄντυγα κόρσης, « la tempe », est une expression banale chez
Nonnos (5 autres exemples).
2. Noter l'oxymore παρθενίῳ... γάλακτι.

πόρδαλις αἰολόνωτος ἐπεσκίρτησε λαγωῷ,
ὠρυγῆς δ' ὀλόλυγμα χέων φιλοπαίγμονι λαιμῷ
ἀδρύπτοις γενύεσσι λύκος προσπτύξατο ποίμνην,
195 καί τις ἐνὶ ξυλόχοισι λιπὼν κεμαδοσσόον ἄγρην,
ἄλλον ἔχων γλυκὺν οἶστρον, ἀμιλλητῆρι χορείῃ
ὀρχηστὴρ ἐρίδαινε κύων βητάρμονι κάπρῳ.
Καὶ πόδας ὀρθώσασα, περιπλεχθεῖσα δὲ δειρῇ,
ἄρκτος ἀδηλήτῳ δαμάλην ἠγκάσσατο δεσμῷ ·
200 πυκνὰ δὲ κυρτώσασα φιλέψιον ἄντυγα κόρσης
πόρτις ἀνεσκίρτησε, δέμας λιχμῶσα λεαίνης,
ἡμιτελὲς μύκημα νέων πέμπουσα γενείων ·
καὶ φιλίων ἐλέφαντι δράκων ἔψαυεν ὀδόντων·
καὶ δρύες ἐφθέγξαντο. Γαληναίῳ δὲ προσώπῳ
205 ἠθάδα πέμπε γέλωτα φιλομμειδὴς Ἀφροδίτη,
τερπομένων ὁρόωσα λεχώια παίγνια θηρῶν.
Πᾶσι μὲν ἀμφελέλιζε γεγηθότα κύκλον ὀπωπῆς,
πᾶσιν ὁμοῦ· μούνην δὲ συῶν οὐκ ἤθελε λεύσσειν
τερπωλήν, ἅτε μάντις, ἐπεὶ συὸς εἰκόνι μορφῆς
210 Ἄρης καρχαρόδων θανατηφόρον ἰὸν ἰάλλων
ζηλομανὴς ἤμελλεν Ἀδώνιδι πότμον ὑφαίνειν.
     Καὶ Βερόην γελόωσαν ἔτι βρέφος ἅμματι χειρῶν
δεξαμένη παρὰ μητρὸς ὅλου κόσμοιο τιθήνη
Παρθένος ἀστραίη, χρυσέης θρέπτειρα γενέθλης,
215 ἔννομα παππάζουσαν ἀνέτρεφεν ἔμφρονι μαζῷ·
παρθενίῳ δὲ γάλακτι ῥοὰς βλύζουσα θεμίστων
χείλεα παιδὸς ἔδευσε, καὶ ἔβλυεν εἰς στόμα κούρης
Ἀτθίδος ἡδυτόκοιο περιθλίψασα μελίσσης
δαιδαλέην ὠδῖνα πολυτρήτοιο λοχείης,
220 κηρία φωνήεντα σοφῷ κεράσασα κυπέλλῳ.

194 προσπτύξατο Lubin : προπτ- L ‖ 197 ὀρχηστὴρ [χη p.c.]
L ‖ 199 fol. 143ʳ L ‖ 201 λιχμῶσα F² : -μώσασα L ‖ 215 παππάζουσαν Falkenburg'' : παπταίνουσαν L ‖ ἔμφρονι [φ ex β] L ‖
218 μελίσσης Graefe : -σσας L.

une coupe pleine de science, la cire parlante. Si jamais, altérée, elle demandait à boire, la nourrice présentait à la fillette l'eau bavarde de Pythô, réservée à Apollon, ou bien l'onde de l'Ilissos lorsqu'elle est inspirée par la Muse attique et qu'elle clapote contre la rive sous les
225 brises apolliniennes venues de Piérie. Pour des bains très doux, les filles danseuses d'Orchomène, servantes de la Paphienne, puisaient à la Source du Cheval l'eau intelligente[1], cher souci des neuf Muses. Et, recourbant en guirlande la constellation de l'Épi, comme un collier d'or elle la passait au cou de la fillette*.

230 Et Béroé grandit, partageant les courses de l'Archère, portant les filets de chasse de son père ; et elle ressemblait en tous points à la Paphienne sa mère ; et ses pieds étaient lumineux[2]. Émergeant de l'onde, Thétis qui d'un talon de neige bondissait en cadence voyait une autre
235 Thétis aux pieds d'argent. Prise de honte, elle se cachait, craignant les propos d'une nouvelle Cassiopée.

Voyant une seconde fille d'Assyrie, ignorante du joug, Zeus était à nouveau en émoi, et voulait changer d'aspect. Et, sous une forme taurine portant la charge
240 d'Amour, sans doute ses pas l'auraient-ils de nouveau mené à travers l'eau qu'il frôlait à peine, nageur qui enlevait sans la mouiller une femme sur son dos[3] ; mais le souvenir de sa passion pour une Sidonienne, quand il portait cornes bovines, le retint, et le Taureau de l'Olympe, l'époux d'Europé, mugit de son gosier jaloux
245 un chant descendu des étoiles : il avait peur qu'en fabriquant au firmament l'image d'un bovin son pareil, Zeus n'établît une nouvelle constellation d'Amours marchant

---

1. L'eau évoquée ici par une périphrase est celle de la source Hippocrène.
2. Litt. : « Et elle avait une apparence toute semblable à la Paphienne sa mère, et des pieds lumineux. »
3. L'allusion à Europe sur le taureau rappelle les scènes initiales de l'épopée (ch. 1-2).

Εἴ ποτε διψαλέη ποτὸν ἧτεεν, ὥρεγε κούρῃ
Πύθιον Ἀπόλλωνι λάλον πεφυλαγμένον ὕδωρ
ἢ ῥόον Ἰλισσοῖο, τὸν ἔμπνοον Ἀτθίδι Μούσῃ
Πιερικαὶ δονέουσιν ἐπ' ἠόνι Φοιβάδες αὖραι.
225 Κοῦραι δ' ἁβρὰ λοετρὰ χορίτιδες Ὀρχομενοῖο
ἀμφίπολοι Παφίης μεμελημένον ἐννέα Μούσαις
ἐκ κρήνης ἀρύοντο νοήμονος ἵππιον ὕδωρ.
Καὶ στάχυν ἀστερόεντα περιγνάμψασα κορύμβῳ
χρύσεον οἷά περ ὅρμον ἐπ' αὐχένι θήκατο κούρης.
230 Καὶ Βερόη βλάστησεν ὁμόδρομος Ἰοχεαίρῃ,
δίκτυα θηρητῆρος ἀερτάζουσα τοκῆος·
καὶ Παφίης ὅλον εἶδος ὁμόγνιον εἶχε τεκούσης
καὶ πόδας αἰγλήεντας· ὑπερκύψασα δὲ πόντου
χιονέῳ σκαίρουσα Θέτις βητάρμονι ταρσῷ
235 ἄλλην ἀργυρόπεζαν ἴδεν Θέτιν· αἰδομένη δέ
κρύπτετο δειμαίνουσα πάλιν στόμα Κασσιεπείης.
  Ἀσσυρίην δ' ἑτέρην δεδοκημένος ἄζυγα κούρην
Ζεὺς πάλιν ἐπτοίητο, καὶ ἤθελεν εἶδος ἀμεῖψαι·
καί νύ κε φόρτον Ἔρωτος ἔχων ταυρώπιδι μορφῇ
240 ἀκροβαφὴς πεφόρητο δι' ὕδατος ἴχνος ἐρέσσων,
κουφίζων ἀδίαντον ὑπὲρ νώτοιο γυναῖκα,
εἰ μὴ μνῆστις ἔρυκε βοοκραίρων ὑμεναίων
Σιδονίς, ἀστερόεν δὲ μέλος ζηλήμονι λαιμῷ
νυμφίος Εὐρώπης μυκήσατο, Ταῦρος Ὀλύμπου,
245 μὴ βοὸς ἰσοτύποιο δι' αἰθέρος εἰκόνα τεύχων
ποντοπόρων στήσειε νεώτερον ἄστρον Ἐρώτων.
Καὶ Βερόην διεροῖσιν ὀφειλομένην ὑμεναίοις

221-227 posterius additos putat Keydell, sed uide adn. ‖ 228 κορύμβῳ Koechly, cl. 11, 173 : -δων L ‖ 243 λαιμῷ Canter : δαίμων L.

sur la mer. Et le dieu laissait Béroé, promise à d'humides
noces, en épouse à son frère, évitant une lutte nuptiale
avec l'Ébranleur du Sol pour une nymphe d'ici-bas*.

250   Telle était Béroé, rejeton des Grâces. Si d'aventure la
jeune fille faisait entendre sa voix fluide comme miel,
plus exquise qu'un rayon, Persuasion aux douces paroles,
dont on ne se rassasie pas, se tenait sur ses lèvres et sa
255   piqûre rendait subtils les esprits les plus obtus. Ses yeux
rieurs, archers des Amours, éclipsaient de leurs grâces
plus brillantes toute la troupe de la jeunesse assyrienne de
son âge, autant que la Lune en son plein, lançant ses
rayons dans un ciel sans nuages, fait pâlir les astres. Ses
blanches tuniques, couvrant les chevilles de la vierge,
260   rougissaient de la pourpre de ses membres. Rien d'éton-
nant si elle avait reçu tant de beauté, plus que la jeunesse
de son âge : sur son visage resplendissaient les charmes
éclatants de ses deux parents*.

    Alors Cypris, à sa vue, grosse d'une sage prophétie,
265   tourne et retourne ses pensées rapides, laissant galoper
son esprit vagabond par toute la terre ; et elle passe en
revue les sites éclatants des cités primordiales : Mykéné
au regard vif donnait son nom à Mycènes ceinte d'une
couronne de remparts mesurés par les outils des
270   Cyclopes ; et au Sud, sur le Nil, Thébé donnait son nom
à Thèbes l'ancestrale. Et, émule de leurs passions, elle
désire tracer une cité qui porterait le nom de Béroé,
piquée par l'amour des villes*.

    Songeant au recueil des lois de Solon qui protègent du
mal, elle lance un regard oblique vers Athènes aux larges
275   rues[1], éprouvant le désir jaloux d'être législatrice comme
sa sœur. Elle prend son élan, de ses sandales traverse
dans un sifflement la voûte des airs pour aller chez Har-

---

    1. Εὐρυάγυιαν est un *hapax* dans le poème ; c'est l'épithète
d'Athènes en η 80.

γνωτῷ λεῖπεν ἄκοιτιν, ἐπιχθονίης περὶ νύμφης
ὑσμίνην γαμίην πεφυλαγμένος Ἐννοσιγαίου.

250 Τοίη ἔην Βερόη, Χαρίτων θάλος· εἴ ποτε κούρη
λαροτέρην σίμβλοιο μελίρρυτον ἤπυε φωνήν,
ἡδυεπὴς ἀκόρητος ἐφίστατο χείλεσι Πειθώ
καὶ πινυτὰς οἴστρησεν ἀκηλήτων φρένας ἀνδρῶν·
Ἀσσυρίης δ᾽ ἔκρυπτον ὁμήγυριν ἥλικος ἥβης

255 ὀφθαλμοὶ γελόωντες, ἀκοντιστῆρες Ἐρώτων,
φαιδροτέραις χαρίτεσσιν, ὅσον πλέον ἄστρα καλύπτει
ἀννεφέλους ἀκτῖνας ὀιστεύουσα Σελήνη
πλησιφαής· λευκοὶ δὲ παρὰ σφυρὰ νείατα κούρης
πορφυρέοις μελέεσσιν ἐφοινίσσοντο χιτῶνες.

260 Οὐ νέμεσίς ποτε τοῦτο, καὶ εἰ πλέον ἥλικος ἥβης
τηλίκον ἔλλαχεν εἶδος, ἐπεί νύ οἱ ἀμφὶ προσώπῳ
κάλλεα διχθαδίων ἀμαρύσσετο φαιδρὰ τοκήων.

Ἦν τότε Κύπρις ἰδοῦσα, νοήμονος ἔγκυος ὀμφῆς,
ὠκυτέρην ἐλέλιζε περιστρωφῶσα μενοινήν,

265 καὶ νόον ἱππεύσασα περὶ χθόνα πᾶσαν ἀλήτην
φαιδρὰ παλαιγενέων διεμέτρεε βάθρα πολήων,
ὅττι φερωνυμίην ἑλικώπιδος εἶχε Μυκήνης
στέμματι τειχιόεντι περιζωσθεῖσα Μυκήνη
Κυκλώπων κανόνεσσι, καὶ ὡς Νοτίῳ παρὰ Νείλῳ

270 Θήβης ἀρχεγόνοιο φερώνυμος ἔπλετο Θήβη·
καὶ Βερόης μενέαινεν ἐπώνυμον ἄστυ χαράξαι,
ἀντιτύπων μεθέπουσα φιλόπτολιν οἶστρον ἐρώτων.

Φραζομένη δὲ Σόλωνος ἀλεξικάκων στίχα θεσμῶν
δόχμιον ὄμμα τίταινεν ἐς εὐρυάγυιαν Ἀθήνην,

275 γνωτῆς ζῆλον ἔχουσα δικασπόλον. Ἐσσυμένη δέ
ἠερίην ἀψῖδα διερροίζησε πεδίλῳ
εἰς δόμον Ἁρμονίης παμμήτορος, ὁππόθι νύμφη

---

254 ἔκρυπτον F² : -πτεν L ‖ 262 κάλλεα Graefe : -λλεϊ L ‖
263 ἔγκυος Lubin : ἔγγυος L ‖ 265 fol. 143ᵛ L ‖ 277 δόμον Falkenburg* : δρόμον L.

monie la mère universelle, à la demeure[1] où vit la
nymphe, édifice naturel, reflétant la forme quadripartie
de l'univers. Autour des quatre portes infrangibles du
280 solide palais, les quatre vents font la ronde. Et des servantes, de chaque côté, gardent la demeure circulaire,
image du monde ; les portes leur ont été attribuées : la
servante Orientale va et vient devant le portail de
l'Euros ; Occidentale, nourrice de Séléné, devant celui
285 du Zéphyr ; Méridionale garde le verrou enflammé du
Notos ; et la porte de Borée, bardée de nuages, saupou-
drée de grêle, c'est la gardienne Ourse qui l'ouvre*.

C'est là que Grâce, la compagne de la déesse Née de
l'écume, s'avance pour frapper au chambranle du Levant,
290 celui de l'Euros. À l'intérieur, les coups donnés au portail
safran de l'Orient font se hâter Astynomeia la messagère ; lorsqu'elle voit Cypris debout près de l'entrée du
palais, rebroussant chemin, elle va l'annoncer à la souveraine. Celle-ci, qui travaillait au métier d'Athéna, d'où
295 sortent les ouvrages d'art, tissait un voile à la navette ; à
mesure que se tissait le vêtement, elle y épandait tout
d'abord la terre, nombril du monde ; elle enveloppait la
terre avec la voûte du ciel où est tracé le dessin des
astres ; tout contre la terre sa compagne, elle ajustait la
mer ; et elle brodait les fleuves : sur leur front humain se
300 formait l'image glauque d'un taureau cornu ; et tout au
bord du vêtement bien filé, elle arrondissait l'Océan qui
fait le tour de l'orbe du monde. La servante vient vers
Harmonie et, près du métier féminin, lui annonce
qu'Aphrodite attend aux portes, debout. Et la déesse, à
305 ces mots, rejetant chaîne et trame du vêtement, pose la
navette divine que tenaient ses mains de tisserande. Et
vite, couvrant son corps d'un voile neigeux, elle s'asseoit
sur son siège habituel, plus éclatante que l'or de celui-ci,

---

1. V. 278. Y a-t-il un souvenir du sens astrologique de οἶκος ?

εἴκελον οἶκον ἔναιε τύπῳ τετράζυγι κόσμου
αὐτοπαγῆ. Πίσυρες δὲ θύραι στιβαροῖο μελάθρου
280 ἀρραγέες πισύρεσσιν ἐμιτρώθησαν ἀήταις.
Καὶ δόμον ἐρρύοντο περίτροχον εἰκόνα κόσμου
δμῴδες ἔνθα καὶ ἔνθα· μεριζομένων δὲ θυρέτρων
Ἀντολίη θεράπαινα πύλην περιδέδρομεν Εὔρου,
καὶ Ζεφύρου πυλεῶνα Δύσις, θρέπτειρα Σελήνης,
285 καὶ Νότιον πυρόεντα Μεσημβριὰς εἶχεν ὀχῆα·
καὶ πυκινὴν νεφέεσσι, παλυνομένην δὲ χαλάζῃ
Ἄρκτος ὑποδρήστειρα πύλην ἐπέτασσε Βορῆος.
Κεῖθι Χάρις προθοροῦσα, συνέμπορος Ἀφρογενείῃ,
Εὔρου κόψε θύρετρον Ἑῷον· ἐνδόμυχος δέ
290 Ἀντολίης κροκόεντος ἀρασσομένου πυλεῶνος
ἄνδραμεν Ἀστυνόμεια διάκτορος, ἱσταμένην δέ
Κύπριν ἐσαθρήσασα παρὰ προπύλαια μελάθρου
ποσσὶ παλιννόστοισι προάγγελος ἦλθεν ἀνάσσῃ.
Ἡ μὲν ἐποιχομένη πολυδαίδαλον ἱστὸν Ἀθήνης
295 κερκίδι πέπλον ὕφαινεν· ὑφαινομένου δὲ χιτῶνος
πρώτην γαῖαν ἔπασσε μεσόμφαλον, ἀμφὶ δὲ γαίῃ
οὐρανὸν ἐσφαίρωσε τύπῳ κεχαραγμένον ἄστρων,
συμφερτὴν δὲ θάλασσαν ἐφήρμοσε σύζυγι γαίῃ·
καὶ ποταμοὺς ποίκιλλεν, ἐπ᾽ ἀνδρομέῳ δὲ μετώπῳ
300 ταυροφυὴς μορφοῦτο κερασφόρος ἔγχλοος εἰκών·
καὶ πυμάτην παρὰ πέζαν ἐυκλώστοιο χιτῶνος
Ὠκεανὸν κύκλωσε περίδρομον ἄντυγι κόσμου.
Ἀμφίπολος δέ οἱ ἦλθε καὶ ἐγγύθι θήλεος ἱστοῦ
ἱσταμένην ἤγγειλε παρὰ προθύροις Ἀφροδίτην.
305 Καὶ θεός, ὡς ἤκουσε, μίτους ῥίψασα χιτῶνος
θέσκελον ἱστοπόνων ἀπεσείσατο κερκίδα χειρῶν·
καὶ ταχινὴ πυκάσασα δέμας χιονώδεϊ πέπλῳ
φαιδροτέρη χρυσέης ὑπερίζανεν ἠθάδος ἕδρης,

278 ἴκελον L ‖ 279 θύραι [ρ ex λ] L ‖ 281 δόμον Rhodomann :
δόλον L ‖ 286 δὲ L : τε Koechly* ‖ 288 Ἀφρογενείῃ Graefe :
ἠριγ- L ‖ 291 διάκτορος [δ ex σ ?] L.

pour accueillir Cythérée. Se levant du fauteuil lorsqu'elle
310 l'aperçoit à distance, elle fait honneur à la venue
d'Aphrodite*. Eurynomé aux longs voiles fait asseoir la
Paphienne sur un trône près de la souveraine. Remar-
quant le visage désolé de Cypris, dont tout l'aspect dit la
tristesse, Harmonie, nourrice universelle, la réconforte
d'amicales paroles :
315   « Racine de la vie, Cythérée qui sèmes tout ce qui
pousse, sage-femme de la génération, espérance de l'univers entier, sur un signe de ta volonté, avec sûreté les
Moires forment leurs fils aux multiples détours <...> »*

*(Lacune : fin du discours d'Harmonie ;
début de la réponse d'Aphrodite)*

« <...> Révèle-moi, à moi qui t'interroge, et, comme
nourrice de la vie, comme mère nourricière des immor-
tels, comme contemporaine de l'univers, aussi ancien que
320 toi, dis-moi : à quelle cité sont réservés les outils de la
parole royale, les rênes inébranlables des lois qui ôtent
les soucis ? En effet, quand Zeus était tourmenté par le
venin d'une attirance ancienne et tenace, qu'il avait le
désir lancinant d'épouser sa sœur Héra[1], qu'il la convoi-
tait depuis trois cents ans, j'ai uni Zeus à Héra en justes
325 noces et, pour me faire une faveur digne de mon action,
récompense pour sa chambre nuptiale, il m'a affirmé,
d'un signe de sa tête inspirée, qu'il accorderait à l'une
des villes que j'ai reçues en partage les lois de Justice. Je
désire savoir si ce présent est réservé à la terre de
Chypre, à Paphos, à Corinthe, à Sparte d'où est originaire
330 Lycurgue[2], ou enfin à la patrie, riche en braves, de ma
fille Béroé. Allons ! Honore la Justice et accorde l'harmonie à l'univers, puisque tu es Harmonie la vivifiante !

---

1. Κασιγνήτων ὑμεναίων : même expression en 32, 33, également pour Zeus et Héra.
2. Lycurgue est loin d'être né, malgré πέλεν.

δεχνυμένη Κυθέρειαν, ἀναΐξασα δὲ θώκου
310 τηλεφανῆ κύδηνεν ἐπερχομένην Ἀφροδίτην.
Καὶ Παφίην ἵδρυσεν ἐπὶ θρόνον ἐγγὺς ἀνάσσης
Εὐρυνόμη τανύπεπλος· ἀτυζομένου δὲ προσώπου
Κύπριν ὀπιπεύουσα κατηφέα μάρτυρι μορφῇ
παντρόφος Ἁρμονίη φιλίῳ μειλίξατο μύθῳ·
315 « Ῥίζα βίου, Κυθέρεια φυτοσπόρε, μαῖα γενέθλης,
ἐλπὶς ὅλου κόσμοιο, τεῆς ὑπὸ νεύματι βουλῆς
ἀπλανέες κλώθουσι πολύτροπα νήματα Μοῖραι ... »

(desunt aliquot versus)

« ... εἰρομένη θέσπιζε, καὶ ὡς βιότοιο τιθήνη,
ὡς τροφὸς ἀθανάτων, ὡς σύγχρονος ἥλικι κόσμῳ,
320 εἰπέ· τίνι πτολίων βασιληίδος ὄργανα φωνῆς
λυσιπόνων ἀτίνακτα φυλάσσεται ἡνία θεσμῶν ; —
Ὅττι πολυχρονίοιο πόθου δεδονημένον ἰῷ
Ἥρης κέντρον ἔχοντα κασιγνήτων ὑμεναίων
εἰς χρόνον ἱμείροντα τριηκοσίων ἐνιαυτῶν
325 Ζῆνα γάμοις ἔζευξα· χάριν δέ μοι ἄξιον ἔργων
μισθὸν ἑοῦ θαλάμοιο νοήμονι νεῦσε καρήνῳ,
ὅττι μιῇ πτολίων, ὧν ἔλλαχον, ἐγγυαλίξει
θεσμὰ Δίκης. Ποθέω δὲ δαήμεναι, εἰ χθονὶ Κύπρου
ἠὲ Πάφῳ τάδε δῶρα φυλάσσεται ἠὲ Κορίνθῳ
330 ἢ Σπάρτῃ, Λυκόοργος ὅθεν πέλεν, ἠὲ καὶ αὐτῆς
κούρης ἡμετέρης Βερόης εὐήνορι πάτρῃ.
Ἀλλὰ δίκης ἀλέγιζε καὶ ἁρμονίην πόρε κόσμῳ

312 εὐρυνόμη [ρυ ex νο : uoluit εὐνομίη] L ‖ 313 κατηφέα Key-dell post Koechly* : -φέι L ‖ 314 μειλίξατο [ξα p.c.] L ‖ 317 post u. lac. stat. F² ‖ 331 fol. 144ʳ L.

Car celle qui m'a envoyée en hâte vers toi n'est autre que
335 la nourrice des législateurs, la Vierge constellée. Bien
mieux, Hermès le gardien des lois m'a donné cet honneur, afin que moi seule, je sauve du règne de la force les
hommes que j'ai semés, par les lois du mariage*. »

Lorsqu'elle a ainsi parlé, la déesse la rassure et lui
répond par ces mots :

« Rassure-toi, n'aie pas peur, mère des Amours. Sur
340 sept tables j'ai les oracles de l'univers, et ces tables portent le nom des sept planètes. — La première porte le
nom de la Lune arrondie[1]. La seconde table, toute dorée,
appartient à Hermès ; elle s'appelle le Scintillant (*Stilbôn*) ; c'est en elle que sont ouvrés les secrets des lois.
345 La troisième, couleur de rose, porte ton nom, car elle a la
marque de l'Étoile du Matin, ton astre. La quatrième est
le Soleil, au centre des sept planètes[2]. La cinquième, rougeoyante, s'appelle Arès le Flamboyant (*Pyroeis*). La
sixième, astre errant, appartient au Cronide ; il est dit
350 Lumineux (*Phaéthon*). La septième, nommée Brillant
(*Phainôn*), appartient à Cronos ; il a la course la plus
haute. C'est sur ces tables que le vieillard Ophion a
gravé, en lettres de pourpre, toutes les lois diverses, fati-
diques, de l'univers*. — Eh bien, puisque tu m'inter-
roges sur les lois qui enseignent la rectitude, je réserve
355 cet honneur à l'aînée des cités. Si l'Arcadie a été la première ou la cité d'Héra, si Sardes est plus antique, ou
encore Tarse que l'on célèbre comme la toute première
cité, ou quelque autre, je n'en sais rien. C'est le tableau
de Cronos qui va nous apprendre tout cela, laquelle a
grandi la première, laquelle est contemporaine du Jour. »
360 Elle dit. Et elle la conduit vers les oracles éclatants ins-
crits sur le mur. <...>

---

1. Εὐτροχάλοιο : cet adjectif n'a pas ici son sens habituel dans le
poème de « rapide », mais signifie « bien arrondi ».
2. À partir de la quatrième table, on passe de l'évocation de la table
à celle, directe, de l'astre.

Ἁρμονίη γεγαυῖα βιοσσόος· εἰς σὲ γὰρ αὐτή
πέμψεν ἐπειγομένην με θεμιστοπόλων τροφὸς ἀνδρῶν,
335 Παρθένος ἀστερόεσσα· τὸ δὲ πλέον, ἔννομος Ἑρμῆς
τοῦτο γέρας μοι ἔδωκε, βιαζομένους ἵνα μούνη
ἀνέρας, οὓς ἔσπειρα, γάμου θεσμοῖσι σαώσω. »
  Ὣς φαμένην θάρσυνε θεὰ καὶ ἀμείβετο μύθῳ·
« Γίνεο θαρσαλέη, μὴ δείδιθι, μῆτερ Ἐρώτων·
340 ἑπτὰ γὰρ ἐν πινάκεσσιν ἔχω μαντήια κόσμου,
καὶ πίνακες γεγάασιν ἐπώνυμοι ἑπτὰ πλανήτων. —
Πρῶτος ἐυτροχάλοιο φερώνυμός ἐστι Σελήνης·
δεύτερος Ἑρμείαο πίναξ χρύσειος ἀκούει
Στίλβων, ᾧ ἔνι πάντα τετεύχαται ὄργια θεσμῶν·
345 οὔνομα σὸν μεθέπει ῥοδόεις τρίτος· ὑμετέρου γάρ
ἀστέρος Ἠῴοιο φέρει τύπον· ἑπταπόρων δέ
τέτρατος Ἠελίοιο μεσόμφαλός ἐστι πλανήτων·
πέμπτος ἐρευθιόων πυρόεις κικλήσκεται Ἄρης·
καὶ Φαέθων Κρονίδαο φατίζεται ἕκτος ἀλήτης·
350 ἕβδομος ὑψιπόροιο Κρόνου πέλεν οὔνομα Φαίνων.
Τοῖς ἔνι ποικίλα πάντα μεμορμένα θέσφατα κόσμου
γράμματι φοινικόεντι γέρων ἐχάραξεν Ὀφίων. —
Ἀλλ', ἐπεὶ ἰθυνόων με διείρεαι εἵνεκα θεσμῶν,
πρεσβυτέρῃ πτολίων πρεσβήια ταῦτα φυλάσσω·
355 εἴτ' οὖν Ἀρκαδίη προτέρη πέλεν ἢ πτόλις Ἥρης,
Σάρδιες εἰ γεγάασι παλαίτεραι, εἴτε καὶ αὐτή
Ταρσὸς ἀειδομένη πρωτόπτολις, εἴτε τις ἄλλη,
οὐκ ἐδάην· Κρόνιος δὲ πίναξ τάδε πάντα διδάσκει,
τίς προτέρη βλάστησε, τίς ἔπλετο σύγχρονος Ἠοῦς. »
360 Εἶπε· καὶ ἡγεμόνευεν ἐς ἀγλαὰ θέσφατα τοίχου.
  <......................................>

336 μοι ἔδωκε Graefe : μοι ἔοικε L μεθέηκε Ludwich ‖ 347 ἐστι
Graefe : ἑπτὰ L ‖ 350 ὑψιπόροιο Ludwich[1] : -πόλοιο L ‖ 354 πρεσ-
βυτέρῃ L : -τάτῃ Koechly* ‖ 355 πτόλις L[1]P : πόλις L ‖ Ἥρης
Marcellus : ἠοῦς [η p.c.] L ‖ 356 et 357 εἴτε Keydell : εἰ δὲ [356 εἰδ
fort. in ras.] L ‖ 358 Κρόνιος Graefe : χρό- L ‖ 360 post u. lac. susp.
Keydell ; sed uide adn.

Et elle finit par poser le regard sur la place où la
science d'Ophion a écrit un oracle d'accomplissement
tardif sur la patrie de Béroé, tracé sur le tableau de Cronos avec du vermillon vineux : c'est Béroé la première
apparue, contemporaine de l'univers qui a son âge,
365   portant le nom de la nymphe née plus tard, que des
immigrants, les fils des Ausoniens, lumières sublimes
de Rome, appelleront Bérytos, car elle est voisine du
Liban.*

Voilà la parole prophétique dont elle prend connais-
sance. Mais lorsque la divinité a parcouru le début inspiré
370   du septième tableau, elle se met à examiner le second,
non loin sur le mur, où sont gravées les œuvres variées de
tous les arts, en paroles prophétiques, disant que Pan le
berger, le tout premier, concevra la syrinx, Hermès, sur
l'Hélicon, la lyre, le délicat Hyagnis la double mélodie de
375   la flûte trouée, Orphée les flots, parole divine, d'un chant
mystique ; et Linos, fils de Phoibos, l'épopée, Arcas le
vagabond le compte des douze mois et l'orbite du Soleil,
mère des années que son quadrige met au monde ; et le
savant Endymion, repliant alternativement ses doigts,
380   connaîtra les trois cycles changeants de la Lune qui sans
cesse reviennent, et Cadmos, unissant les consonnes aux
voyelles, enseignera les secrets de la parole éloquente ;
Solon les lois pures de toute souillure ; et Kécrops le
couple uni sous le joug d'une union indissoluble, sanc-
tionnée par la torche attique*.

385   Et la Paphienne, après avoir vu tous ces ouvrages
variés de la Muse, se met à parcourir les actions nombreuses des cités disséminées sur la terre. Et sur la table,
sur le cercle central de l'univers en image, voici les sages
propos qu'elle trouve, en vers nombreux dus à la Muse
hellène :

Καὶ μόγις ἔδρακε χῶρον, ὅπῃ Βερόης περὶ πάτρης
θέσφατον ὀψιτέλεστον Ὀφιονίη γράφε τέχνῃ
ἐν πίνακι Κρονίῳ κεχαραγμένον οἴνοπι μίλτῳ·
πρωτοφανὴς Βερόη πέλε σύγχρονος ἤλικι κόσμῳ,
365 νύμφης ὀψιγόνοιο φερώνυμος, ἣν μετανάσται
υἱέες Αὐσονίων, ὑπατήια φέγγεα Ῥώμης,
Βηρυτὸν καλέσουσιν, ἐπεὶ Λιβάνῳ πέλε γείτων.
Τοῖον ἔπος δεδάηκε θεοπρόπον. Ἀλλ' ὅτε δαίμων
θέσκελον ἑβδομάτου πίνακος παρεμέτρεεν ἀρχήν,
370 δεύτερον ἐσκοπίαζεν, ὅπῃ παρὰ γείτονι τοίχῳ
ποικίλα παντοίης ἐχαράσσετο δαίδαλα τέχνης
μαντιπόλοις ἐπέεσσιν, ὅτι πρώτιστα νοήσει
Πὰν νόμιος σύριγγα, λύρην Ἑλικώνιος Ἑρμῆς,
δίθροον ἁβρὸς Ὕαγνις εὐτρήτου μέλος αὐλοῦ,
375 Ὀρφεὺς μυστιπόλοιο θεηγόρα χεύματα μολπῆς,
καὶ Λίνος εὐεπίην Φοιβήιος, Ἀρκὰς ἀλήτης
μέτρα δυωδεκάμηνα καὶ Ἡελίοιο πορείην,
μητέρα τικτομένων ἐτέων τετράζυγι δίφρῳ,
καὶ σοφὸς Ἐνδυμίων ἑτερότροπα δάκτυλα κάμψας
380 γνώσεται ἄστατα κύκλα παλιννόστοιο Σελήνης
τριπλόα, καὶ στοιχεῖον ὁμόζυγον ἄζυγι μίξας
Κάδμος ἐυγλώσσοιο διδάξεται ὄργια φωνῆς,
θεσμὰ Σόλων ἄχραντα, καὶ ἔννομον Ἀτθίδι πεύκῃ
συζυγίης ἀλύτοιο συνωρίδα δίζυγα Κέκροψ.
385 Καὶ Παφίη μετὰ πάντα πολύτροπα δαίδαλα Μούσης
πυκνὰ πολυσπερέων παρεμέτρεεν ἔργα πολήων·
καὶ πίνακος γραπτοῖο μέσην ὑπὲρ ἄντυγα κόσμου
τοῖον ἔπος σοφὸν εὗρε πολύστιχον Ἑλλάδι Μούσῃ·

---

362 ὀφιονίη... τέχνῃ LP ‖ 363 κεχαραγμένον Graefe* : πεφυλαγμένον L ‖ 367 καλέσουσιν Graefe : -λέουσιν L ‖ πέλε Graefe :
πέσε L ‖ post u. lac. stat. Graefe ; sed uide adn. ‖ 374 ἁβρὸς L¹ :
ἁβλὸς L αὐλὸν Politianus ‖ 375 μυστιπόλοιοι L ‖ 382 διδάξεται
Graefe : διδάσκεται L et Politianus s.l. φυλάσσεται Politianus ‖
383 εὔχραντα Politianus ‖ 386 παρεμέτρεεν Falkenburg'' : παρέ-
τρεπεν L.

« Lorsque Auguste dirigera de son sceptre la terre
390 entière, Zeus Ausonien[1] à Rome la toute divine offrira
l'empire, tandis qu'il fera don à Béroé des rênes des lois,
quand, cuirassée sur les navires porte-boucliers, elle aura
endormi la guerre déchaînée sur l'eau par Cléopâtre. Car
la folie dévastatrice de cités ne saurait cesser de tourmen-
395 ter la paix protectrice des cités avant que Bérytos, nourrice de la vie sereine, ne rende la justice à la fois sur terre
et sur mer, fortifiant les villes par le rempart inflexible
des lois : une cité, à elle seule, fortifiant les villes de
l'univers* ! »
Et la déesse, quand elle a appris toute la prophétie
400 d'Ophion, repart chez elle par le même chemin. Son fils
est assis ; près de lui elle place son siège revêtu d'or ;
elle l'enlace par la taille, le visage serein, elle ouvre les
bras à son garçon pour l'y serrer, tout heureuse de tenir
sur ses genoux ce fardeau chéri. Elle embrasse tour à tour
405 la bouche et les yeux de l'enfant. Mettant la main sur
l'arc enchanteur et palpant le carquois, feignant la colère,
elle laisse éclater ces propos rusés* :
« Espérance de toute vie, consolation de la déesse Née
dans l'écume, le Cronide fait violence, sans pitié, à mes
410 seuls enfants ! J'ai rempli neuf de ces cycles lunaires qui
amènent l'enfantement, j'ai supporté la flèche âpre d'un
accouchement dans la douleur, pour donner naissance à
Harmonie, et elle endure les maux les plus variés, l'affli-
gée ! Alors qu'est échue à Létô une fille qui aide l'enfantement, Artémis Eileithyia, secourable aux femmes !
415 Mon enfant, issu du même ventre qu'Amymôné, je ne
t'apprendrai pas que je tire mon sang à la fois de la mer
et du firmament. Eh bien, je voulais accomplir une action
d'éclat : près de la mer maternelle[2], moi qui suis née du
ciel, établir aussi le ciel sur la terre. — Allons, pour la
beauté de ta sœur, bande ton arc, charme les dieux, et

---

1. Αὐσόνιος Ζεὺς : cf. [Opp.], *Cyn.*, 1, 3.
2. Μητρὶ θαλάσσῃ : cf. 4, 246 ; 40, 427 ; 47, 302 (toujours à propos d'Aphrodite).

« Σκῆπτρον ὅλης Αὔγουστος ὅτε χθονὸς ἡνιοχεύσει,
390 Ῥώμῃ μὲν ζαθέῃ δωρήσεται Αὐσόνιος Ζεύς
κοιρανίην, Βερόῃ δὲ χαρίζεται ἡνία θεσμῶν,
ὁππότε θωρηχθεῖσα φερεσσακέων ἐπὶ νηῶν
φύλοπιν ὑγρομόθοιο κατευνήσει Κλεοπάτρης·
πρὶν γὰρ ἀτασθαλίῃ πτολιπόρθιος οὔ ποτε λήξει
395 εἰρήνην κλονέουσα σαόπτολιν, ἄχρι δικάζει
Βηρυτὸς βιότοιο γαληναίοιο τιθήνη
γαῖαν ὁμοῦ καὶ πόντον, ἀκαμπεῖ τείχεϊ θεσμῶν
ἄστεα πυργώσασα, μία πτόλις ἄστεα κόσμου. »
Καὶ θεός, ὁππότε πᾶσαν Ὀφιονίην μάθεν ὀμφήν,
400 εἰς ἑὸν οἶκον ἔβαινε παλίνδρομος· ἑζομένου δέ
υἱέος ἐγγὺς ἔθηκεν ἑὴν χρυσήλατον ἕδρην,
καὶ μέσον ἀγκὰς ἑλοῦσα γαληνιόωντι προσώπῳ
πεπταμένῳ πήχυνε γεγηθότι κοῦρον ἀγοστῷ,
γούνασι κουφίζουσα φίλον βάρος· ἀμφότερον δέ
405 καὶ στόμα παιδὸς ἔκυσσε καὶ ὄμματα· θελξινόου δέ
ἁπτομένη τόξοιο καὶ ἀμφαφόωσα φαρέτρην,
οἷά περ ἀσχαλόωσα, δολόφρονα ῥήξατο φωνήν·
« Ἐλπὶς ὅλου βιότοιο, παραίφασις Ἀφρογενείης,
νηλειὴς ἐμὰ τέκνα βιήσατο μοῦνα Κρονίων·
410 ἐννέα γὰρ πλήσασα μογοστόκα κύκλα Σελήνης
δριμὺ βέλος μεθέπουσα δυηπαθέος τοκετοῖο
Ἁρμονίην ἐλόχευσα, καὶ ἄλγεα ποικίλα πάσχει
ἀχνυμένη· κούρην δὲ μογοστόκον ἔλλαχε Λητώ,
Ἄρτεμιν Εἰλείθυιαν, ἀρηγόνα θηλυτεράων.
415 Τέκνον Ἀμυμώνης ὁμογάστριον, οὔ σε διδάξω,
ὡς λάχον ἐξ ἁλὸς αἷμα καὶ αἰθέρος· ἀλλὰ τελέσσαι
ἤθελον ἄξιον ἔργον, ὅπως παρὰ μητρὶ θαλάσσῃ
οὐρανόθεν γεγαυῖα καὶ οὐρανὸν ἐν χθονὶ πήξω. —
Ἀλλὰ κασιγνήτης ἐπὶ κάλλεϊ σεῖο τιταίνων

395 δικάζει Falkenburg* : -ζειν L ‖ **397** fol. 144ᵛ L ‖ **400** ἔβαινε Ludwich, cl. 33, 142 : ἔναιε L ‖ **405** ἔκυσε L ‖ **419** σεῖο L ‖ τόξα dub. coni. Graefe* post σ. lac. stat. Koechly.

420   surtout envoie une flèche égale, sous une même loi, à
      Poseidon et à Lyaios des vignes, l'un et l'autre bienheu-
      reux ! Et moi, en compensation de tes peines, je te ferai
      présent d'un cadeau à la mesure de ton talent d'archer :
      je te donnerai la tortue nuptiale en or que Phoibos avait
425   apportée au lit d'Harmonie, et je te la remettrai, moi, en
      mains, pour te rappeler la cité à venir, afin que tu sois
      non seulement archer, mais joueur de lyre, tout comme
      Apollon*. »

420 θέλγε θεούς, καὶ μᾶλλον ἴσον βέλος εἰν ἑνὶ θεσμῷ
πέμπε Ποσειδάωνι καὶ ἀμπελόεντι Λυαίῳ,
ἀμφοτέροις μακάρεσσιν· ἐγὼ δέ σοι ἄξια μόχθων
δῶρον ἐκηβολίης ἐπεοικότα μισθὸν ὀπάσσω·
δώσω σοι χρυσέην γαμίην χέλυν, ἢν παρὰ παστῷ
425 Ἁρμονίη πόρε Φοῖβος, ἐγὼ δέ σοι ἐγγυαλίξω
ἄστεος ἐσσομένου μνημήιον, ὄφρα κεν εἴης
καὶ μετὰ τοξευτῆρα λυροκτύπος, ὥς περ Ἀπόλλων. »

425 σοι Ludwich : τοι L ‖ **426** ἐσσομένου L¹ : -νων L ‖ **427** λυ-
ρόκτυπος L.

CHANT XLII

Τεσσαρακοστὸν ὕφηνα τὸ δεύτερον, ἧχι λιγαίνω
Βάκχου τερπνὸν ἔρωτα καὶ ἵμερον Ἐννοσιγαίου.

NOTICE

Le ch. 42, le plus long des trois chants consacrés à Béroé/Bérytos, est aussi celui qui contient le moins de références tant à la ville réelle qu'aux traditions mythologiques la concernant. Entièrement consacré aux vaines tentatives de séduction des deux rivaux, Dionysos et Poseidon, il semble le résultat d'une libre élaboration, purement littéraire. On pourrait très facilement enchaîner les derniers vers du ch. 41 (v. 399-427 : Aphrodite envoie Amour frapper Poseidon et Dionysos d'amour pour Béroé) aux derniers vers de ce ch. 42 (v. 497-530 : Aphrodite institue une épreuve de lutte entre les prétendants). Le ch. 42 apparaît donc de prime abord comme une sorte de récréation que se donne Nonnos, alliant, comme souvent dans son poème, un grand raffinement dans le jeu des références et des rappels, et des brusqueries qui ont pu donner corps à l'idée d'un certain inachèvement de l'œuvre.

Composition   Après un prélude (v. 1-59), le ch. 42 comporte trois parties de longueur inégale : les tentatives de séduction de Dionysos (v. 60-437, 378 vers), la tentative de Poseidon (v. 438-491, 54 vers) et l'organisation du duel entre les deux rivaux (v. 492-542, 51 vers). Poseidon reçoit moins de 10 % du total, tandis que Dionysos en occupe à lui seul plus des deux tiers. Les deux premières parties sont étroitement unies l'une à l'autre par la transition des v. 438-444 : les

v. 438-441ᵃ sont consacrés à Dionysos (ὁ μέν, v. 438), séducteur malheureux condamné à « se tenir à l'écart » de sa belle, tandis que les v. 441ᵇ-444 nous montrent l'arrivée (ou plutôt le retour) de Poseidon en quête de Béroé. Nonnos doit, dans ces scènes du ch. 42, ménager deux exigences : préparer la défaite de Dionysos et maintenir la supériorité de celui-ci sur Poseidon.

1. Prélude (v. 1-59)

Le premier hémistiche du v. 1 assure l'enchaînement avec la fin du ch. 41[1]. Puis Amour perce les prétendants de ses flèches (v. 1-39) ; cette action est suivie aussitôt d'effet puisque Dionysos commence immédiatement à épier Béroé (v. 40-55ᵃ), tandis que Poseidon abandonne provisoirement la partie (v. 55ᵇ-59).

La séquence où intervient Amour (v. 1-39) se déroule en plusieurs étapes : sont présentés d'abord trois mouvements simultanés[2] — l'arrivée d'Amour (v. 1-16) et des deux prétendants qui, venant d'endroits différents, « se rencontrent au même lieu » (v. 17-22) —, avant qu'Amour tire ses flèches et s'envole (v. 23-39). Dès la scène d'arrivée des prétendants, l'attention se concentre sur Dionysos à qui sont consacrés cinq vers (v. 18-22) pour un seul à son rival (v. 17). De même, lorsque Amour tire ses flèches, Dionysos bénéficie d'un curieux traitement de faveur : après avoir lancé un « double trait » sur « les deux divinités » (v. 24)[3], les différenciant seulement par les cadeaux qu'il inspire à chacune d'offrir à Béroé (v. 26 et 29), Amour suscite en Dionysos un sentiment plus violent qu'en son rival (v. 30ᵃ)[4]. À cela

---

1. Sur ce type d'enchaînement entre les chants, voir la note *ad loc*.
2. La simultanéité est marquée par τῆμος au v. 17.
3. La formule est reprise, sous une forme condensée, au début du v. 35 où οἴστρησε reprend le participe du v. 27.
4. Sur les anaphores qui soulignent cette différence de traitement, voir la note au v. 34.

le narrateur donne deux justifications : les pouvoirs du vin et la jeunesse de Dionysos. D'autre part, quand Amour s'envole, c'est au seul Dionysos qu'il s'adresse dans une formule ironique : par la puissance de l'amour, Dionysos, qui ordinairement soumet les hommes grâce au vin, va être soumis à son tour[1]. L'échec de Dionysos devant Béroé est ainsi programmé par un vouloir divin, prenant l'allure d'un châtiment infligé par Amour.

L'effet de la flèche lancée par Amour se traduit immédiatement chez Dionysos par le désir insatiable (οὐδέ... κόρος πέλεν, v. 47[a]) d'épier la nymphe, souligné par l'anaphore de ὄμμα τιταίνων aux v. 40 et 45. Les deux thèmes, le regard et le désir insatiable, reviennent constamment dans l'épisode, repris sous des aspects variés[2]. Ici, c'est le regard qui fait naître l'admiration puis l'amour, selon un schéma fréquent dans la littérature romanesque. Comme il s'agit d'observer Béroé à chaque instant, Dionysos met très vite en place une stratégie de dissimulation (furtif, λάθριος, v. 45[3]) et son regard direct (ἀντώπιον caractérisant ὄμμα au v. 40) se fait timide, πεφυλαγμένον au v. 45. Dès ces premiers instants, où Dionysos ne songe pas encore à posséder, mais à voir, apparaît aussi le thème de l'errance (πλάζετο, v. 44), qui prend la forme de la poursuite (v. 46), seul moyen de ne pas perdre de vue l'objet aimé[4]. L'idée est reprise et

1. La formule d'Amour exprime une rivalité avec Dionysos (soulignée au v. 39 par le rapprochement de part et d'autre de la césure Διόνυσος, ἐγώ), entre les pouvoirs du vin et ceux de l'amour. Ce thème est inhabituel dans la mesure où, ailleurs, dans le poème comme dans la littérature érotique, les pouvoirs du vin sont un instrument au service de l'amour.

2. Pour le regard, cf. v. 74-88 ; 130-137 ; 349[a]. Le thème du désir insatiable : v. 60 (Dionysos ἀκόρητος) ; 178-181.

3. Cet adjectif est repris aux v. 71 et 349 ; cf. aussi v. 134.

4. Le cadre de cette poursuite est la forêt, ce que soulignent les formules parallèles des v. 44 et 60 ; cf. aussi v. 125, 175. Dans les deux premières formules, les épithètes τερψίφρονος (v. 44) et γλυκερῆς (v. 60) montrent que le paysage lui-même est transformé par le désir naissant.

accentuée aux v. 54-55ᵃ, désormais exprimée par l'image
de la traque, qui est plus qu'une simple poursuite (οἶά
περ ἀγρώσσων, περιδέδρομεν) ; ce qui n'est pour le
moment qu'une similitude de comportement (Dionysos
suit Béroé comme le chasseur suit sa proie) deviendra
dans la suite du récit une véritable identification puisque
Dionysos va se faire à plusieurs reprises passer pour un
chasseur ; le thème de la chasse est récurrent dans l'épisode, de part et d'autre de la consultation de Pan par
Dionysos[1].

Dès le prélude, les thèmes principaux sont donc annon-
cés, mais, le plus attendu, celui de la rivalité entre les
prétendants, passe très vite au second plan puisque Poseidon quitte la scène et ne reparaîtra que près de quatre
cents vers plus loin[2]. Dès le v. 60, nous assistons donc
exclusivement aux tentatives de séduction de Dionysos
en tête-à-tête avec la nymphe.

2. Dionysos fait sa cour à Béroé (v. 60-437)

Cette partie, qui occupe 378 vers sur les 542 que
compte le chant, n'a pas manqué de surprendre les commentateurs qui, faute peut-être d'une juste appréciation
de l'art poétique de Nonnos, y ont vu désordre et incohé-
rences, et n'ont pas hésité à déplacer des groupes de vers.

Il est vrai que Nonnos, tout au long de ces scènes de
séduction, ne semble guère se soucier de cohérence, du
moins selon nos critères, mais le désordre n'existe pas
plus là qu'ailleurs. Le ch. 42 est d'une écriture très soi-
gnée et le récit des vaines tentatives de Dionysos offre de
brillants exercices de style, sur des registres variés, et
éventuellement aux dépens de l'intrigue. Ce passage
n'est ni tout à fait narratif ni analytique, mais descriptif :
Nonnos compose des morceaux qui s'enchaînent, se

1. Voir les v. 65-70, 124-129, 155-163, 315-322, 346-354.
2. Le thème de la rivalité reste cependant présent dans la pensée
(v. 110-112) et les discours (v. 115-129, 396-399) de Dionysos.

répètent, s'opposent selon un ordre plus musical que logique. Le poète joue sur l'attente du lecteur, toujours déçue, sur la disproportion entre les procédés de séduction mis en œuvre et le peu d'effet dont ils sont suivis, et sur le décalage entre l'échec des relations réelles et les compensations imaginaires. Il est clair que tout cela n'est qu'un jeu : jeu littéraire d'un poète qui veut prouver sa virtuosité sur le thème du séducteur malchanceux, jeu aussi du narrateur sur ses personnages qu'il présente avec humour. L'accumulation des échecs frôle le comique de répétition.

Le morceau est clairement divisé en trois ensembles de scènes par la consultation de Pan. Le premier de ces ensembles (v. 60-195) est introduit avec solennité par l'anaphore de οἰώθη Διόνυσος, « Dionysos resta seul », et l'apostrophe aux Nymphes (v. 60-64)[1]. Le thème dominant est ainsi clairement indiqué : un tête-à-tête, ou des tentatives de tête-à-tête, de Dionysos avec Béroé s'achèvent par une exaspération de la passion amoureuse de Dionysos (v. 175-195), dont la vivacité, soulignée dès le début du morceau, est devenue extrêmement douloureuse (οἴστρησε, v. 195). En second lieu, la consultation de Pan (v. 196-274) sert plus à dresser pour l'auditoire un catalogue plaisant de stratagèmes amoureux, illustrés d'exemples pris au répertoire mythologique courant, qu'à donner des conseils pratiques à Dionysos. À cet égard, il importe peu que Dionysos en ait déjà mis certains en pratique (ce que Pan n'est pas censé savoir, du reste), ni qu'ensuite il ne suive guère les préceptes du dieu « malheureux en amour » par excellence. Du moins est-il ragaillardi (γεγηθότα, v. 274) par cette conversation. Le

---

1. Le lyrisme de l'anaphore des v. 61 et 62 et de l'invocation aux Nymphes des montagnes (v. 62ᵇ-64) recouvre peut-être, comme le soupçonne D. Accorinti *ad loc.*, une intention parodique. En particulier ce type d'invocation à des nymphes est courant chez les personnages du poème (dans les scènes de quête notamment) mais surprend dans la bouche du narrateur qui invoque plus souvent les Muses.

fil conducteur du troisième ensemble de scènes (v. 275-
437) est fourni par l'identité de Dionysos, question posée
par la jeune fille (v. 276) à laquelle Dionysos apporte
deux réponses successives, l'une mensongère et plai-
sante, l'autre véridique et solennelle.

Au total, le poète raconte successivement six ruses
mises au point par Dionysos débarrassé de son rival et
leur échec ; l'action peut se découper en quatre « actes »
répartis en deux groupes par l'intermède de Pan[1].

Premier acte :
v. 65-123 (59 vers)

Il commence par l'exposition
de la première ruse (v. 65-97)
qui consiste simplement à
« se compos[er] par ruse un visage grave » et à aborder
Béroé en se présentant comme un ami et un compagnon
de chasse d'Adonis. Les procédés mis en œuvre sont ici
élémentaires : il n'y a pas de travestissement, seulement
un « masque » sérieux et un mensonge véniel. Pourtant
le lecteur peut croire au succès de cette tactique puisque
Dionysos parvient à tâter un bout du bandeau pectoral de
Béroé (v. 69, ἔθλιψεν). Mais lorsqu'elle touche les seins
eux-mêmes de la jeune fille, sa main est paralysée
(v. 70)[2]. La scène suivante joue sur le même thème de la
réalisation imparfaite. Le début du v. 71 entretient un instant le doute : le dieu « donne d'innombrables baisers »,
mais le complément, en rejet au début du v. 72, met aussitôt fin à l'illusion : ces baisers ne vont qu'à l'empreinte
des pas de Béroé qui, désormais, n'est plus immobile
(ἱσταμένης, v. 67), mais en perpétuel mouvement (νισομένης, v. 75).

Cet effet d'attente déçue, où le poète s'amuse manifestement, exclut l'hypothèse pourtant souvent émise selon

---

1. L'ensemble présente un certain équilibre. Le premier groupe
comporte deux actes de même longueur (respectivement 59 et 58
vers) ; il en va de même pour le second groupe, mais les actes sont un
peu plus longs (80 vers et 83 vers). La consultation de Pan fait 79 vers.
2. Sur le sens de νάρκησε, voir la n. au v. 70.

laquelle les v. 65-70 ne seraient pas à leur place. Ce n'est pas par étourderie que Nonnos commence par suggérer une victoire « à portée de la main » avant de consacrer plusieurs dizaines de vers à de laborieuses tentatives d'approche puis de conversation ; c'est pour faire mieux attendre l'instant décisif, qui ne viendra jamais. Il ne s'agit que d'une amorce de récit qui tourne court puisque Dionysos, tout au long de cette première partie, occupera une position sans cesse plus éloignée de la jeune fille.

Faute de satisfaction réelle, le désir de Dionysos se réfugie dans les compensations imaginaires du fétichisme et du voyeurisme[1]. Le premier apparaît dans deux scènes : aux v. 71-73, Dionysos embrasse l'empreinte des pas de Béroé ; aux v. 89-97, il boit à la source où elle s'est désaltérée[2] ; ces deux scènes encadrent un portrait de Béroé que son naturel sans apprêts rend d'autant plus désirable aux yeux de Dionysos (v. 74-88). Avant même le départ de Poseidon, le regard furtif, adressé au corps dans son ensemble, a été la première manifestation de l'amour naissant de Dionysos, l'aliment de son désir aussi (v. 40-48). Ici, le regard du dieu, après avoir enveloppé la silhouette en mouvement (νισομένης, v. 75),

---

1. Ce que nous appelons fétichisme n'était évidemment pas perçu comme tel par le poète ni par son public. En fait, il s'agit de la transposition de marques quasi-protocolaires de soumission : embrasser les pieds de la personne à qui on rend hommage, adopter son mode de vie. De même le terme de voyeurisme, que nous employons par commodité, ne recouvre pas exactement la réalité du comportement de Dionysos : il ne se lasse pas de regarder. Ce thème de la contemplation de la personne aimée se retrouve en 1, 525-533 (adolescent amoureux) ; 5, 305, 586-589 (Zeus et Perséphone) ; 7, 256-266 (Zeus contemplant Sémélé) ; 15, 227-243 (Hymnos et Nicaia).

2. Cet acte transpose un lieu commun de la littérature érotique : l'amant appuie ses lèvres sur la coupe à l'endroit même où son bien-aimé a bu (voir la n. *ad loc.*). Il n'en est pas moins paradoxal de la part du dieu du vin qui inverse ainsi un de ses moyens de conquête favoris, faire absorber un vin qui l'enivre à l'objet de ses convoitises (Nicaia, Aura), et se retrouve ensuite, logiquement, tout démuni — ce sont les scènes de timidité.

s'attarde sur le visage et la chevelure pour en admirer le
naturel, la sincérité, l'absence de coquetterie qui plaisent
tant aux amateurs de femmes (v. 84-88). À trente vers
d'intervalle, Nonnos a donc soin de varier les motifs à
l'intérieur de deux scènes sur le même thème. Ici comme
ailleurs dans le chant, il glisse de la singularité d'un comportement individuel à la généralité des goûts de « l'éternel masculin[1] ».

Dans ce premier acte, Dionysos, d'abord proche de
l'objet de son désir, doit ensuite se contenter de l'admirer
à distance, mais l'action s'interrompt pour deux développements rhétoriques, commentaires et non pas ressorts de
l'action, agrémentés d'exemples mythologiques, sur l'eau
et l'amour. C'est d'abord l'intervention de la nymphe de
la source où ont bu Béroé puis son soupirant (v. 100-
107)[2]. Se méprenant sur les motifs de Dionysos, elle
apostrophe l'amoureux sur le thème de l'incapacité de
l'eau à éteindre le feu de l'amour. Dionysos ne semble
pas se soucier de ses propos, mais le lien entre l'eau et
son rival Poseidon suscite en lui « crainte et jalousie »
(v. 111), et une nouvelle expression de son désir, toujours
sur le registre de la compensation imaginaire : c'est le
discours à la bien-aimée absente (v. 114-123). Il invite
cette dernière à se méfier des fontaines, où Poseidon
pourrait la surprendre. Mais ce bref discours de mise en
garde est plein d'humour : le portrait que Dionysos fait
de son rival — γυναιμανέων δολόεις (v. 117) et ψευδαλέος (v. 120) — n'est en somme qu'un autoportrait, et

---

1. Ce glissement est aidé par l'ambivalence de γυναιμανέοντα
chez Nonnos, soit « éperdu d'amour » pour une femme soit « coureur
de femmes » en général.

2. Du point de vue de la temporalité narrative, toute la séquence à
la source des v. 89-123 n'est pas sur le même plan que ce qui précède,
comme l'indique le καί ποτε qui l'introduit : il s'agit d'un épisode
unique alors que la contemplation évoquée précédemment est répéti-
tive. Καί ποτε est employé à quatre reprises dans le chant pour indiquer une juxtaposition lâche : ici et aux v. 275, 323, 355 ; cf. ci-dessous, p. 62, n. 2.

la mise en garde contre les manœuvres de Poseidon est vite remplacée par le regret de ne pas être à sa place (v. 121-123).

Deuxième acte :   Cet acte correspond à la
v. 124-181 (58 vers)   deuxième ruse de Dionysos, plus élaborée que la pre-
mière, puisqu'il y a déguisement : le dieu « change la forme de ses membres » (v. 124) pour prendre l'appa-rence d'un chasseur adolescent (v. 126 et 128). Dans le premier acte, Dionysos s'était bien fait passer auprès de Béroé pour un chasseur compagnon d'Adonis, mais ce travestissement était purement verbal ; désormais il endosse l'apparence du chasseur et, sur son visage, la pudeur (v. 129) remplace le sérieux (v. 65). Le dieu a donc affiné sa stratégie : ce n'est plus le jeune homme surpris par l'amour qui improvise un stratagème approxi-matif, mais l'amant épris de sa belle qui met au point un dispositif plus sophistiqué. Il s'agit maintenant de s'approcher le plus près possible de Béroé pour la regar-der, puis lui parler. Et Dionysos se fait à nouveau guet-teur (v. 130-137), mais cette fois le regard est présenté, sous la forme d'une sentence, comme « une petite conso-lation aux amours envoyées par Cypris » (v. 137). Non-nos ne s'attarde pas sur ce motif déjà utilisé deux fois et introduit un nouveau comportement amoureux : l'entre-tien galant.

Mais Dionysos est alors mis dans une situation qui confine au ridicule : la timidité le paralyse totalement (v. 139). Il est pris à son propre piège : à force d'imiter la pudeur, il en éprouve les symptômes (comparer les v. 128-129 et 153-156). Et pour souligner le caractère étrange de la situation, le narrateur intervient et apos-trophe son héros, phénomène exceptionnel dans le poème (v. 139[b]-149 ; cf. à propos d'Actéon, 5, 316-322). Plus précisément il l'interpelle à la deuxième personne, puis commente sa conduite à la troisième personne, prenant

ainsi le lecteur à témoin. Cette apostrophe ne manque pas
d'humour : inversant un schéma rhétorique d'identification fréquent dans le poème[1] (« X est-il la divinité Y,
puisqu'il lui ressemble par la caractéristique A ? — Non,
car il lui manque l'attribut B »), le narrateur s'amuse
d'un paradoxe : Dionysos est méconnaissable, ses attributs ne lui servent plus à rien, le vainqueur des redoutables Géants tremble devant une faible femme[2] !

Après une brève description du mécanisme de la timidité verbale (v. 150-154), le discours galant arrive enfin,
mensonger comme il se doit (ψευδήμονα v. 157)[3]. Il
obéit au même schéma conventionnel que précédemment
l'apostrophe du narrateur, assimilant pour la circonstance
Béroé à Artémis[4]. Tout au plus pourrait-on voir dans le
rythme rapide (sept questions en quatre vers) et dans
l'accélération du v. 161 (trois interrogations) la marque
de la timidité vaincue : le timide s'est jeté à l'eau et se
hâte d'arriver au but avant que sa timidité ne le rattrape.
Cependant qu'à la fin, l'objet de ses préoccupations
réelles apparaît crûment dans une incidente : « là où
Cypris dort près d'Adonis ».

La ruse, qui a failli prendre son auteur au piège, réus-
sit partiellement. Non seulement Béroé ne s'enfuit pas,
mais, ignorant tout de la rhétorique des amants, elle est
flattée de cette comparaison avec une déesse (v. 165[b]-
167). Mais, malheureusement pour Dionysos, elle ne
décèle pas les intentions cachées derrière ces compliments (v. 168-169).

1. Voir des indications dans la note de F. Vian à 1, 92 (t. 1, p. 140).
2. On trouve des railleries sur le même thème adressées à Dionysos
par une nymphe Mélie en 16, 233-234 (épisode de Nicaia, avec référence à la victoire sur les Indiens). Ici, on notera l'anachronisme : la
victoire de Dionysos sur les Géants ne sera remportée qu'au début du
ch. 48 (v. 1-89).
3. Ce discours mensonger est bien une ruse ; cf. δόλον, v. 168.
4. Le parallélisme entre les deux discours (v. 139-142, 158-161),
souligné par l'anaphore des interrogations introduites par πῇ (4 dans le
premier, 6 dans le second), est humoristique.

Cette seconde ruse a donc permis au dieu de passer à une nouvelle étape de la conquête amoureuse ; elle ne s'en termine pas moins sur un échec (v. 173-174), puisqu'il ne parvient pas à faire comprendre ses sentiments et doit se contenter de souffrir de cet amour ignoré par celle qui l'inspire et rester inlassablement auprès d'elle (v. 175-177). Cette souffrance fait l'objet d'une rapide analyse psychologique (v. 182-195) fondée sur une comparaison, inspirée d'Apollonios, entre un taureau piqué par un taon et Dionysos piqué par l'amour[1]. La comparaison souligne la disproportion entre la victime et la cause de ses souffrances, mais, à la différence de la timidité traitée sur le mode humoristique, la souffrance causée par la piqûre d'amour est prise au sérieux. Dionysos a besoin de se confier à un tiers ; c'est auprès de Pan qu'il espère trouver réconfort et solutions.

Ici se closent les tentatives de Dionysos pour déclarer sa flamme ; la série suivante de tête-à-tête (v. 275-437) portera sur l'identité du futur dieu.

La consultation de Pan : v. 196-274 (89 vers) Elle est la conséquence du deuxième échec de Dionysos, mais elle introduit aussi une pause dans la narration. Le discours qui en compose la plus grande partie (v. 205-273) comporte 69 vers et, sur le thème de la séduction de Béroé, il développe des *topoi* de la stratégie amoureuse adaptés à la situation[2]. Après trois vers qui soulignent la communauté de destin entre son visiteur et lui-même, Pan commence par des généralités sur la manière dont les femmes vivent le sentiment amoureux (v. 208-215), puis viennent les conseils pratiques qui se regroupent en trois rubriques :

---

1. Sur cette comparaison, voir la note *ad loc.*
2. Pour le discours de Pan, voir l'étude d'A. Villarubia, « Nono de Panopolis y el magisterio amoroso de Pan », *Habis*, 30, 1999, p. 365-376, sur les modèles de ces préceptes amoureux (il pense à une influence directe d'Ovide, *Art d'aimer* et *Amours*).

(1) les manèges de séduction : mimiques, gestes, propos flatteurs sans vergogne (v. 216-237) ; (2) l'inutilité des cadeaux : les femmes sont plus sensibles à la beauté qu'à la générosité (v. 238-250ᵃ)[1] ; (3) les chansons d'amour tristes sont propres à émouvoir les belles, encore plus belles à travers leurs larmes (v. 250ᵇ-271). Le discours s'achève par une plaisanterie de Pan demandant à Dionysos des conseils pour séduire Écho (v. 272-273). Le professeur de séduction est lui-même un séducteur malheureux, les derniers mots du discours rejoignent les premiers (v. 205, « Compagnon de souffrance, Bacchos mon ami… »).

Ce discours a posé bien des problèmes aux commentateurs : en effet, certaines recommandations ont déjà été mises en pratique : celles des v. 217 (feindre la pudeur, cf. v. 129), 218 (prendre un air sérieux, cf. v. 65) et 219 (s'approcher de Béroé comme par inadvertance, cf. v. 69), tandis que d'autres ne seront pas suivies d'effet, en particulier celle, pourtant bien développée, relative aux chansons d'amour[2]. Ces objections ne nous semblent pas décisives ; Dionysos s'est sans doute contenté de révéler son tourment (et la timidité qui le paralyse, cf. la parenthèse des v. 233-237), sans pour autant faire à Pan un rapport circonstancié sur les stratégies déjà mises en œuvre, ce qui explique le « double emploi » de certains conseils. Quant à ceux qui restent sans suite, leur inutilité

---

1. On notera que c'est Pan, à la laideur proverbiale, qui tient ces propos, et que le *topos* inverse, la vénalité féminine, est sans doute plus fréquent.

2. À la suite de Koechly et Ludwich, P. Collart (p. 238-240) a eu l'impression que Dionysos applique les conseils de Pan avant même que celui-ci les ait formulés. Mais cette impression amène les savants à des solutions divergentes : les deux éditeurs rejettent après le discours de Pan les vers qui leur paraissent s'inspirer de ses préceptes, tandis que Collart, sensible aux reprises de thèmes entre les manèges imaginés d'abord par Dionysos et ceux conseillés ensuite par Pan, juge que toute la scène avec celui-ci (v. 196-274) est « une addition inutile » (p. 240).

ne signifie pas nécessairement que Nonnos n'a pas
achevé le récit ; Dionysos est venu consulter Pan, il ne
s'est pas engagé à appliquer à la lettre tous les préceptes
formulés. En revanche, les conseils relatifs aux cadeaux
seront repris par l'amoureux qui se justifiera habilement
de ne point en faire (v. 416^b-428). En fait, au-delà du rapport (qui existe réellement) avec la situation présente, le
discours de Pan est aussi à prendre pour lui-même,
comme un exercice de style sur le thème de l'« art
d'aimer ». En tout cas, même si Dionysos n'applique que
partiellement les conseils reçus, le discours de Pan ne
reste pas pour autant sans effet puisque son interlocuteur
repart « tout réjoui » (γεγηθότα, v. 274) et c'est surtout
ce réconfort qu'il était venu chercher auprès d'un « compagnon de souffrance ».

Après cette pause, l'action — les tentatives de séduction — reprend, mais avec un nouveau mode de présentation, plus abrupt, et une accélération du rythme.

Troisième acte :
v. 275-354 (80 vers)
Trois nouvelles tentatives,
dont la seconde est simplement esquissée (v. 315-322),
se succèdent dans cet acte. Pour la première, pas de préparatifs de ruse, pas de travaux d'approche, le lecteur
découvre Dionysos près de Béroé (παρεόντα, v. 276) qui
le questionne sur son identité, initiative audacieuse qui
restera unique[1]. Ayant repris confiance en lui depuis sa
rencontre avec Pan, le séducteur improvise une ruse que
lui inspire le cadre de la conversation : « le vestibule
d'Aphrodite » suggère des métaphores sexuelles aux-
quelles s'accorde l'évocation d'un paysage boisé et
fécond et bien sûr d'une « prairie humide » (v. 277-
279)[2]. Dionysos se présente donc comme un jardinier et

1. La scène est introduite par καί ποτε qui souligne le hasard d'une
circonstance imprévue. Même emploi aux v. 323 et 355 pour introduire
le dernier acte.
2. Sur la valeur érotique de πρόθυρον et de λειμών, surtout

décrit son activité au fil des saisons en des formules à double sens dont la signification sexuelle est manifeste (v. 282-312), sauf pour la destinataire qui ne comprend rien à ces sous-entendus (v. 313-314), ce qui a au moins pour avantage qu'elle ne prend pas la fuite.

À la différence de la tentative précédente, Dionysos ne se laisse pas décourager par l'échec, mais « à sa ruse...coud une autre ruse » (v. 315) et enchaîne immédiatement sur une nouvelle tentative, interrogeant à son tour Béroé non sur son identité, mais sur l'origine de ses filets de chasse (v. 316-321). Comme lors de ses premières questions à Béroé, le thème de la chasse lui sert à amener l'évocation des amours physiques d'Aphrodite et d'Adonis, cette fois par le biais de la jalousie d'Héphaistos. À nouveau, la scène s'arrête brusquement ; le séducteur cherche à faire sortir la jeune innocente du droit chemin (v. 322, παραπλάζων), mais elle résiste (*ibid.*, ἀκηλήτοιο). L'enchaînement sur le songe, compensation imaginaire, dit assez l'échec de Dionysos (v. 323-345)[1].

Mais ce songe, ou plutôt ces songes, sont fort clairs : Béroé est disponible pour un mariage en bonne et due forme, « recouverte d'un vêtement nuptial », donc voilée des pieds à la tête (v. 324-325). Ainsi la voit Dionysos lorsqu'il s'unit à elle dans son sommeil[2]. Ce rêve fortuit (καί ποτε, v. 323), il le fait en dormant sur un tapis d'anémones, fleur d'Adonis, le père de Béroé, et

---

« humide », voir J. Taillardat, *Les Images d'Aristophane*, par. 118 et 119. Voir aussi D. Gigli, citée aux v. 277-280. L'idée de ruse est exprimée par la formule ἤθεσι κερδαλέοισι (v. 280) qui s'oppose à νηπιάχοισιν ἐν ἤθεσι (v. 275) à propos de Béroé, formule qui elle-même reprend νήπιον ἦθος du v. 171.

1. Il s'agit d'un rêve matrimonial, et non simplement érotique. Sur ces rêves de désir et les rêves en général chez Nonnos, voir D. Auger, « Le monde des rêves dans les *Dionysiaques* de Nonnos », dans D. Accorinti – P. Chuvin, *Des Géants à Dionysos*, p. 415-432.

2. V. 335. Pour le sens de l'expression, voir 32, 83 ; 34, 96 ; 40, 402-406 (malgré les difficultés du texte, le passage le plus explicite sur ces « noces ombreuses ») ; 41, 152 et la note *ad loc.*

emblème d'amours tôt interrompues. Il n'arrive pas à renouveler ce plaisir, tout éphémère et trompeur qu'il soit, quand il dort sous le myrte d'Aphrodite — signe de son échec futur (v. 342-343) ! C'est en effet Aphrodite qui organisera le concours fatal aux chances de Dionysos, alors qu'Adonis fait plutôt, dans ce chant, figure d'auxiliaire de Dionysos.

Dans l'épisode suivant, qui arrive sans transition à l'exception du καί habituel, Dionysos chasse en compagnie d'Adonis afin d'observer Béroé (v. 346-349^a). Voici donc le séducteur revenu au voyeurisme initial, mais en compagnie du père de la belle, ce qui limite sa marge de manœuvre[1]. En outre, sa situation est plus défavorable qu'au début, puisque Béroé, qui a surpris ses regards, se voile (v. 349^b-351). Ce n'est pas une sauvageonne des bois, mais une fille à marier. Non seulement le voyeurisme ne peut plus remplir son rôle de compensation, mais, par son geste, Béroé redouble le désir de séduction de Dionysos (v. 352-354). L'attirance d'un dépravé (« les serviteurs des Amours », v. 352) pour une fille naïve ou une honnête femme donnera naissance, bien des siècles plus tard, au personnage de Valmont... Elle ne sert ici qu'à préparer l'échec de Dionysos.

Quatrième et dernier acte : v. 355-437 (83 vers)

C'est sans doute l'impasse dans laquelle se trouve le dieu qui explique le recours à la dernière ruse. Dionysos saisit une occasion : Béroé est seule (μουνωθεῖσαν, v. 355 ; on revient au tête-à-tête initial) et il s'approche d'elle. Pas plus que dans l'épisode précédent, il n'est question de ruse. Pour cette ultime tentative, il anticipe son destin, prend son apparence divine et révèle sa véritable identité (v. 355-360^a). Curieusement, cette révélation solennelle est présentée au style indirect, très abrégée, et sert uni-

---

1. Le v. 349^a rappelle les v. 45, 71 et 134.

quement de préambule à un long discours galant (v. 363-428, 66 vers) où Dionysos, retournant à l'impudence et à la flatterie (v. 361-362), alternant compliments, promesses, menaces et critiques de son rival, cherche à persuader Béroé d'accepter ses avances[1]. Cette fois, Béroé a compris et se bouche les oreilles pour dissuader son soupirant de poursuivre (v. 429-432[a]). L'échec de Dionysos est donc consommé et son amour, à nouveau redoublé par la dérobade de l'objet désiré, est condamné à l'insatisfaction.

Les v. 438-441[a] qui assurent la transition avec le retour de Poseidon résument bien le bilan désastreux de ces tentatives de séduction : Dionysos se tient désormais à l'écart (ἀπέμιμνεν, v. 439)[2] et s'en remet aux pouvoirs de son imagination : « il laisse son esprit vagabond chasser en compagnie de la jeune fille », de la même manière qu'au v. 334 « il laiss[ait] son esprit voler dans les reflets d'un rêve » ; sa vie amoureuse devient un songe.

Si Dionysos épuise toutes ses ressources en matière de séduction, le poète, lui, déploie toutes les facettes de son talent de narrateur pour conter, sans lasser le lecteur, les tentatives successives de son héros. Pour renouveler le récit comme le dieu renouvelle ses ruses, Nonnos joue sur différents paramètres : longueur variable des scènes, mise en valeur de moments différents des stratagèmes (préparatifs suivis de réalisation ou récit direct de l'exécution, mention ou non du résultat), présence ou absence

---

1. Composition du discours de Dionysos : v. 363-368. « Vous m'êtes plus chère que l'Olympe ». — v. 369-379. La fille d'Aphrodite et d'Adonis peut-elle ignorer l'amour ? — v. 380-390. Celles qui refusent l'amour sont punies : Syrinx, Daphné. — v. 391-395. Dionysos, amant et serviteur. — v. 396-415[a]. Critique de Poseidon : ses cadeaux, le sort de ses amantes. — v. 415[b]-428. Mais qu'offrir à Béroé qui est déjà comblée ?

2. Le premier hémistiche du v. 439, παρθενικῆς δ᾽ ἀπέμιμνεν, à l'imparfait duratif, s'oppose au premier hémistiche du v. 177, παρθε-νικῇ παρέμιμνε, également à l'imparfait duratif.

de considérations psychologiques, insertion de « pauses » (la consultation de Pan, l'intervention de la nymphe de la source ou le songe de Dionysos). L'impression d'incohérence ou de désordre que peut donner au lecteur moderne cette recherche de ποικιλία dans les techniques narratives ne résiste pas à une analyse attentive.

D'autre part, même si Dionysos essuie échec sur échec et semble toujours revenir au point de départ, il y a progression d'un acte à l'autre, en particulier si on considère les moments de proximité physique entre le soupirant et l'objet de son désir. Dans le premier acte, seuls les six premiers vers (v. 65-70) nous montrent les deux personnages l'un près de l'autre, dans le second vingt-six (v. 138-163), quarante-huit (v. 275-322) dans le troisième[1], et quatre-vingt trois (v. 355-437) dans le dernier[2]. Cette progression est liée à l'accroissement de la longueur des discours de Dionysos : un vers et demi (v. 66-67[a], au style indirect), puis neuf (v. 155-163), puis trente et un (v. 282-312) et enfin soixante-six (v. 363-428), tandis que, très logiquement, la place consacrée au regard ne cesse de décroître[3].

L'ensemble est scandé de sentences : c'est la vue qui fait naître l'amour (v. 42-43), mais on brûle plus encore pour une beauté qui se voile (v. 352-354) et nous avions déjà appris que le désir brûle les femmes plus que les hommes, surtout quand elles le taisent ; elles s'en soulagent en bavardant entre elles[4] (v. 209-215). Il est facile d'ironiser sur ces lieux communs de la littérature érotique de l'Antiquité, qui ne dérivent sans doute pas d'un

---

1. Sans compter les v. 324[b]-325[a] où Dionysos épouse Béroé, mais en songe…

2. Cette proximité peut être déduite du contexte (v. 65-70) ou explicitement notée : σχεδὸν ἦλθε (v. 138, 356), παρεόντα (v. 276).

3. Les v. 110-123 ne sauraient être inclus dans ce décompte puisque Dionysos parle, mais Béroé est absente.

4. Autres « sentences » dans ce chant qui en est particulièrement riche : v. 30-33, 84-88, 135-137, 170-174, 264-265, 325-332, 433-437.

modèle unique[1]. Ils n'en manifestent pas moins une indiscutable cohérence.

3. *Poseidon fait sa demande à Béroé (v. 438-491)*

Cette troisième partie est très brève (54 vers) ; comparée au long récit qui vient d'être consacré à Dionysos, elle a à peine la longueur d'un des deux premiers actes de ce récit. Après la transition des v. 438-441[a], la réapparition de Poseidon ne répond à aucune nécessité. Peut-être, du fond de la mer, a-t-il appris l'échec de son rival ; en tout cas, il revient au bon moment puisque Dionysos se tient désormais à l'écart. Dès son arrivée (v. 441[b]-444), aussitôt qu'il a quitté la mer, le dieu ne perd pas une seconde, il cherche Béroé (v. 443[a]) et, dès qu'il l'aperçoit, commence à l'épier, alors qu'il est encore en route (ἔτι σπεύδοντι, v. 445). Le regard de Poseidon est moins délicat que celui de Dionysos ; comme lui, il commence par la détailler de la tête aux pieds (on retrouve le διεμέτρεεν du v. 41), comme lui, il est ἀκόρητος (v. 455, cf. v. 60) ; mais, là où Dionysos s'extasiait devant la beauté sans artifice du visage et de la coiffure, Poseidon la déshabille du regard (v. 449-455[a]). De même, alors que Dionysos suppliait le Soleil de ralentir sa course pour pouvoir plus longtemps contempler Béroé (v. 49-53), c'est Aphrodite que Poseidon supplie (v. 455[b]-457[a]), avec des arrière-pensées sans doute plus directement charnelles.

Son discours à Béroé est bref (v. 459-485, 27 v.) et va droit au but : après l'éloge de sa beauté qui l'emporte sur celle des plus belles femmes de Grèce (v. 459-467), il l'invite à devenir son épouse et la reine des mers (v. 468-474) et lui nomme ses futurs serviteurs, bien plus estimables que les Bassarides ou les Satyres de Dionysos

---

1. Influence du roman : D. Gigli Piccardi, « Alcune nuove concordanze fra Nonno ed Achille Tazio », *Studi in onore di Anthos Ardizzoni*, Rome, 1978, p. 431-436.

(v. 475-485). Ce discours, on le voit, n'est guère senti-
mental ni sensuel, Poseidon n'y parle pas d'amour mais
des avantages que Béroé peut espérer obtenir si elle
l'épouse. Mais là où Dionysos demandait à Béroé, en
somme, de « coucher », Poseidon, lui, propose de
l'épouser. La réaction de Béroé (v. 486) est d'ailleurs différente de celle qu'elle a manifestée après la déclaration
de Dionysos : ce n'est plus le trouble effroi d'entendre
parler d'amour, c'est la colère et le refus (χωομένην...
δυσπειθέα).

Le désarroi de Poseidon se traduit de deux manières :
sous le coup de la déception, il apostrophe Adonis absent,
enviant son bonheur d'être à la fois l'époux d'Aphrodite
et le père de Béroé (v. 487-490) ; puis, un peu plus tard
sans doute, après avoir retrouvé ses esprits, il offre des
cadeaux aux deux parents de celle qu'il convoite : là
encore, il se comporte en prétendant bien appris (v. 492-
493ᵃ).

Cette seconde attitude sert de transition avec la dernière
partie, puisque, à l'occasion de cette remise de cadeaux, on
voit reparaître Dionysos qui offre lui aussi des cadeaux et
supplie Aphrodite (v. 493ᵇ-496). L'expression « enflammé
par le même projectile » (l'hémistiche ὁμοφλέκτῳ δὲ
βελέμνῳ, v. 493ᵇ) nous ramène au début du chant, au
moment où Amour tirait sa double flèche sur les deux prétendants.

4. *Organisation du duel entre les deux rivaux (v. 492-542)*

Aphrodite est préoccupée par cette rivalité entre les
prétendants, mis sur le même plan par l'anaphore ἀμφοτέρους... ἀμφοτέρων (v. 498)[1], et décide d'organiser
entre eux une confrontation formelle (v. 497-501). Au
v. 500, apparaît le thème paradoxal de la guerre nuptiale,

---

1. Ce pronom, qui ne distingue pas les rivaux, est très utilisé dans
toute la dernière partie du chant : cf. v. 505, 513, 515, 523, 526, 530,
540.

avec l'expression Ἄρεϊ νυμφιδίῳ, reprise au v. 501 par le double oxymore γάμον αἰχμητῆρα καὶ ἱμερόεσσαν ἐνυώ qui repose sur un hypallage souligné par un chiasme. Ce paradoxe sera abondamment exploité au ch. 43.

Aphrodite adresse ensuite aux prétendants un discours (v. 506-525) qui est en fait un engagement réciproque : elle s'engage à attribuer Béroé au vainqueur sans qu'il ait à offrir des présents de mariage (ἀνάεδνον, v. 514) ; en contrepartie, elle attend d'eux un serment par lequel ils s'engagent, même vaincus, à ne pas nuire à la cité (v. 515-525). On pourrait penser au célèbre serment exigé par Tyndare des prétendants de sa fille…

Le serment demandé est obtenu sans difficulté (v. 526-528ᵃ) et le combat se prépare. Mais, sous les yeux des dieux déjà prêts à assister au combat, se manifeste un prodige défavorable à Dionysos (v. 534-538). Bien que désormais sans illusion sur l'issue du combat, celui-ci ne se dérobe pas (v. 539-540ᵃ) et le chant s'achève sur la joie de Zeus à l'idée d'assister à « la querelle entre son frère et son fils » (v. 540ᵇ-542). Là encore reparaît un thème épique, la délectation qu'éprouve Zeus à regarder les combats.

Les thèmes du chant : reprises et nouveautés La tonalité du chant 42 n'est pas entièrement nouvelle. Les *Dionysiaques* contiennent d'autres épisodes développés qui sont consacrés à des amours sans réciprocité : les soupirs d'Hymnos, puis de Dionysos pour Nicaia (ch. 15-16) et de Morrheus pour Chalcomédé (ch. 33-35). Cette absence de réciprocité est presque la règle pour les amours hétérosexuelles : cf., au ch. 4, à Samothrace, la réaction initiale d'Harmonie. C'est notamment la troisième fois qu'Éros frappe une victime masculine de ses flèches. Au ch. 7, v. 110-135 et 190-204, c'est l'Éros primordial, hésiodique ou orphique, qui agit de sa propre initiative, dans le cadre fixé par les Destinées. Par contraste, la scène du ch. 33 où, à la demande d'Aphrodite, elle-même sollicitée par Charis, Éros intervient contre Morrheus, est une variation réussie sur deux des plus belles scènes des *Argonautiques* d'Apollonios de Rhodes (3, 36-166 et 275-298), transformant d'abord l'intervention surnaturelle en tableau de la vie de famille (une mère a du mal à faire obéir son polisson de fils), puis redonnant au dieu sa stature[1]. Au ch. 42 comme dans la scène entre Aphrodite et Éros qui clôt le ch. 41, Nonnos semble avoir voulu faire preuve d'originalité et il évite de marquer l'analogie avec les passages d'Apollonios qui s'offraient comme modèles et lui ont inspiré les jeux de miroir du ch. 33. En revanche, il s'imite lui-même, avec notamment au ch. 41 la reprise littérale de six vers, *unicum* dans le poème[2].

De plus, pour sa dernière tentative de séduction, Dionysos se manifeste sous son aspect divin, pour la première fois dans le poème dans un contexte pacifique (v. 357)[3]. Ainsi, bien que Dionysos n'obtienne pas, en définitive, la main de Béroé, cet épisode ne s'en insère pas moins dans le processus général de sa divinisation, dont on a remarqué depuis longtemps le caractère progressif[4]. Il se montrera à nouveau comme un dieu à

---

1. Voir la Notice de B. Gerlaud au ch. 33, t. 11, p. 36-39, pour une comparaison suivie des deux textes de Nonnos et d'Apollonios.

2. 41, 402-407 répètent 33, 143-148. Voir M. String, *Untersuchungen*, p. 52 et 58.

3. Dionysos a déjà été admis, à Tyr, à contempler un dieu, Héraclès Astrochitôn, sous sa forme et dans son rayonnement divins, et il n'en a pas été incommodé, à la différence de sa mère Sémélé (40, 412). À Beyrouth, c'est lui qui se transfigure, mais il n'est pas question de l'éclat qu'il revêt. Il prend à nouveau forme divine à Naxos, devant Ariadne (47, 422, noter l'étroite similitude d'expression avec 40, 412). L'analogie avec la Transfiguration du Christ (μεταμόρφωσις, cf. ici μετάμειψε) est évidente.

4. F. Vian, Introd. générale, t. 1, p. XXII ; B. Simon, t. 14, p. 150 ; M.-C. Fayant, t. 17, p. 70. Le soin avec lequel cette apothéose est préparée contraste avec la désinvolture de l'auteur lorsqu'elle se réalise au ch. 48 : F. Vian, t. 18, p. 90-95.

Ariadne, en 47, 421-422 où il resplendit exactement comme Astrochitôn à Tyr, lorsque ce dieu s'est manifesté à lui[1] (40, 411-417). La faveur accordée à Béroé et à Ariadne sera refusée à Palléné, pour ne rien dire de Nicaia et d'Aura, violées dans leur sommeil. Les amours nobles du dieu contrastent ainsi avec ses entreprises punitives[2]. Les autres transfigurations de Dionysos sont guerrières et il y est répété chaque fois qu'il « atteint l'Olympe »[3] ; ces deux-ci tranchent par leur sobriété et leur caractère explicite, « en tant que dieu » (42, 357 et 47, 422).

Quant à Béroé, elle est présentée avec un certain respect, que n'obtiennent pas toutes les belles nymphes qui passent dans les *Dionysiaques*. Lorsque Dionysos la lorgne, il s'émeut sur sa nuque, ses chevilles (v. 74) et, lorsqu'elle se voile, elle dissimule même ses joues (v. 351). Poseidon non plus ne verra pas ses seins, tout juste leur naissance (v. 451-453). Dans cet épisode, point de vents impertinents qui s'engouffreraient sous sa tunique pour révéler « les mystères de ses cuisses » comme ils font à Nicaia pour le ravissement d'Hymnos (15, 220-232). Seuls les propos que tient le dieu déguisé en faux jardinier marquent une certaine trivialité, mais l'innocente n'y entend goutte. Même son activité de chasseresse passe au second plan puisque, dans deux épisodes, elle n'en a plus du tout le costume (v. 158-163 et 349-351). Elle est non seulement pudique, mais décidément inoffensive et n'a pour armes que sa beauté, à la différence de Nicaia, Palléné et Aura (v. 233-237). Dionysos perd aussi l'usage de son subterfuge habituel pour

1. Sur l'éclat caractéristique des dieux, cf. B. Simon à 38, 153 (t. 10, p. 200).

2. Il est étrange que seuls les viols de Nicaia et d'Aura, perpétrés à l'instigation de Némésis, donnent naissance chaque fois à une figure importante de la « théologie nonnienne », Iacchos et Télété. La gloire de l'enfant toutefois ne rejaillit pas automatiquement sur la mère.

3. 29, 319-322 (contre Dériade) ; 40, 82-83 (mort de Dériade) ; 45, 133-136 (contre Penthée) ; 47, 657-663 (contre Persée).

prendre les filles rétives, qui est de les faire boire. C'est qu'ici il ne s'agit pas de prendre en passant la virginité d'une paysanne, mais d'épouser solennellement une princesse, même si le dieu ne renonce pas à la séduire au préalable. La transposition mythologique ne laisse pas de doute sur la différence de condition sociale entre Nicaia (ou Aura) et Béroé. Poseidon, par un contraste peut-être voulu, se montre beaucoup plus brutal dans sa concupiscence, mais non dans ses actes : il déshabille sans vergogne la jeune fille, mais du regard seulement (v. 447-455), et son discours est en fait une demande en mariage.

Quoi qu'il en soit, Béroé, en fille raisonnable, laisse la décision sur son mariage à ses parents, et c'est sa mère qui organise une compétition nuptiale dont on a d'autres exemples dans la mythologie (pour les Danaïdes ou Pénélope) et peut-être dans l'histoire (pour la fille de Clisthène tyran de Sicyone)[1]. Sans doute n'est-il pas nécessaire de chercher dans les traditions locales de Bérytos un modèle phénicien à ce combat, ce qui n'empêche pas que les deux dieux, Poseidon et Dionysos, aient probablement des prototypes locaux : c'est assuré pour Poseidon et, pour Dionysos, nous avons avancé le nom de Ba'al Marqôd[2].

Annexe : Procédés de composition — Indiscutablement soigné, le ch. 42 ne nous a cependant révélé aucun de ces jeux numériques auxquels Nonnos se plaît si souvent, ce qui rend un peu plus délicate l'analyse, privée de ce cadre formel. On n'en relèvera pas moins ici quelques éléments de composition, circulaire, entrelacée ou en chiasme. La circularité des thèmes est particulièrement évidente. Dionysos commence par épier Béroé de loin (v. 40-53), puis, une fois débarrassé de la présence de Poseidon, il s'en approche à

1. P. Chuvin, *La Mythologie grecque*, p. 112-114.
2. Id., *Myth. et géogr.* p. 216-221.

la toucher, mais échoue à la séduire par timidité. Il revient alors à sa situation initiale, guetteur à distance (v. 175-181). La similitude est soulignée par la même indication de lieu : ἔσω τερψίφρονος ὕλης au v. 44, ἔσω πιτυώδεος ὕλης au v. 175, par les mêmes notations psychologisantes, οὐδέ οἱ εἰσορόωντι κόρος πέλεν au v. 47, γυναιμανέοντι…ǀ οὐ κόρος ἐστὶ πόθων aux v. 180-181, et par des indications analogues sur la durée de l'action (v. 49-53 et 175-176).

Un autre exemple de circularité fait intervenir des éléments beaucoup plus éloignés : Dionysos commence par essayer de s'approcher de la jeune fille en se présentant comme un ami de son père Adonis (v. 65-67) et il en profite pour la lutiner (v. 68-70). Or sa dernière ruse consistera à se déguiser en compagnon de chasse d'Adonis (v. 346-349), mais il ne pourra même pas en profiter pour regarder le visage de Béroé qui se voile (v. 351), alors que la première fois il lui effleurait les seins. Ses efforts de séduction n'aboutissent donc qu'à l'éloigner de la jeune fille, nouveau présage de son échec final. Correspondance supplémentaire, il était en tête-à-tête avec la jeune fille tout au début de ses manœuvres de séduction et le poète souligne à nouveau l'importance de cette situation pour l'ultime tentative de son héros, lorsqu'il se révèle à sa bien-aimée, et à elle seule, dans sa forme divine (v. 355). Mais c'est Poseidon qui, à son retour sur scène, sera admis — sobrement malgré sa convoitise luxurieuse — à profiter des effets de transparence des vêtements de la jouvencelle (v. 447-455).

Un entrelacement de thèmes (voyeurisme / fétichisme) a déjà été signalé, aux v. 65-97, selon une succession A B / A' B', l'opposition entre les deux volets AB et A'B' étant marquée parce qu'au début de A Béroé est immobile (v. 67), au début de A' elle est en marche (v. 75) ; cependant que le fétichisme de B porte sur sa démarche (les traces de ses pas, v. 71-73), celui de B' sur ses arrêts (pour boire à une source, v. 89-97).

Enfin, la présence d'un chiasme dans le tableau à double sens des saisons aux v. 286-300, outre qu'elle devrait interdire de toucher à l'ordre des vers, met en valeur, dans ces Travaux amoureux, l'automne, saison des semailles, et l'été, saison des récoltes. Le thème du « labour sexuel » est bien connu dans la littérature grecque, et celui de la cueillette ou de l'offrande des prémices (θαλύσια, v. 300) pourrait se passer de commentaires si son interprétation n'avait, nous semble-t-il, égaré D. Gigli Piccardi[1].

---

1. Voir la note aux v. 297-298 *in fine*.

SOMMAIRE DU CHANT XLII

CHANT XLII

Avec ces paroles elle le persuade. S'élevant d'un coup de sandale, Amour brûlant[1], insaisissable, agitant ses pieds rapides comme le vent, plus haut que les nuages, inscrit dans l'air la trace de son talon ailé, tenant son arc
5 enflammé. Sur son épaule, son carquois aussi est ouvert, empli d'un feu très doux*. Ainsi, lorsque, vif voyageur qui traverse le firmament sans nuages, un astre file tout droit, avec une traînée scintillante, porteur de présage pour une armée en guerre ou pour quelque marin, il écrit à la surface du firmament avec le sillage de feu qu'il
10 laisse derrière lui ; ainsi alors l'impétueux Amour, emporté avec un vif sifflement, émettant à grands coups d'ailes un mugissement de tempête, siffle à travers les airs. Et sur le roc assyrien, il unit deux flèches enflammées sur une seule corde, par l'amour de la jeune fille
15 entraînant vers le même désir deux prétendants de même ardeur pour l'épouser[2], la divinité aux grappes et le cocher de mer*.

À ce moment, l'un abandonnant la vague profonde du mouillage marin, l'autre quittant la côte tyrienne, dans les cimes du Liban ils se rencontrent au même lieu. — Du
20 char terrifiant, Marôn dételle les panthères en sueur, il

---

1. Θερμὸς Ἔρως : cf. v. 392 ; même expression en 3, 106 ; 40, 540. Voir les notes *ad loc.* (t. 2, p. 138 et t. 14, p. 304).
2. Ὁμοζήλων ὑμεναίων : même hémistiche en 6, 11 à propos des prétendants de Perséphone.

ΔΙΟΝΥΣΙΑΚΩΝ ΜΒ

Ὣς φαμένη παρέπεισε· μεταχρονίῳ δὲ πεδίλῳ
θερμὸς Ἔρως ἀκίχητος ὑπηνέμιον πόδα πάλλων
ὑψινεφὴς πτερόεντι κατέγραφεν ἠέρα ταρσῷ,
τόξα φέρων φλογόεντα· κατωμαδίη δὲ καὶ αὐτή
5 μειλιχίου πλήθουσα πυρὸς κεχάλαστο φαρέτρη.
Ὣς δ' ὁπότ' ἀννεφέλοιο δι' αἰθέρος ὀξὺς ὁδίτης
ἐκταδίῳ σπινθῆρι τιταίνεται ὄρθιος ἀστήρ ·
ἢ στρατιῇ πτολέμοιο φέρων τέρας ἤ τινι ναύτῃ
αἰθέρος ἔγραφε νῶτον ὀπισθιδίῳ πυρὸς ὁλκῷ·
10 ὣς τότε θοῦρος Ἔρως πεφορημένος ὀξέι ῥοίζῳ,
παλλομένων πτερύγων ἀνεμώδεα βόμβον ἰάλλων,
ἠερόθεν ῥοίζησε· καὶ Ἀσσυρίῃ παρὰ πέτρῃ
ἔμπυρα δισσὰ βέλεμνα μιῇ ξυνώσατο νευρῇ,
παρθενικῆς ὑπ' ἔρωτος ὁμοίιον εἰς πόθον ἕλκων
15 διχθαδίους μνηστῆρας ὁμοζήλων ὑμεναίων,
δαίμονα βοτρυόεντα καὶ ἡνιοχῆα θαλάσσης.
Τῆμος ὁ μὲν βαθὺ κῦμα λιπὼν ἁλιγείτονος ὅρμου,
ὃς δὲ Τύρου μετὰ πέζαν, ἔσω Λιβάνοιο καρήνων
ἤντεον εἰς ἕνα χῶρον. — Ἀπὸ βλοσυροῖο δὲ δίφρου
20 πόρδαλιν ἱδρώοντα Μάρων ἀνέλυσε λεπάδνων,

---

8 post u. lac. stat. Koechly, sed uide adn. ‖ 9 πυρὸς Koechly :
ποδὸς L ‖ 10 ῥοίζῳ L : παλμῷ Koechly ‖ 20 ἱδρώοντα L¹ : -ώωντα
L.

bouchonne les fauves et les lave à l'eau de source, rafraî-
chissant leur nuque brûlante, tout entaillée*.

C'est là qu'Amour insaisissable vient frapper les deux
divinités d'un double trait pour la jeune fille qui est
25   auprès, déchaînant en Dionysos le désir d'apporter à la
nymphe ses trésors, la joie de vivre et la grappe vineuse
que l'on vendange, piquant vers l'amour celui qui pointe
le trident, pour qu'il apporte double présent d'amour à la
jeune fille proche de la mer, l'Arès humide d'une bataille
30   navale et les régals variés de sa table. Et il enflamme
davantage Bacchos, car le vin éveille l'esprit au désir ;
sachant que la jeunesse des cadets, bien davantage
séduite par le fol aiguillon, est sans retenue et influen-
çable, Amour tire sur Bacchos, et lui plante sa flèche tout
entière dans le cœur ; et il le brûle autant qu'il le charme,
versant goutte à goutte le miel de la persuasion.

35   Il les pique l'un et l'autre. Par les chemins du firmament, allongeant son allure, aussi vite que les vents
rapides, imitant les oiseaux, il s'élève en battant des sandales, criant ces mots railleurs : « Si Dionysos ébranle
les hommes par le vin, moi c'est par le feu que je trouble
Bacchos ! »*

40   Et le dieu de la vigne, lorgnant la nymphe aux belles
tresses, détaille son corps délicat, empli d'une stupeur qui
fait couler en lui le désir[1]. Car des amours naissantes le
regard est le passage et l'annonce. Dionysos va à l'aven-
45   ture dans la forêt enchanteresse[2], lorgnant Béroé d'un œil
furtif et timide ; et, un peu en arrière, il suit le chemin de
la jeune fille. Et il ne peut se rassasier de la contempler.
Car plus il voit la vierge lorsqu'elle s'arrête, et plus il
veut la regarder* !

Et, lui rappelant sa tendresse pour Clyméné, il supplie
50   le Soleil, le chef des astres, de retenir son char, de serrer

---

1. Litt. « plein de stupeur, fontainière du désir ». Pour le thème, cf.
7, 279 et la note (t. 3, p. 180).
2. Τερψίφρονος : création de Nonnos et *hapax*.

καὶ κόνιν ἐξετίναξε καὶ ἔκλυσεν ὕδατι πηγῆς
θερμὸν ἀναψύχων κεχαραγμένον αὐχένα θηρῶν.
Ἔνθα μολὼν ἀκίχητος Ἔρως ἐπὶ γείτονι κούρῃ
δαίμονας ἀμφοτέρους διδυμάονι βάλλεν οἰστῷ,
25 βακχεύσας Διόνυσον ἄγειν κειμήλια νύμφῃ
εὐφροσύνην βιότοιο καὶ οἴνοπα βότρυν ὀπώρης,
οἰστρήσας δ᾽ ἐς ἔρωτα κυβερνητῆρα τριαίνης
διπλόον ἔδνον ἔρωτος ἄγειν ἁλιγείτονι κούρῃ,
ναύμαχον ὑγρὸν Ἄρηα καὶ αἰόλα δεῖπνα τραπέζης.
30 Καὶ πλέον ἔφλεγε Βάκχον, ἐπεὶ νόον οἶνος ἐγείρει
εἰς πόθον · ὁπλοτέρων δὲ πολὺ πλέον ἄφρονι κέντρῳ
θελγομένην ἀχάλινον ἔχων πειθήνιον ἥβην
Βάκχον Ἔρως τόξευεν, ὅλον βέλος εἰς φρένα πήξας·
ἔφλεγε δ᾽, ὅσσον ἔθελγεν ἐπιστάξας μέλι πειθοῦς.
35 Ἀμφοτέρους δ᾽ οἴστρησε· δι᾽ αἰθερίης δὲ κελεύθου
κυκλώσας βαλιοῖσιν ὁμόδρομον ἴχνος ἀήταις
νηχομένῳ νόθος ὄρνις ἀνηώρητο πεδίλῳ,
τοῖον ἔπος βοόων φιλοκέρτομον· « Ἀνέρας οἴνῳ
εἰ κλονέει Διόνυσος, ἐγὼ πυρὶ Βάκχον ὀρίνω. »
40 Καὶ θεὸς ἀμπελόεις ἀντώπιον ὄμμα τιταίνων
ἁβρὸν ἐυπλοκάμοιο δέμας διεμέτρεε νύμφης,
θάμβος ἔχων ὀχετηγὸν ἐς ἵμερον· ἀρχομένων δέ
ὀφθαλμὸς προκέλευθος ἐγίνετο πορθμὸς ἐρώτων.
Πλάζετο μὲν Διόνυσος ἔσω τερψίφρονος ὕλης,
45 λάθριος εἰς Βερόην πεφυλαγμένον ὄμμα τιταίνων ·
καὶ κατὰ βαιὸν ὄπισθεν ἐς ἀτραπὸν ᾔε κούρης·
οὐδέ οἱ εἰσορόωντι κόρος πέλεν· ἱσταμένην γάρ
παρθένον ὅσσον ὄπωπε, τόσον πλέον ἤθελε λεύσσειν.
Καὶ Κλυμένης φιλότητος ἀναμνήσας πρόμον ἄστρων
50 Ἠέλιον λιτάνευεν, ὀπισθοτόνων ἐπὶ δίφρων

25 νύμφῃ Rhodomann : -φης L ǁ 32 post u. lac. stat. Koechly, iniuria ǁ 34 fol. 145ʳ L ǁ 36 βαλιοῖσιν Vian : -ίοισιν L ǁ 38 φιλοκέρτο-
μον Graefe* : -μος L ǁ 42 ἀρχομένων Graefe : -νω L ǁ 45 λάθριος
[λ ex θ] L ǁ 48 λεύσσειν L.

le mors céleste pour brider ses chevaux, pour prolonger
la douce lumière, pour qu'il descende lentement vers le
couchant, en ménageant son fouet, étirant le jour et le faisant renaître.

55   Et, mettant ses pas au fur et à mesure dans les pas de
Béroé, comme un chasseur, il suit sa quête. Cependant
l'Ébranleur du Sol, quittant le Liban à la dérobée, traînant
des pieds, s'éloigne d'un talon rétif, non sans se retour-
ner. Et son esprit troublé est comme la mer, gonflé sous
les vagues d'un tourment rugissant.

60   Et, dans la délicieuse forêt libanaise, l'insatiable Dionysos reste seul auprès de la nymphe solitaire, Dionysos
reste seul ! — Dites-moi, Nymphes des montagnes, que
veut-il de plus, qu'est-ce qui lui est plus cher, sinon voir,
tout seul, le corps de la jeune fille, débarrassé de l'Ébranleur de la Terre aux amours malheureuses* ?

65   Et Dionysos, se composant par ruse un visage grave[1],
interroge la vierge sur son père Adonis, comme s'il était
son ami, un compagnon de chasse et de courses par
monts et par vaux. Et il approche sa main souffrante de
désir de la poitrine de la jeune fille qui s'était arrêtée,
comme par inadvertance il presse le bout de sa ceinture.

70   Mais quand elle effleure les seins, la main droite de Dionysos que les femmes rendent fou est paralysée...

Et, en cachette, il va donner d'innombrables baisers à
l'endroit où elle a posé le pied et à la poussière qu'a fou-
lée la jeune fille resplendissante dans ses sandales de
rose.

Et Bacchos regarde la nuque suave et les chevilles de
75   la jouvencelle quand elle marche et la beauté que Nature
a accordée à la nymphe, la beauté que Nature a créée ! Et
Béroé ne farde pas de rouge les courbes rosées de son
visage[2], elle ne fait pas mentir ses joues en les empour-

---

1. Ἔχων ἀγέλαστον ὀπωπήν : même hémistiche au v. 218 ainsi
qu'en 11, 254 ; 21, 188.
2. V. 77[b]. Même hémistiche en 15, 219.

αἰθερίῳ στατὸν ἵππον ἀνασφίγγοντα χαλινῷ
μηκύνειν γλυκὺ φέγγος, ἵνα βραδὺς εἰς δύσιν ἔλθῃ
φειδομένη μάστιγι παλιμφυὲς ἦμαρ ἀέξων.

Καὶ Βερόης μετρηδὸν ἐπ' ἴχνεσιν ἴχνος ἐρείδων,
55   οἷά περ ἀγρώσσων, περιδέδρομεν· ἐκ Λιβάνου δέ
ὀκναλέου ποδὸς ἴχνος ὑποκλέπτων Ἐνοσίχθων
ἐντροπαλιζομένῳ βραδυπειθέι χάζετο ταρσῷ,
καὶ νόον ἀστήρικτον ὁμοίιον εἶχε θαλάσσῃ,
κύμασι παφλάζοντα πολυφλοίσβοιο μερίμνης.
60   Καὶ γλυκερῆς ἀκόρητος ἔσω Λιβανηίδος ὕλης
οἰώθη Διόνυσος ἐρημαίῃ παρὰ νύμφῃ,
οἰώθη Διόνυσος. — Ὀρειάδες εἴπατε Νύμφαι,
τί πλέον ἤθελεν ἄλλο φιλαίτερον, ἢ χρόα κούρης
μοῦνος ἰδεῖν δυσέρωτος ἐλεύθερος Ἐννοσιγαίου ;
65   Καὶ δολίην Διόνυσος ἔχων ἀγέλαστον ὀπωπήν
παρθενικὴν ἐρέεινεν Ἀδώνιδος ἀμφὶ τοκῆος,
ὡς φίλος, ὡς ὁμόθηρος ὀρίδρομος· ἱσταμένης δέ
στήθεϊ χεῖρα πέλασσε δυσίμερον, ἄκρα δὲ μίτρης
ὡς ἀέκων ἔθλιψεν· ἐπιψαύουσα δὲ μαζῶν
70   δεξιτερὴ νάρκησε γυναιμανέος Διονύσου.

Καὶ κύσε νηρίθμοισι φιλήμασι λάθριος ἕρπων
χῶρον, ὅπῃ πόδα θῆκε, καὶ ἣν ἐπάτησε κονίην
παρθενικὴ ῥοδόεντι καταυγάζουσα πεδίλῳ.

Καὶ γλυκὺν αὐχένα Βάκχος ἐδέρκετο καὶ σφυρὰ κούρης
75   νισομένης καὶ κάλλος, ὅ περ Φύσις ὤπασε νύμφῃ,
κάλλος, ὅ περ Φύσις εὗρε· καὶ οὐ ξανθόχροϊ κόσμῳ
χρισαμένη Βερόη ῥοδοειδέα κύκλα προσώπου
ψευδομένας ἐρύθηνε νόθῳ σπινθῆρι παρειάς,
οὐ χροὸς ἀντιτύποιο διαυγέι μάρτυρι χαλκῷ

55 ἀγρώσσων Dilthey : ἀγνώσσων L ‖ 63 ἤθελλεν L ‖ 65-
70 susp. Keydell[9], iniuria ‖ 75 νισσομένης L.

80 prant d'un éclat artificiel ; dans le bronze lumineux,
témoin du teint qu'il reflète, elle ne sourit pas à l'image
sans âme de ses traits, étudiant sa beauté ; et elle n'a pas
l'habitude affectée d'égaliser souvent, sur ses sourcils,
les pointes de ses cheveux, ni de replacer une boucle
échappée de sa libre chevelure. Mais celui que les
85 femmes rendent fou, l'éclat d'un visage sans apprêts le
tourmente d'un aiguillon plus vif encore, et les mèches
en désordre d'une tête non coiffée n'en sont que plus
délicates, lorsque, non tressées, vagabondes, elles encadrent un visage de neige*.

Et un jour, altérée, elle se rend à la source proche,
90 fouettée par l'haleine embrasée du Chien céleste, les
lèvres sèches ; tête inclinée, elle se penche, toute cour-
bée, et vers sa bouche, bien des fois, la jeune fille dans le
creux de ses mains[1] porte l'eau ancestrale, jusqu'à ce
que, sa soif apaisée, elle s'éloigne du ruisseau. Quand
95 elle s'en va, Dionysos, ployant le genou devant la source
désirable, joignant les paumes, imite l'adorable jeune
fille, buvant une eau qui lui est plus délicieuse qu'un nectar jailli spontanément* !

Et, à le voir tourmenté par la piqûre du désir, une
Nymphe aux pieds nus, Nymphe des sources au sein pro-
fond, s'exclame :
100 « C'est en vain, Dionysos, que tu bois une eau
fraîche ! Car le cours entier de l'Océan ne peut pas étan-
cher la soif d'Amour. Demande à ton père : après avoir
traversé tant de houles, l'amant d'Europé n'a pas éteint le
feu du désir, au contraire, il n'en a souffert que davantage
105 sur les flots ! En témoigne aussi l'Alphée vagabond, serviteur d'un Amour qui va par les ondes : charriant son
eau à travers l'eau, parmi tant de vagues, il n'a pas
échappé à l'amour brûlant, même s'il est devenu humide
époux ! »

---

1. Χερσὶ βαθυνομένῃσιν : même expression en 2, 443 ; 11,
180 ; 15, 6.

80 μιμηλῆς ἐγέλασσεν ἐς ἄπνοον εἶδος ὀπωπῆς
     κάλλος ἑὸν κρίνουσα, καὶ οὐ τεχνήμονι θεσμῷ
     πολλάκις ἰσάζουσα παρ' ὀφρύσιν ἄκρα κομάων
     πλαζομένης ἔστησε μετήλυδα βότρυν ἐθείρης.
     Ἀλλὰ γυναιμανέοντα πολὺ πλέον ὀξέι κέντρῳ
85 ἀγλαΐαι κλονέουσιν ἀκηδέστοιο προσώπου,
     καὶ πλόκαμοι ῥυπόωντες ἀκοσμήτοιο καρήνου
     ἁβρότεροι γεγάασιν, ὅτ' ἀπλεκέες καὶ ἀλῆται
     χιονέῳ στιχόωσι παρήοροι ἀμφὶ προσώπῳ.
     Καί ποτε διψήσασα μετέστιχε γείτονα πηγήν,
90 οὐρανίου πυρόεντος ἱμασσομένη Κυνὸς ἀτμῷ,
     χείλεσι καρχαλέοισι· καθελκομένῳ δὲ καρήνῳ
     κάμπτετο κυρτωθεῖσα, καὶ εἰς στόμα πολλάκι κούρη
     χερσὶ βαθυνομένῃσιν ἀρύετο πάτριον ὕδωρ,
     ἄχρι κορεσσαμένη λίπε νάματα· χαζομένης δέ
95 ἱμερτῇ Διόνυσος ὑποκλίνας γόνυ πηγῇ
     κοιλαίνων παλάμας ἐρατὴν μιμήσατο κούρην,
     νέκταρος αὐτοχύτοιο πιὼν γλυκερώτερον ὕδωρ.
     Καί μιν ἐσαθρήσασα πόθου δεδονημένον οἴστρῳ
     πηγαίη βαθύκολπος ἀσάμβαλος ἴαχε Νύμφη·
100 « Ψυχρὸν ὕδωρ, Διόνυσε, μάτην πίες· οὐ δύναται γάρ
     σβέσσαι δίψαν ἔρωτος ὅλος ῥόος Ὠκεανοῖο.
     Εἴρεο σὸν γενέτην, ὅτι τηλίκον οἶδμα περήσας
     νυμφίος Εὐρώπης οὐκ ἔσβεσεν ἱμερόεν πῦρ,
     ἀλλ' ἔτι μᾶλλον ἔκαμεν ἐν ὕδασιν. Ὑγροπόρου δέ
105 μάρτυρα λάτριν Ἔρωτος ἔχεις Ἀλφειὸν ἀλήτην,
     ὅττι τόσοις ῥοθίοισι δι' ὕδατος ὕδατα σύρων
     οὐ φύγε θερμὸν ἔρωτα, καὶ εἰ πέλεν ὑγρὸς ἀκοίτης. »

---

100 fol. 145ᵛ L ‖ **104** ὑγροπόρου L : -πόρον Castiglioni¹ ‖
106 ὕδατα [υ ex οι] L.

Sur ces mots, elle plonge dans l'eau de la source née en même temps qu'elle, la Naïade sans bandeau, se riant de Lyaios*.

110 Et le dieu, envieux de Poseidon maître des ondes, éprouve peur et jalousie, car la vierge a bu de l'eau au lieu de vin, et il lance des paroles en l'air, tout bas, comme si la jeune fille était là pour l'entendre et le croire :

« Vierge, accepte le nectar ; laisse l'eau chère aux 115 vierges ; évite de boire à la fontaine, de peur que le Dieu à la sombre chevelure, maître de l'eau, ne te dérobe dans l'eau ta virginité, car les femmes le rendent fou — et il est rusé. Tu connais les amours de la thessalienne Tyrô et ses noces au fil de l'onde ; toi aussi, évite la traîtrise du courant, de peur que le menteur ne délie ta ceinture pour 120 voler ton amour, comme s'il était l'Énipeus. Comme j'aurais voulu moi aussi me faire cours d'eau, tel l'Ébranleur du Sol, et, tout grondant, près de la source où le désir me frappe, étreindre mon assoiffée sans méfiance, ma Tyrô libanaise* ! »

Le dieu a parlé. Transformant l'apparence de son 125 corps, le maître de l'évohé s'enfonce dans la forêt ombreuse où se trouve la vierge, pareil à un chasseur. Sous cet autre aspect, méconnaissable, il croise la jeune fille sans maître, à la souple chevelure ; il est pareil à un adolescent et sur son visage imprime, mensonge sans 130 défaillance, l'imitation d'une sage pudeur. Et tantôt il scrute la cime d'un mont solitaire, tantôt c'est vers la crête à l'ombre profonde d'une forêt aux longues branches, vers un pin sylvestre qu'il porte ses regards gênés, tantôt il examine un pin parasol, tantôt un orme. La mine circonspecte, d'un œil furtif, il regarde la jeune 135 fille toute proche, craignant qu'elle ne se détourne pour l'éviter. Car pour un jouvenceau, épier la beauté et les regards d'une jeune fille de son âge offre une petite consolation aux amours de Cypris*.

Ὣς φαμένη πηγαῖον ἐδύσατο σύγχρονον ὕδωρ
Νηιὰς ἀκρήδεμνος ἐπεγγελόωσα Λυαίῳ.
110 Καὶ θεὸς ὑγρομέδοντι Ποσειδάωνι μεγαίρων
εἶχε φόβον καὶ ζῆλον, ἐπεὶ πίε παρθένος ὕδωρ
ἀντὶ μέθης, καὶ κωφὸν ἐς ἠέρα ῥήξατο φωνήν,
οἷα περ εἰσαΐουσαν ἔχων πειθήμονα κούρην·
« Παρθένε, δέχνυσο νέκταρ· ἔα φιλοπάρθενον ὕδωρ·
115 φεῦγε ποτὸν κρηναῖον, ὅπως μὴ σεῖο κορείην
ὑδατόεις κλέψειεν ἐν ὕδασι Κυανοχαίτης,
ὅττι γυναιμανέων δολόεις πέλε. Θεσσαλίδος δέ
Τυροῦς οἶδας ἔρωτα καὶ ὑγροπόρους ὑμεναίους·
καὶ σὺ ῥόον δολόεντα φυλάσσεο, μὴ σέο μίτρην
120 ψευδαλέος λύσειε, γαμοκλόπος ὥς περ Ἐνιπεύς.
Ἤθελον εἰ γενόμην καὶ ἐγὼ ῥόος, ὡς Ἐνοσίχθων,
καὶ κελάδων πήχυνα ποθοβλήτῳ παρὰ πηγῇ
διψαλέην ἀφύλακτον ἐμὴν Λιβανηίδα Τυρώ. »
Εἶπε θεός· μελέων δὲ μετάτροπον εἶδος ἀμείψας,
125 ὁππόθι παρθένος ἦεν, ἐδύσατο δάσκιον ὕλην
Εὔιος ἀγρευτῆρι πανείκελος· ἁβροκόμῳ δέ
ἀλλοφυὴς ἄγνωστος ὁμίλεεν ἄζυγι κούρῃ
εἴκελος ἡβητῆρι, καὶ ἀκλινὲς ἀμφὶ προσώπῳ
ψευδαλέον μίμημα σαόφρονος ἔπλασεν αἰδοῦς.
130 Καὶ πῇ μὲν σκοπίαζεν ἐρημάδος ἄκρον ἐρίπνης,
πῇ δὲ τανυπτόρθοιο βαθύσκιον εἰς ῥάχιν ὕλης,
εἰς πίτυν ὄμμα φέρων βεβιημένον, ἄλλοτε πεύκην
ἢ πτελέην ἐδόκευε· φυλασσομένου δὲ προσώπου
ὄμμασι λαθριδίοισιν ἐδέρκετο γείτονα κούρην,
135 μή μιν ἀλυσκάζειε μετάτροπος· ἠιθέῳ γάρ
κάλλος ὀπιπεύοντι καὶ ἥλικος ὄμματα κούρης
Κυπριδίων ἐλάχεια παραίφασίς ἐστιν ἐρώτων.

108 σύγχρονον Graefe* : -χροον L ‖ 115 μὴ L in ras. ‖
128 ἴκελος L.

Et il s'approche de Béroé ; et il veut lui adresser la
parole, mais il est paralysé par la peur. Ô toi qui aimes
140 l'évohé, où sont tes thyrses meurtriers ? Où, tes cornes
redoutables ? Où, dans ta chevelure, les glauques nœuds
vipérins des serpents que nourrit le sol ? Où, le sourd
grondement de tes bouches mugissantes ? Ô prodige[1],
Bacchos tremble devant une vierge, lui qui faisait trembler les tribus des Géants ! La peur inspirée par les
Amours a vaincu le meurtrier des Fils de la Terre ! Il a
145 moissonné la race des Indiens innombrables, fous d'Arès,
et il a peur d'une seule jolie fille sans vigueur, il a peur
d'une femme au teint délicat ! Dans les collines, de son
thyrse qui dompte les fauves, il faisait taire le rugissement
formidable des lions, et voilà qu'il craint une menace
150 féminine* ! Et la parole égarée, dans sa bouche éperdue,
s'étire à la pointe de sa langue, au bord des lèvres, jaillis-
sant de son cœur puis retournant à son cœur. Mais pris
d'une crainte douce-amère, dans un silence pudique, il
ravale les paroles qui se bousculent vers le jour.

155 Et à la fin, secouant les liens de sa bouche qui tarde à
s'exprimer[2], il défait le silence velléitaire de sa pudeur, et
il interroge Béroé, laissant couler des paroles mensongères* :

« Artémis, où est ton arc ? Qui t'a ravi ton carquois ?
Où as-tu laissé ta tunique remontée au-dessus du genou ?
160 Où sont tes fameuses sandales, plus vives que les vents
tournoyants ? Où, la ronde de tes servantes ? Où, tes
filets ? Où, tes chiens rapides ? Tu ne cours pas à la
poursuite des daims ; c'est que tu ne veux pas chasser là
où Cypris dort près d'Adonis. »

165 Il parle, jouant l'étonné. En son cœur, la vierge sourit ;
avec un trouble innocent, elle redresse sa nuque fière,
dans la gloire éclatante de sa jeunesse, car, toute femme

---

1. Ἆ μέγα θαῦμα : même formule en 2, 226 ; 4, 54, 93, 436 ; 6,
359 ; 8, 256 ; 9, 218 ; 14, 427 ; 27, 308 ; cf. t. 1, p. 114, n. 3.
2. Ὑστερόμυθον est une création et un *hapax*.

Καὶ Βερόης σχεδὸν ἦλθε καὶ ἤθελε μῦθον ἐνίψαι,
ἀλλὰ φόβῳ πεπέδητο. Φιλεύιε, πῆ σέο θύρσοι
140 ἀνδροφόνοι ; Πῆ φρικτὰ κεράατα ; Πῆ σέο χαίτης
γλαυκὰ πεδοτρεφέων ὀφιώδεα δεσμὰ δρακόντων ;
Πῆ στομάτων μύκημα βαρύβρομον ; Ἀ μέγα θαῦμα,
παρθένον ἔτρεμε Βάκχος, ὃν ἔτρεμε φῦλα Γιγάντων·
Γηγενέων ὀλετῆρα φόβος νίκησεν Ἐρώτων·
145 τοσσατίων δ᾽ ἤμησεν ἀρειμανέων γένος Ἰνδῶν,
καὶ μίαν ἱμερόεσσαν ἀνάλκιδα δείδιε κούρην,
δείδιε θηλυτέρην ἀπαλόχροον· ἐν δὲ κολώναις
θηρονόμῳ νάρθηκι κατεπρήυνε λεόντων
φρικαλέον μύκημα, καὶ ἔτρεμε θῆλυν ἀπειλήν.
150 Καί οἱ ἐριπτοίητον ὑπὸ στόμα μῦθος ἀλήτης
γλῶσσαν ἐς ἀκροτάτην ἐτιταίνετο χείλεϊ γείτων,
ἐκ φρενὸς ἀίσσων καὶ ἐπὶ φρένα νόστιμος ἕρπων·
ἀλλὰ φόβον γλυκύπικρον ἔχων αἰδήμονι σιγῇ
εἰς φάος ἐσσυμένην παλινάγρετον ἔσπασε φωνήν.
155 Καὶ μόγις ὑστερόμυθον ὑπὸ στόμα δεσμὸν ἀράξας
αἰδοῦς ἀμβολιεργὸν ἀπεσφήκωσε σιωπήν,
καὶ Βερόην ἐρέεινε χέων ψευδήμονα φωνήν·
« Ἄρτεμι, πῆ σέο τόξα ; Τίς ἥρπασε σεῖο φαρέτρην ;
Πῆ λίπες, ὃν φορέεις ἐπιγουνίδος ἄχρι χιτῶνα ;
160 Πῆ σέο κεῖνα πέδιλα, θοώτερα κυκλάδος αὔρης ;
Πῆ χορὸς ἀμφιπόλων ; Πῆ δίκτυα ; Πῆ κύνες ἀργαί ;
Οὐ δρόμον ἐντύνεις κεμαδοσσόον· οὐκ ἐθέλεις γάρ
ἀγρώσσειν, ὅθι Κύπρις Ἀδώνιδος ἐγγὺς ἰαύει. »
Ἔννεπε θάμβος ἔχων ἀπατήλιον· ἐν κραδίῃ δέ
165 παρθενικὴ μείδησεν· ἀπειροκάκῳ δὲ μενοινῇ
αὐχένα γαῦρον ἄειρεν ἀγαλλομένη χάριν ἥβης,

---

140 χαίτης F¹ : -τη L ‖ 148 θηρονόμῳ Koechly, cl. 11, 122 :
θηροφόνῳ L ‖ 149 μύκημα L : βρύχημα Vian, cl. 6, 183 ; 48, 788 ‖
152 φρενὸς Rhodomann : χθονὸς L ‖ 160 κυκλάδος L : θυιάδος
Koechly ‖ 162 ἐντύνεις Falkenburg* : ἐντυπέεις L ‖ 163 ὅθι κύπρις
om. L, add. in marg. L¹ ‖ 166 fol. 146ʳ L.

qu'elle est, d'aspect elle semble une déesse ; et elle ne comprend pas la ruse de Dionysos qui égare les esprits*.

170 Et le chagrin de Bacchos redouble, car la jeune fille, dans sa naïveté, n'a pas compris son désir, et il veut qu'elle apprenne la piqûre qui le fait tant souffrir, car, si la jeune fille sait, il reste au jeune homme, pour plus tard, un espoir d'amour, d'une tendresse à venir, tandis que c'est dans un vain trouble[1] que les hommes désirent, lorsque les femmes l'ignorent.

175 Et le dieu, jour après jour, dans la forêt de pins déambulant au crépuscule, à midi, à l'aube, le soir, reste auprès de la vierge et veut y rester encore. Car les hommes se lassent de tout, du doux sommeil, du chant
180 sonore et de l'artiste qui se ploie dans sa course dansante. Seul celui que les femmes ont rendu fou ne se lasse pas de désirer. Le livre d'Homère en a menti* !

Et Dionysos à la peine gronde sourdement, en silence, frappé par un fouet divin, laissant au fond de lui mûrir la blessure secrète, renfermée en son cœur, des amours sans
185 sommeil. Ainsi, lorsqu'un bovin détale vers le plat pays, sans se laisser rattraper, et dépasse sa manade habituelle de taureaux dans la montagne, parce qu'une piqûre le chasse du troupeau : dans le bosquet feuillu, un taon qui s'attaque aux bovins[2] l'a déchiré de son aiguillon pointu, tout soudain ; le corps atteint par une minuscule piqûre,
190 lui si grand, le voilà tout meurtri ! Et il ploie sa queue, dressée au-dessus de son dos, la rabat, la ramène en arrière ; s'arc-boutant, il racle l'échine des rochers. En réplique, il incline sa corne pointue, ne frappant que l'air qu'il ne peut blesser[3]. Ainsi Dionysos lui aussi, que la
195 Victoire a si souvent couronné, est piqué par le petit Amour, frappé par l'aiguillon qui charme tous les êtres*.

1. V. 173[b] : même hémistiche en 5, 408.
2. Βουτύπος est un *hapax* dans le poème ; il se trouve, comme substantif, chez Apoll. Rh., 2, 91 ; 4, 468.
3. Ἀνούτατον est aussi épithète de ἠέρα en 10, 17.

ὅττι, γυνή περ ἐοῦσα, φυὴν ἤικτο θεαίνῃ·
οὐδὲ δόλον γίνωσκε νοοπλανέος Διονύσου.
Καὶ πλέον ἄχνυτο Βάκχος, ἐπεὶ πόθον οὐ μάθε κούρη
171 νήπιον ἦθος ἔχουσα, καὶ ἤθελεν ὄφρα δαείη
170 οἶστρον ἑὸν βαρύμοχθον, ἐπισταμένης ὅτι κούρης
172 ὄψιμος ἠιθέῳ περιλείπεται ἐλπὶς ἐρώτων
ἐσσομένης φιλότητος, ἐπ' ἀπρήκτῳ δὲ μενοινῇ
ἀνέρες ἱμείρουσιν, ὅτ' ἀγνώσσουσι γυναῖκες.
175 Καὶ θεὸς ἦμαρ ἐπ' ἦμαρ ἔσω πιτυώδεος ὕλης
δείελος, εἰς μέσον ἦμαρ, ἑῷος, ἕσπερος ἕρπων,
παρθενικῇ παρέμιμνε, καὶ ἤθελεν εἰσέτι μίμνειν·
πάντων γὰρ κόρος ἐστὶ παρ' ἀνδράσιν, ἡδέος ὕπνου
μολπῆς τ' εὐκελάδοιο καὶ ὁππότε κάμπτεται ἀνήρ
180 εἰς δρόμον ὀρχηστῆρα· γυναιμανέοντι δὲ μούνῳ
οὐ κόρος ἐστὶ πόθων· ἐψεύσατο βίβλος Ὁμήρου.
Καὶ μογέων Διόνυσος ὑπεβρυχᾶτο σιωπῇ,
δαιμονίῃ μάστιγι τετυμμένος, ἔνδοθι πέσσων
κρυπτὸν ἀκοιμήτων ὑποκάρδιον ἕλκος ἐρώτων.
185 Ὡς δ' ὅτε βοῦς ἀκίχητος ἔσω πλαταμῶνος ὁδεύων
ἑσμὸν ὀρεσσινόμων παρεμέτρεεν ἠθάδα ταύρων
οἰστρηθεὶς ἀγέληθεν, ὃν εὐπετάλῳ παρὰ λόχμῃ
189 βουτύπος ὀξυόεντι μύωψ ἐχαράσσετο κέντρῳ
188 ἀπροϊδής, ὀλίγῳ δὲ δέμας βεβολημένος οἴστρῳ
190 τηλίκος ἐστυφέλικτο, καὶ ὄρθιον ὑψόθι νώτου
ἂψ ἀνασειράζων παλινάγρετον ἔκλασεν οὐρήν
κυρτὸς ἐπιτρίβων σκοπέλων ῥάχιν · ἀντίτυπον δέ
ὀξὺ κέρας δόχμωσεν ἀνούτατον ἠέρα τύπτων·
οὕτω καὶ Διόνυσον, ὃν ἔστεφε πολλάκι Νίκη,
195 βαιὸς Ἔρως οἴστρησε βαλὼν πανθελγέι κέντρῳ.

171 ante 170 pos. Falkenburg* ‖ ἦθος Graefe : εἶδος L ‖ 179 κάμ-
πεται L ‖ 183 μάστι L ‖ ἔνδοθι [δ ex θ] L ‖ 186 ἑσμὸν F² : -μὸς L ‖
ἠθάδα L¹ : ἦδα L ‖ 189 ante 188 pos. Cunaeus ‖ 190 ὄρθιον Graefe :
-ιος L.

À force de chercher un doux remède contre Aphrodite,
c'est à Pan à la poitrine velue que, par un récit tout plein
de la Paphienne, il révèle l'empire de Cypris qui lui ôte le
sommeil, et demande un conseil, antidote des amours.

200 Et lorsqu'il entend le récit des souffrances brûlantes de
Bacchos, Pan cornu éclate de rire, mais avec des sentiments partagés, car, ayant souffert du désir, il plaint celui
qui souffre d'amour. Il lui donne un conseil inspiré par
Cypris ; à ses amours il trouve un rien de consolation à
en voir un autre brûlé par une étincelle du même carquois* :

205 « Compagnon de souffrance, Bacchos mon ami, je
plains tes tracas ! Comment, toi aussi, l'Amour insolent
t'a-t-il vaincu ? M'est-il permis de le dire ? Amour a
vidé son carquois sur Dionysos et sur moi. — Eh bien !
je clamerai les mille tours du désir rusé. Toujours la
femme désire plus que l'homme, mais par pudeur elle

210 cache l'aiguillon de l'amour, alors qu'elle aussi est folle
d'amour, et elle souffre bien davantage, car les étincelles
des amours sont plus brûlantes, lorsque les femmes dissi-
mulent tout au fond de leur cœur la flèche d'amour qui le
transperce. Et en effet, lorsqu'elles s'avouent, entre elles,
l'empire des désirs, dans les confidences qui soulagent

215 leurs peines, elles estompent les soucis de Cypris. —
Quant à toi, Bacchos, pour ouvrir la voie à tes amours,
montre la rougeur trompeuse d'une feinte pudeur. Prends
une mine sérieuse, que l'on croirait chaste ; comme par
mégarde, tiens-toi près de Béroé. Et, brandissant des

220 filets, regarde la jeune fille au teint de rose avec une
admiration rusée, en louant sa beauté, en disant qu'Héra
n'a pas la pareille ; frappe-toi le front de ta main ouverte,
sans te retenir, montre par un silence lourd de sens ta stu-
péfaction mensongère. — Et déclare les Grâces moins

Ὀψὲ δὲ μαστεύων γλυκὺ φάρμακον εἰς Ἀφροδίτην
Πανὶ δασυστέρνῳ Παφίης ἐγκύμονι μύθῳ
Κυπριδίην ἄγρυπνον ἑὴν ἀνέφαινεν ἀνάγκην,
καὶ βουλὴν ἐρέεινεν, ἀλεξήτειραν ἐρώτων.

200 Καὶ καμάτους Βάκχοιο πυρὶ πνείοντας ἀκούων
Πὰν κερόεις ἐγέλασσε, κατεκλάσθη δὲ μενοινήν
οἰκτείρων δυσέρωτα δυσίμερος· εἶπε δὲ βουλήν
Κυπριδίην· ὀλίγην δὲ παραίφασιν εἶχεν ἐρώτων
ἄλλον ἰδὼν φλεχθέντα μιῆς σπινθῆρι φαρέτρης·

205 « Ξυνὰ παθών, φίλε Βάκχε, τεὰς ᾤκτειρα μερίμνας·
καὶ σὲ πόθεν νίκησεν Ἔρως θρασύς ; Εἰ θέμις εἰπεῖν,
εἰς ἐμὲ καὶ Διόνυσον Ἔρως ἐκένωσε φαρέτρην. —
Ἀλλὰ πόθου δολίοιο πολύτροπον ἦθος ἐνίψω.
Πᾶσα γυνὴ ποθέει πλέον ἀνέρος, αἰδομένη δέ

210 κεύθει κέντρον ἔρωτος ἐρωμανέουσα καὶ αὐτή,
καὶ μογέει πολὺ μᾶλλον, ἐπεὶ σπινθῆρες ἐρώτων
θερμότεροι γεγάασιν, ὅτε κρύπτουσι γυναῖκες
ἐνδόμυχον πραπίδεσσι πεπαρμένον ἰὸν ἐρώτων.
Καὶ γὰρ ὅτ' ἀλλήλῃσι πόθων ἐνέπουσιν ἀνάγκην,

215 λυσιπόνοις ὀάροισιν ὑποκλέπτουσι μερίμνας
Κυπριδίας. — Σὺ δέ, Βάκχε, τεῶν ὀχετηγὸν ἐρώτων
μιμηλῆς ἐρύθημα φέρων ἀπατήλιον αἰδοῦς,
οἷα σαοφρονέουσαν ἔχων ἀγέλαστον ὀπωπήν,
ὡς ἀέκων Βερόης σχεδὸν ἵστασο· καὶ λίνα πάλλων

220 θαύματι μὲν δολίῳ ῥοδοειδέα δέρκεο κούρην,
κάλλος ἐπαινήσας, ὅτι τηλίκον οὐ λάχεν Ἥρη,
πεπταμένῃ δὲ μέτωπον ἀφειδέι χειρὶ πατάξας
ψευδαλέον σέο θάμβος ἐχέφρονι δείκνυε σιγῇ. —
Καὶ Χάριτας κίκλησκε χερείονας, ἀμφοτέρων δέ

197 μύθῳ L : μύθων Keydell[1] ‖ 209-210 = Anth. Pal., 10, 120 ‖
ποθέει L : φιλέει Anth. Pal. ‖ 221 ἥρῃ L : ἥρην uetus exemplar,
teste L[mg] ‖ 222 πεπταμένη uetus exemplar : -μένην L ‖ 223 θάμβος
Falkenburg'' (cf. 164, 369) : βάκχον L -ος uetus exemplar.

225 belles, dénigre à la fois la beauté d'Artémis et celle
d'Athéna, et proclame Béroé plus resplendissante
qu'Aphrodite ! La jeune fille, quand elle entendra tes critiques mensongères, charmée par l'éloge, s'attardera. Car
elle désire moins toute l'opulence de l'or que s'entendre
230 dire, à propos de ses formes de rose, que sa beauté sur-
passe celle de la jeunesse de son âge. Conduis la vierge à
l'amour par le sortilège d'un silence expressif, par des
clins d'yeux lui envoyant de clairs signaux. — Mais la
peur te prend lorsque tu es à côté de cette chaste jeune
fille. Dis-moi, que te fera une seule vierge ? Elle ne bran-
235 dit pas de lance, elle ne pointe pas de javelot dans sa
main de rose ; les armes d'une fille, ce sont ses yeux qui
lancent les traits des Amours, les munitions de la vierge,
ce sont ses joues de rose. — En cadeaux pour ton désir,
trésors pour ton épouse, ne roule pas dans ta main la
240 pierre des Indes, la perle, comme font ceux que les
femmes rendent fous. Car tu as une beauté suffisante
pour te faire aimer[1] ; et ce que les femmes désirent, c'est
une beauté douce à caresser et non pas l'or. Je n'ai pas
besoin d'un autre témoignage : quels présents Séléné
reçut-elle d'Endymion à la délicate chevelure ? Quel
245 cadeau d'amour Adonis montra-t-il à Cypris ? Orion n'a
pas offert d'argent à la Fille des brumes ; le beau Képha-
los ne lui a pas apporté de fortune. Non, seul le boiteux,
Héphaistos, à cause de son aspect rebutant, offrit des pré-
250 sents variés, sans persuader Athéné. La hache qui avait
fait naître la déesse ne lui servit point : avec tout son
désir, il échoua*. — Mais à toi, si tu veux bien, j'ensei-
gnerai un meilleur moyen de séduction pour de justes
noces : tends de ta main les cordes du luth, consacré à ta

---

1. « Pour te faire aimer » : littéralement, « pour la Paphienne ».

225 μορφῇ μῶμον ἄναπτε, καὶ Ἀρτέμιδος καὶ Ἀθήνης,
καὶ Βερόην ἀγόρευε φαεινοτέρην Ἀφροδίτης·
κούρη δ' εἰσαΐουσα τεὴν ψευδήμονα μομφήν
αἴνῳ τερπομένη πλέον ἵσταται· οὐκ ἐθέλει γάρ
ὄλβον ὅλον χρύσειον, ὅσον ῥοδέης περὶ μορφῆς
230 εἰσαΐειν, ὅτι κάλλος ὑπέρβαλεν ἥλικος ἥβης·
παρθενικὴν δ' ἐς ἔρωτα νοήμονι θέλγε σιωπῇ,
κινυμένων βλεφάρων ἀντώπια νεύματα πέμπων. —
Ἀλλὰ φόβος μεθέπει σε σαόφρονος ἐγγύθι κούρης·
εἰπέ, τί σοὶ ῥέξει μία παρθένος ; Οὐ δόρυ πάλλει,
235 οὐ ῥοδέη παλάμη τανύει βέλος· ἔγχεα κούρης
ὀφθαλμοὶ γεγάασιν ἀκοντιστῆρες Ἐρώτων,
παρθενικῆς δὲ βέλεμνα ῥοδώπιδές εἰσι παρειαί. —
Ἕδνα δὲ σεῖο πόθοιο, τεῆς κειμήλια νύμφης,
μὴ λίθον Ἰνδῴην, μὴ μάργαρα χειρὶ τινάξῃς,
240 οἷα γυναιμανέοντι πέλει θέμις· εἰς Παφίην γάρ
ἀμφιέπεις τεὸν εἶδος ἐπάρκιον, εὐαφέος δέ
κάλλεος ἱμείρουσι καὶ οὐ χρυσοῖο γυναῖκες.
Μαρτυρίης ἑτέρης οὐ δεύομαι· ἁβροκόμου γάρ
ποῖα παρ' Ἐνδυμίωνος ἐδέξατο δῶρα Σελήνη ;
245 Κύπριδι ποῖον Ἄδωνις ἐδείκνυεν ἕδνον ἐρώτων ;
Ἄργυρον Ὠρίων οὐκ ὤπασεν Ἠριγενείῃ·
οὐ Κέφαλος πόρεν ὄλβον ἐπήρατος· ἀλλ' ἄρα μοῦνος
χωλὸς ἐὼν Ἥφαιστος ἀθελγέος εἵνεκα μορφῆς
ὤπασε ποικίλα δῶρα, καὶ οὐ παρέπεισεν Ἀθήνην·
250 οὐ πέλεκυς χραίσμησε λεχώιος· ἀλλὰ θεαίνης
ἱμείρων ἀφάμαρτε. — Σὲ δὲ ζυγίων ὑμεναίων
φέρτερον, ἢν ἐθέλῃς, θελκτήριον ἄλλο διδάξω·
βάρβιτα χειρὶ τίταινε, τεῆς ἀναθήματα Ῥείης,

225 μορφῇ... ἄναπτε Wernicke : μορφῆς... ἔνιπτε L ‖ 227 μομφήν [alt. μ in ras.] L ‖ 230 ἥβης L¹ : ἥβην L ‖ 232 fol. 146ᵛ L ‖ νεύματα Graefe : θαύματα L ‖ 244 σελήνη L¹ : -νης L ‖ 246 ὠρίων L ‖
οὐχ' L ‖ 253 βάρβιτα F² : -βίδα L ‖ τίταινε Koch² : λίγαινε L.

chère Rhéa, tendre parure de Cypris dans les banquets.
255 Avec le plectre aussi bien que de ta bouche, déverse
l'écho de chants variés ; célèbre d'abord Daphné et la
course de la vagabonde Écho, et la réplique tardive que
renvoie la déesse jamais silencieuse, parce qu'elles ont
abhorré les désirs des dieux. Puis chante encore Pitys
rebelle à l'amour, elle qui courait aussi vite que les brises
260 des monts, quand elle cherchait à éviter l'étreinte illégi-
time de Pan. Célèbre le destin de celle qui mourut
engloutie dans le sol ; blâme la Terre. — Et alors sans
doute Béroé pleurera-t-elle les souffrances de la nymphe
gémissante, plaignant son destin. Quant à toi, jouis en
silence, contemplant les larmes douces comme miel de la
265 jeune éplorée. Et le rire ne les vaut pas, car les femmes
sont plus désirables quand leur teint s'empourpre et
qu'elles gémissent. Célèbre Séléné folle d'amour pour
Endymion, célèbre l'union du gracieux Adonis, dis
Aphrodite — même elle !— errant négligée, les pieds
270 nus, sur la trace de son époux coureur des monts. Elle ne
cherchera pas à t'éviter lorsqu'elle t'entendra raconter,
miel pour l'esprit, la loi des amours de ses parents. —
Voici, ô Bacchos qui souffres du désir, tout ce que je te
déclare. Mais, à ton tour, apprends-moi le charme qui
pourra séduire ma chère Écho* ! »

Sur ces mots, il renvoie[1] le fils de Thyôné, qui est tout
réjoui.
275 Et voici qu'avec son naturel naïf, la jeune fille se met
à questionner le fils de Zeus qui se tient près d'elle : qui
est-il, de qui est-il le fils ? Et celui-ci finit par trouver un
prétexte, lorsqu'il voit près du vestibule d'Aphrodite un
clos de vigne, et les récoltes nourricières données par
cette terre, une humide prairie et des arbres de toute
280 espèce ; avec son naturel rusé, contrefaisant le jardinier,
il lui tient ces propos, qui lui parlent d'union, en des
termes qu'elle ne peut déchiffrer* :

1. V. 274[a] : premier hémistiche identique ou proche en 2, 699 ; 21,
274.

Κύπριδος ἀβρὸν ἄγαλμα παροίνιον· ἀμφοτέροις δέ
255 πλήκτροις καὶ στομάτεσσι χέων ἑτερόθροον ἠχώ,
Δάφνην πρῶτον ἄειδε καὶ ἀσταθέος δρόμον Ἠχοῦς
καὶ κτύπον ὑστερόφωνον ἀσιγήτοιο θεαίνης,
ὅττι θεοὺς ποθέοντας ἀπέστυγον· ἀλλὰ καὶ αὐτήν
μέλπε Πίτυν φυγόδεμνον, ὀρειάσι σύνδρομον αὔραις,
260 Πανὸς ἀλυσκάζουσαν ἀνυμφεύτους ὑμεναίους·
μέλπε μόρον φθιμένης αὐτόχθονα· μέμφεο Γαίῃ.
Καὶ τάχα δακρύσειε γοήμονος ἄλγεα νύμφης
καὶ μόρον οἰκτείρουσα· σὺ δὲ φρένα τέρπεο σιγῇ
μυρομένης ὀρόων μελιηδέα δάκρυα κούρης.
265 Οὐδὲ γέλως πέλε τοῖος, ἐπεὶ πλέον οἴνοπι μορφῇ
ἱμερταὶ γεγάασιν, ὅτε στενάχουσι γυναῖκες.
Μέλψον ἐρωμανέουσαν ἐπ᾽ Ἐνδυμίωνι Σελήνην,
μέλπε γάμον χαρίεντος Ἀδώνιδος, εἰπὲ καὶ αὐτήν
αὐχμηρὴν ἀπέδιλον ἀλωομένην Ἀφροδίτην,
270 νυμφίον ἰχνεύουσαν ὀριδρόμον· οὐδέ σε φεύγει
πατρῴων ἀΐουσα μελίφρονα θεσμὸν ἐρώτων. —
Σοὶ μὲν ἐγὼ τάδε πάντα, δυσίμερε Βάκχε, πιφαύσκω·
ἀλλά με καὶ σὺ δίδαξον ἐμῆς θελκτήριον Ἠχοῦς. »
῝Ως εἰπὼν ἀπέπεμπε γεγηθότα παῖδα Θυώνης.
275 Καί ποτε νηπιάχοισιν ἐν ἤθεσιν εἴρετο κούρη
υἷα Διὸς παρεόντα, τίς ἔπλετο καὶ τίνος εἴη.
Καὶ πρόφασιν μόγις εὗρε παρὰ προθύροις Ἀφροδίτης
ὄρχατον ἀμπελόεντα καὶ ὄμπνια λήια γαίης
καὶ δροσερὸν λειμῶνα καὶ αἰόλα δένδρα δοκεύων
280 ἤθεσι κερδαλέοισι · καὶ οἷά τε γηπόνος ἀνήρ,
ἀμφὶ γάμου τινὰ μῦθον ἀσημάντῳ φάτο φωνῇ·

259 ὀρειάσι... αὔραις Ludwich[1], cl. 48, 257 (sed iam αὔραις Politianus) : ὀρειάδα... αὔρης L ‖ **261** μόρον Graefe : πόρον L ‖ **263** μόρον Graefe : μόθον L ‖ **264** post u. lac. pos. Keydell, sed uide adn. ‖ **270** ὀριδρόμον Vian : ὀρίδρομον L ‖ **275** εἴρετο κούρη Graefe : ἤρετο κούρην L.

« Je suis un laboureur de ton cher Liban ; si tu y
consens, j'arroserai ton sol, je ferai grandir ton fruit. —
Je connais le cours des quatre Saisons. Quand je verrai
285 dressée la borne de l'automne, voici ce que je crierai :
" Le Scorpion se lève, porteur de vie, il est le héraut du
sillon à la belle récolte ; mettons les bœufs à la charrue !
Les Pléiades se couchent ; quand allons-nous ensemen-
cer les champs ? Les sillons gonflent, lorsque la rosée
290 tombe sur la terre qu'a baignée Phaéthon. " — Et près de
l'Ourse arcadienne, tandis que pleuvent les averses,
lorsque je verrai le Gardien de l'Ourse, je m'exclamerai :
" Quand donc la terre assoiffée est-elle épousée par
l'averse de Zeus[1] ? " — Lorsque se lève le printemps,
dès l'aube, je te crierai : " Tes fleurs sont épanouies !
Quand donc vais-je effeuiller lis et roses ? " — Et quand
295 l'été sera là et que je verrai le raisin, je m'exclamerai :
" La vigne en son adolescence mûrit, ignorant la faucille ; Vierge, ta sœur est là ! Quand allons-nous ven-
danger ? Ton épi s'est développé et il réclame le mois-
sonneur ; je couperai la moisson porteuse d'épis : ce
300 n'est pas à Déô, mais à ta mère, la déesse née à Chypre,
que j'en offrirai les prémices*. " — Vois comme la
jacinthe court vers le myrte proche, comme rit le narcisse
en sautant sur l'anémone ; accepte-moi comme ouvrier
pour cultiver ton jardin, emmène-moi soigner les plantes
305 de ta mère Née-de-l'écume, pour que j'enfonce un plant
porteur de vie et que je reconnaisse le raisin vert, tout
juste formé, en le tâtant de mes mains ! Je sais où et
quand mûrissent les pommes. Je sais aussi planter l'orme
aux longues feuilles qui s'appuie sur le cyprès ; j'unis
aussi le palmier mâle tout joyeux au palmier femelle et, si
310 tu le veux, je fais pousser le beau safran près de la salse-

---

1. Cette « averse », évoquant les amours du Ciel et de la Terre, est
assez explicite, surtout avec le verbe νυμφεύεται

« Εἰμὶ τεοῦ Λιβάνοιο γεωμόρος· ἢν ἐθελήσῃς,
ἀρδεύω σέο γαῖαν, ἐγὼ σέο καρπὸν ἀέξω. —
Ὡράων πισύρων νοέω δρόμον· ἱσταμένην δὲ
285 νύσσαν ὀπιπεύων φθινοπωρίδα τοῦτο βοήσω·
" Σκορπίος ἀντέλλει βιοτήσιος, ἔστι δὲ κῆρυξ
αὔλακος εὐκάρποιο· βόας ζεύξωμεν ἀρότρῳ.
Πληιάδες δύνουσι· πότε σπείρωμεν ἀρούρας ;
Αὔλακες ὠδίνουσιν, ὅτε δρόσος εἰς χθόνα πίπτει
290 λουομένην Φαέθοντι. " — Καὶ Ἀρκάδος ἐγγὺς Ἀμάξης
χείματος ὀμβρήσαντος ἰδὼν Ἀρκτοῦρον ἐνίψω·
" Διψαλέη πότε γαῖα Διὸς νυμφεύεται ὄμβρῳ ; " —
Εἴαρος ἀντέλλοντος ἑῷος εἰς σὲ βοήσω·
" Ἄνθεα σεῖο τέθηλε· πότε κρίνα καὶ ῥόδα τίλλω ; " —
295 Καὶ σταφυλὴν ὁρόων θέρεος παρεόντος ἐνίψω·
" Ἄμπελος ἡβώωσα πεπαίνεται ἄμμορος ἅρπης·
Παρθένε, σύγγονος ἦλθε· πότε τρυγόωμεν ὀπώρην ;
Σὸς στάχυς ἠέξητο καὶ ἀμητοῖο χατίζει·
λήιον ἀμήσω σταχυηφόρον, ἀντὶ δὲ Δηοῦς
300 μητρὶ τεῇ ῥέξαιμι θαλύσια Κυπρογενείῃ. " —
Ἠνίδε πῶς ὑάκινθος ἐπέτρεχε γείτονι μύρτῳ,
πῶς γελάᾳ νάρκισσος ἐπιθρώσκων ἀνεμώνῃ.
Δέξο δὲ γειοπόνον με τεῆς ὑποεργὸν ἀλωῆς,
ὑμετέρης με κόμιζε φυτηκόμον Ἀφρογενείης,
305 ὄφρα φυτὸν πήξαιμι φερέσβιον, ἡμερίδων δὲ
ὄμφακα γινώσκω νεοθηλέα χερσὶν ἀφάσσων.
Οἶδα πόθεν πότε μῆλα πεπαίνεται· οἶδα φυτεῦσαι
καὶ πτελέην τανύφυλλον ἐρειδομένην κυπαρίσσῳ·
ἄρσενα καὶ φοίνικα γεγηθότα θήλεϊ μίσγω,
310 καὶ κρόκον, ἢν ἐθέλῃς, παρὰ μίλακι καλὸν ἀέξω. —

283 ἀρδεύω L : -εύσω Graefe* ‖ 284 νοέω Graefe* : νοέων L ‖
288 ἀρουρας Graefe : ἀρότρῳ L (ex 287) ‖ 290 λουομένην F : -νῃ
L ‖ 298 fol. 147ʳ L ‖ 301-302 post 294 pos. Marcellus, sed uide adn. ‖
303 ἀλωῆς L ‖ 304 κόμιζε Maas³ : κόμισσε L ‖ 310 κρόκον
Moser², cl. 12, 86 ; 38, 86 : ῥόδον L.

pareille. — Ne me donne pas d'or pour mes soins ; je ne
cherche pas la fortune ; mon salaire, ce sont deux
pommes, une seule grappe d'une seule vendange*. »

Il parle ainsi, en vain ; et la jeune fille ne répond pas,
parce qu'elle ne comprend pas le fil des propos de Bacchos que les femmes rendent fou.

315   Alors à sa ruse, Celui qui a été cousu coud une autre
ruse. Et, de la main de Béroé, il reçoit des filets de
chasse, feint d'en admirer la facture, les secoue avec
force, les tourne et retourne longuement, et pose maintes
questions à la jeune fille :

« Quel dieu, quel savoir-faire céleste ont fabriqué
320   ces instruments ? Qui les a fabriqués ? Car mon esprit
ne peut croire qu'Héphaistos, dans sa folle jalousie, a
accepté de faire pour Adonis des armes de chasse ! »

Il dit cela pour pervertir l'esprit de la jeune fille —
mais ne peut la séduire*.

Et parfois, sur un tapis d'anémones épanouies, il dort
d'un doux sommeil. En rêve, il voit la jeune fille recou-
325   verte d'un vêtement nuptial. Car c'est le reflet de l'action
accomplie dans la journée que l'on voit la nuit. Le bouvier, tout en dormant, mène ses bœufs cornus au pâtu-
rage ; les images du songe présentent au chasseur ses
filets ; les paysans, dans leur sommeil, labourent les
330   champs et ensemencent les sillons porteurs d'épis. Mais à
l'heure de midi, quand l'homme est pris d'une soif brûlante, aride, un sommeil trompeur le conduit vers un
cours d'eau, vers un canal. C'est ainsi que Dionysos, gar-
dant l'empreinte de ses occupations, laisse voler son
335   esprit vers un rêve illusoire et participe à des noces
d'ombres.

À son réveil, la jouvencelle lui a échappé[1], et il veut
dormir encore, et il n'obtient que le vain plaisir de cette
couche éphémère, à dormir sur les pétales de l'anémone

---

1. Littéralement « il ne rattrapa pas la jeune fille ».

Μή μοι χρυσὸν ἄγῃς κομιδῆς χάριν· οὐ χρέος ὄλβου·
μισθὸν ἔχω δύο μῆλα, μιῆς ἕνα βότρυν ὀπώρης. »
Τοῖα μάτην ἀγόρευε, καὶ οὐκ ἠμείβετο κούρη,
Βάκχου μὴ νοέουσα γυναιμανέος στίχα μύθων.

315 Ἀλλὰ δόλῳ δόλον ἄλλον ἐπέρραφεν Εἰραφιώτης·
καὶ Βερόης ἀπὸ χειρὸς ἐδέχνυτο δίκτυα θήρης
οἷά τε θαμβήσας τεχνήμονα, πυκνὰ δὲ σείων
εἰς χρόνον ἀμφελέλιζε · καὶ εἴρετο πολλάκι κούρην·
« Τίς θεὸς ἔντεα ταῦτα, τίς οὐρανίη κάμε τέχνη ;

320 Τίς κάμε ; Καὶ γὰρ ἄπιστον ἔχω νόον, ὅττι τελέσσοι
ζηλομανὴς Ἥφαιστος Ἀδώνιδι τεύχεα θήρης. »
Εἶπεν ἀκηλήτοιο παραπλάζων φρένα κούρης.
Καί ποτε πεπταμένων ἀνεμωνίδος ὑψόθι φύλλων
νήδυμον ὕπνον ἴαυεν· ὄναρ δέ οἱ ἔπλετο κούρη

325 εἵματι νυμφιδίῳ πεπυκασμένη. Ἀντίτυπον γὰρ
ἔργον, ὅ περ τελέει τις ἐν ἤματι, νυκτὶ δοκεύει·
βουκόλος ὑπνώων κεραοὺς βόας εἰς νομὸν ἕλκει·
δίκτυα θηρητῆρι φαείνεται ὄψις ὀνείρου·
γειοπόνοι δ' εὕδοντες ἀροτρεύουσιν ἀρούρας,

330 αὔλακα δὲ σπείρουσι φερέσταχυν. Ἀζαλέη δέ
ἄνδρα μεσημβρίζοντα κατάσχετον αἴθοπι δίψῃ
εἰς ῥόον, εἰς ἀμάρην ἀπατήλιος ὕπνος ἐλαύνει.
Οὕτω καὶ Διόνυσος, ἔχων ἰνδάλματα μόχθων,
μιμηλῷ πτερόεντα νόον πόμπευεν ὀνείρῳ,

335 καὶ σκιεροῖσι γάμοισιν ὁμίλεεν. — Ἐγρόμενος δέ
παρθένον οὐκ ἐκίχησε, καὶ ἤθελεν αὖτις ἰαύειν·
καὶ κενεὴν ἐκόμισσε μινυνθαδίης χάριν εὐνῆς,
εὕδων ἐν πετάλοισι ταχυφθιμένης ἀνεμώνης.

315 ἐπέρραφεν Marcellus : ἐπέφραδεν L ‖ 318 ἀμφελέλιζε Graefe : -ιξε L ‖ εἴρετο Graefe : ἦρ- L ‖ 320 τελέσσοι (ut uid.) L : τελέσσαι FM τέλεσσεν Graefe ‖ 332 ἀμάρην L ‖ 336 ἐκίχησε [κ ex χ] L ‖ 337 ἐκόμισσε Graefe : ἐνόμισε L ἐνόησε Ludwich[11].

tôt fanée. Il blâme la jonchée de muets pétales ; plein de
340 chagrin, il supplie à la fois Sommeil, Amour et Aphrodite
vespérale de lui faire apparaître à nouveau le même
songe, désirant se laisser tromper par un fantasme
d'union. Souvent, Bacchos dort près d'un myrte, sans que
le sommeil lui apporte d'union. Mais il éprouve une
douce peine et, à son tour frappé par le désir, Dionysos
345 qui brise les membres a les membres brisés par le chagrin*.

    Et, accompagnant le père de Béroé, le fils de Myrrha,
il s'adonne à la chasse. D'un jet de thyrse <...>, il revêt
la peau tachetée de faons tout juste égorgés, observant
350 Béroé à la dérobée ; mais, en présence de Dionysos, la
jouvencelle, se protégeant de son regard fureteur, cache
de son voile sa joue rayonnante. Et elle redouble la
flamme de Bacchos, car les serviteurs des Amours épient
davantage encore les femmes pudiques, et ils ont plus de
désir pour un visage qui se voile.

355   Et un jour qu'il voit toute seule la fille encore sans
époux d'Adonis, il s'approche et, dépouillant son apparence mortelle, il change d'aspect et, tel un dieu, se présente à la jeune fille. Et il lui dit son origine et son nom,
et le massacre des Indiens, et la danse de la vigne, et la
360 naissance du vin, délicieux à boire, qu'il a inventé pour
les hommes. Dans son tendre amour[1], versant sur sa fai-
blesse une assurance étrangère à la pudeur, voici les propos multiformes qu'il lui tient pour la séduire* :

    « Vierge, par amour pour toi j'irai jusqu'à renoncer à
habiter le ciel ! Les cavernes de tes aïeux sont préfé-
365 rables à l'Olympe. Je chéris ta patrie plus que le firmament. Je ne désire pas tant le sceptre de Zeus mon père
que la main de Béroé ! Ta beauté l'emporte sur l'ambroi-
sie ! Tes tuniques ont l'odeur exquise du nectar céleste !

---

    1. V. 360[b] : même hémistiche en 4, 15 ; 5, 373 ; 9, 94 ; 18, 66 ;
33, 12.

Μέμφετο δ' ἀφθόγγων πετάλων χύσιν· ἀχνύμενος δέ
340 Ὕπνον ὁμοῦ καὶ Ἔρωτα καὶ ἑσπερίην Ἀφροδίτην
τὴν αὐτὴν ἱκέτευεν ἰδεῖν πάλιν ὄψιν ὀνείρου,
φάσμα γάμου ποθέων ἀπατήλιον. Ἄγχι δὲ μύρτου
πολλάκι Βάκχος ἴαυε, καὶ οὐ γαμίου τύχεν ὕπνου.
Ἀλλὰ πόνον γλυκὺν εἶχε, ποθοβλήτῳ δὲ καὶ αὐτός
345 λυσιμελὴς Διόνυσος ἐλύετο γυῖα μερίμνῃ.

Καὶ Βερόης γενετῆρι συνέμπορος, υἱέι Μύρρης,
θηροσύνην ἀνέφηνεν· ἀκοντιστῆρι δὲ θύρσῳ
<..>
στικτὰ νεοσφαγέων ὑπεδύσατο δέρματα νεβρῶν,
λάθριος εἰς Βερόην δεδοκημένος· ἱσταμένου δέ
350 παρθένος ἄστατον ὄμμα φυλασσομένη Διονύσου
φάρεϊ μαρμαίρουσαν ἑὴν ἔκρυψε παρειήν.
Καὶ πλέον ἔφλεγε Βάκχον, ὅτι δρηστῆρες Ἐρώτων
αἰδομένας ἔτι μᾶλλον ὀπιπεύουσι γυναῖκας
καὶ πλέον ἱμείρουσι καλυπτομένοιο προσώπου.
355 Καί ποτε μουνωθεῖσαν Ἀδώνιδος ἄζυγα κούρην
ἀθρήσας σχεδὸν ἦλθε, καὶ ἀνδρομέης ἀπὸ μορφῆς
εἶδος ἑὸν μετάμειψε, καὶ ὡς θεὸς ἵστατο κούρῃ.
Καί οἱ ἑὸν γένος εἶπε καὶ οὔνομα, καὶ φόνον Ἰνδῶν,
καὶ χορὸν ἀμπελόεντα, καὶ ἡδυπότου χύσιν οἴνου,
360 ὅττι μιν ἀνδράσιν εὗρε· φιλοστόργῳ δὲ μενοινῇ
θάρσος ἀναλκείῃ κεράσας ἀλλότριον αἰδοῦς
τοίην ποικιλόμυθον ὑποσσαίνων φάτο φωνήν·

« Παρθένε, σὸν δι' ἔρωτα καὶ οὐρανὸν οὐκέτι ναίω·
σῶν πατέρων σπήλυγγες ἀρείονές εἰσιν Ὀλύμπου·
365 πατρίδα σὴν φιλέω πλέον αἰθέρος· οὐ μενεαίνω
σκῆπτρα Διὸς γενετῆρος ὅσον Βερόης ὑμεναίους·
ἀμβροσίης σέο κάλλος ὑπέρτερον· αἰθερίου δέ
νέκταρος εὐόδμοιο τεοὶ πνείουσι χιτῶνες. —

---

345 μερίμνῃ F² : -μνης L ‖ 347 post u. lac. pos. Koechly ‖
348 ὑπεδύσατο Graefe* : -δύετο L ‖ 361 ἀναλκείῃ Chuvin et
Fayant : ἀναιδείῃ L ‖ 364 fol 147ᵛ L ‖ 367 κάλλος [ς ex ν] L.

— Vierge, je suis stupéfait, alors qu'on dit que Cypris est
370 ta mère, que sa ceinture te laisse insensible ! Comment,
toi seule, as-tu Amour pour frère et ne connais-tu pas la
piqûre des amours ? Mais, me diras-tu, la Déesse aux
yeux pers n'a pas l'expérience de l'hyménée[1]. C'est
375 qu'Athéna a été conçue sans union et ne connaît pas
l'union. Ce n'est pas la Déesse aux yeux pers qui t'a
enfantée, ni Artémis ! Allons, jeune fille, toi qui es du
sang de Cypris, pourquoi fuis-tu les mystères de Cypris ?
Ne fais pas honte à ta souche maternelle ! Si vraiment
coule en toi le sang de l'Assyrien, du gracieux Adonis,
apprends la douce loi de ton père qui sait mener ses
unions à bonne fin. Et obéis au ceste, ceinture de la
380 Paphienne : il a son âge*. — Et protège-toi du ressenti-
ment des Amours nuptiaux — il est dur à affronter ! Les
Amours sont sans pitié lorsqu'il le faut, lorsqu'ils deman-
dent aux femmes justice d'une union qu'elles ont refusée.
Ne sais-tu pas comment, pour avoir méprisé le carquois
de feu, Syrinx qui chérissait sa virginité a été punie de
385 son arrogance, que, devenue plante, empruntant l'aspect
du roseau, elle a échappé à l'amour de Pan, mais continue à chanter les désirs de Pan ? — Et la fille du Ladon,
de ce fleuve tant célébré, la Nymphe qui haïssait les
œuvres nuptiales, a vu son corps transformé en arbre sif-
flant au gré du souffle inspiré, et son feuillage oraculaire,
390 elle qui fuyait la couche de Phoibos, couronne la chevelure de Phoibos. — Et toi aussi, préserve-toi d'un cour-
roux redoutable : crains qu'Amour brûlant, au lourd res-
sentiment, ne s'irrite contre toi ! Sans souci de ta
ceinture, prends Bacchos à la fois comme servant et
comme époux ! Et c'est moi-même qui, portant les filets
395 de ton père Adonis, préparerai le lit de ma sœur Aphro-

---

1. Ἀπειρήτην ὑμεναίων : même hémistiche en 33, 220, 332 ; 47,
186.

Παρθένε, θάμβος ἔχω σέο μητέρα Κύπριν ἀκούων,
370 ὅττι σε κεστὸς ἔλειπεν ἀθελγέα· πῶς δὲ σὺ μούνη
371 σύγγονον εἶχες Ἔρωτα καὶ οὐ μάθες οἶστρον ἐρώτων ;
374 Ἀλλ᾽ ἐρέεις Γλαυκῶπιν ἀπειρήτην ὑμεναίων·
375 νόσφι γάμου βλάστησε καὶ οὐ γάμον οἶδεν Ἀθήνη·
372 οὔ σε τέκε Γλαυκῶπις ἢ Ἄρτεμις. Ἀλλὰ σύ, κούρη,
373 Κύπριδος αἷμα φέρουσα τί Κύπριδος ὄργια φεύγεις ;
376 Μὴ γένος αἰσχύνῃς μητρῷον· Ἀσσυρίου δέ
εἰ ἐτεὸν χαρίεντος Ἀδώνιδος αἷμα κομίζεις,
ἁβρὰ τελεσσιγάμοιο διδάσκεο θεσμὰ τοκῆος,
καὶ Παφίης ζωστῆρι συνήλικι πείθεο κεστῷ. —
380 Καὶ γαμίων πεφύλαξο δυσάντεα μῆνιν Ἐρώτων.
Νηλέες εἰσὶν Ἔρωτες, ὅτε χρέος, ὁππότε ποινήν
ἀπρήκτου φιλότητος ἀπαιτίζουσι γυναῖκας.
Οἶσθα γὰρ ὡς πυρόεσσαν ἀτιμήσασα φαρέτρην
μισθὸν ἀγηνορίης φιλοπάρθενος ὦπασε Σύριγξ,
385 ὅττι φυτὸν γεγαυῖα νόθῃ δονακώδεϊ μορφῇ
ἔκφυγε Πανὸς ἔρωτα, πόθους δ᾽ ἔτι Πανὸς ἀείδει. —
Καὶ θυγάτηρ Λάδωνος, ἀειδομένου ποταμοῖο,
ἔργα γάμων στυγέουσα δέμας δενδρώσατο Νύμφη,
ἔμπνοα συρίζουσα, καὶ ὀμφήεντι κορύμβῳ
390 Φοίβου λέκτρα φυγοῦσα κόμην ἐστέψατο Φοίβου. —
Καὶ σὺ χόλον δασπλῆτα φυλάσσεο, μή σε χαλέψῃ
θερμὸς Ἔρως βαρύμηνις· ἀφειδήσασα δὲ μίτρης
διπλόον ἄμφεπε Βάκχον ὀπάονα καὶ παρακοίτην·
καὶ λίνα σεῖο τοκῆος Ἀδώνιδος αὐτὸς ἀείρων
395 λέκτρον ἐγὼ στορέσοιμι κασιγνήτης Ἀφροδίτης. —

369 θάμβος ἔχω Graefe, cl. 223 : βάκχος ἐγώ L ‖ ἀκούων
Graefe : -ούω L ‖ 374-375 post 371 pos. Koechly ‖ 381 ὅτε Graefe* :
ὅτι L ‖ 383 ἀτιμήσασα φαρέτρην Tiedke[13] : ἀτιμήσας ἀφροδίτην
L ‖ 384 μισθὸν Graefe : μυθον (sine accentu, ut dubia uel corrupta
lectio) L μῦθον P ‖ 386 ἔκφυγε Koechly : εἰ φύγε L ‖ 391 χόλον
Koechly, cl. 30, 201 : πόθον L.

dite*. — Quels cadeaux dignes de toi l'Ébranleur du Sol
t'apportera-t-il ? Va-t-il donc, en présents de mariage, te
montrer l'eau salée[1] et te préparer des peaux de phoque
exhalant une puante odeur de mer ? Ce sont là les voiles
400   que la mer donne à Poseidon ! Des peaux de phoque !
Ne les accepte pas ! À ta chambre nuptiale j'attacherai
les Bacchantes comme suivantes, les Satyres comme serviteurs. Reçois, je t'en prie, en présent de mariage le fruit
de la vigne ; mais si tu veux une lance impétueuse,
puisque tu es fille d'Adonis, voici le thyrse, mon arme ;
405   laisse la pointe du trident ! — Fuis, ma chérie, le bruit
pénible de la mer qui jamais ne se tait, fuis la piqûre des
Amours de Poseidon, de fâcheuse rencontre ! Le Dieu à
la sombre chevelure s'est allongé près d'une autre Amymôné, mais, après leur union, la femme est devenue une
source qui porte son nom. Il a dormi avec Skylla, et il a
410   fait d'elle un écueil marin. Il a poursuivi Astéria, et elle
est devenue île solitaire. Il a enraciné dans la mer la
vierge Euboia. Voilà celui qui veut la main d'Amymôné ; c'est pour la pétrifier elle aussi, après avoir couché avec elle ! Voilà celui qui va t'offrir, en présent pour
sa chambre, un filet d'eau, ou bien une algue saumâtre,
415   ou quelque coquillage des profondeurs*. — Et moi, en
l'honneur de ta beauté, je suis là désemparé. Quoi donc
t'apporter ? Quels cadeaux ? L'enfant d'Aphrodite d'or
n'a pas besoin d'or. Eh bien, vais-je t'apporter les trésors
dont Alybé est prodigue ? Une fille aux bras d'argent
420   refuse l'argent ! Vais-je t'apporter les présents translu-
cides de l'Éridan qui roule de la lumière ? Ta beauté
humilie toute l'opulence des Héliades lorsque ta blan-
cheur s'empourpre ; aussi vive que les rayons de l'Aurore,
la nuque de Béroé resplendit pareille à l'ambre ! La pierre
fulgurante ? Le teint de ta peau l'emporte sur ces pré-

---

1. Ἁλμυρὸν ὕδωρ : même expression en 31, 57 ; 43, 159.

Ποῖά σοι Ἐννοσίγαιος ἐπάξια δῶρα κομίσσει ;
Ἦ ῥά σοι ἔδνα γάμοιο δεδείξεται ἁλμυρὸν ὕδωρ
καὶ στορέσει πνείοντα δυσώδεα πόντιον ὀδμήν
δέρματα φωκάων, Ποσιδήια πέπλα θαλάσσης ;
400 Δέρματα φωκάων μὴ δέχνυσο· σεῖο δὲ παστῷ
Βάκχας ἀμφιπόλους, Σατύρους θεράποντας ὀπάσσω.
Δέξο μοι ἔδνα γάμοιο καὶ ἀμπελόεσσαν ὀπώρην·
εἰ δ᾽ ἐθέλεις δόρυ θοῦρον, Ἀδώνιδος οἷά τε κούρη,
θύρσον ἔχεις ἐμὸν ἔγχος· ἔα γλωχῖνα τριαίνης. —
405 Φεῦγε, φίλη, βαρὺν ἦχον ἀσιγήτοιο θαλάσσης,
φεῦγε δυσαντήτων Ποσιδήιον οἶστρον Ἐρώτων.
Ἄλλῃ Ἀμυμώνῃ παρελέξατο Κυανοχαίτης,
ἀλλὰ γυνὴ μετὰ λέκτρον ὁμώνυμος ἔπλετο πηγή·
καὶ Σκύλλῃ παρίαυε καὶ εἰναλίην θέτο πέτρην·
410 Ἀστερίην δ᾽ ἐδίωκε, καὶ ἔπλετο νῆσος ἐρήμη·
παρθενικὴν δ᾽ Εὔβοιαν ἐνερρίζωσε θαλάσσῃ.
Οὗτος Ἀμυμώνην μνηστεύεται, ὄφρα καὶ αὐτήν
λαϊνέην τελέσῃ μετὰ δέμνιον· οὗτος ὀπάσσει
ἕδνον ἑῶν θαλάμων ὀλίγον ῥόον ἢ βρύον ἅλμης
415 ἢ βυθίην τινὰ κόχλον. — Ἐγὼ δέ σοι εἵνεκα μορφῆς
ἵσταμαι ἀσχαλόων, τίνα σοι, τίνα δῶρα κομίσσω ;
Οὐ χατέει χρυσοῖο τέκος χρυσῆς Ἀφροδίτης.
Ἀλλά σοι ἐξ Ἀλύβης κειμήλια πολλὰ κομίσσω ;
Ἄργυρον ἀργυρόπηχυς ἀναίνεται. Εἰς σὲ κομίσσω
420 δῶρα διαστίλβοντα φεραυγέος Ἠριδανοῖο ;
Ἡλιάδων ὅλον ὄλβον ἐπαισχύνει σέο μορφή
λευκὸν ἐρευθιόωσα, βολαῖς δ᾽ ἀντίρροπος Ἠοῦς
εἴκελος ἠλέκτρῳ Βερόης ἀμαρύσσεται αὐχήν.
Καὶ λίθον ἀστράπτοντα ; Τεοῦ χροὸς εἶδος ἐλέγχει

397 δεδείξεται Moser[2] : δεδέξ- L λελέξ- Ludwich ‖ 405 βαρὺν Keydell, cl. 1, 38 : φίλον L ‖ 408 πηγή F : -γῆ L ‖ 409 σκύλλης Politianus ‖ 413 τελέσῃ Graefe* : -σει L ‖ 416 post u. lac. pos. Keydell, Koechly praeeunte, sed uide adn. ‖ 421 ὅλον Graefe* : δ᾽ ὅλον L ‖ 423 ἴκελος L ‖ post u. lac. pos. Koechly ; sed uide adn.

425 cieux cailloux ! Je ne saurais t'apporter une escarboucle
(*lychnis*) pareille à une lampe (*lychnos*) rougeoyante : tes
yeux répandent la lumière ! Ce n'est pas non plus,
écloses de l'enveloppe rosée de leurs boutons, de roses
que je te ferais cadeau : tes joues sont de rose* ! »
Voilà ce qu'il dit. Et sur ses deux oreilles la jeune fille
430 presse ses mains pour ne pas entendre, pour ne pas ouïr
encore d'autres propos d'amour, car elle hait les œuvres
nuptiales. À Lyaios frappé par le désir, elle verse tourment sur tourment. Y a-t-il pire chiennerie en amour,
435 pour les hommes, que de désirer sous l'aiguillon enragé
de l'envie qui dévore leur cœur, alors que les femmes
cherchent à les éviter, et par leur réserve aggravent la
blessure ? Refoulé, l'amour redouble, lorsque la vierge
fuit l'homme.

Ainsi, cinglé par le ceste piquant du désir, il se tient à
l'écart de la jouvencelle ; mais il laisse son esprit vaga-
440 bond chasser en compagnie de la jeune fille à la tunique
sans ceinture, frappé d'un aiguillon doux-amer*.

Mais s'élevant au-dessus de la mer, allant de ses pas
humides par la montagne assoiffée, Poseidon, quittant sa
demeure, cherche la jouvencelle, arrosant de son humide
talon la terre desséchée[1] et, comme il se hâte encore le
445 long des pentes boisées aux gras pâturages, les hautes
cimes des monts tanguent sous l'élan de ses pieds. Il épie
Béroé et, lorsque la jeune fille se tient immobile, des
pieds à la tête il détaille sa divine jeunesse. D'un œil per-
çant, à travers l'étoffe légère, comme dans un miroir, le
450 regard fasciné, il éprouve le modelé de ses formes, observant de biais, comme si elle était nue, le haut de sa poitrine éblouissante ; mais, comme des bandes serrées
cachent ses seins, il blâme ce bandeau jaloux, promenant

---

1. Ἄβροχον, comme en 43, 431, désigne une région que la mer ou
l'Océan ne peuvent atteindre.

425 μάρμαρα τιμήεντα. Μὴ εἴκελον αἴθοπι λύχνῳ
λυχνίδα σοι κομίσοιμι · σέλας πέμπουσιν ὀπωπαί .
Μὴ καλύκων ῥοδόεντος ἀναΐσσοντα κορύμβου
σοὶ ῥόδα δῶρα φέροιμι · ῥοδώπιδές εἰσι παρειαί. »
Τοῖον ἔπος κατέλεξε· καὶ οὔατος ἔνδοθι κούρη
430 χεῖρας ἐρεισαμένη διδύμας ἔφραξεν ἀκουάς,
μὴ πάλιν ἄλλον ἔρωτι μεμηλότα μῦθον ἀκούσῃ,
ἔργα γάμου στυγέουσα. Ποθοβλήτῳ δὲ Λυαίῳ
μόχθῳ μόχθον ἔμιξε. Τί κύντερόν ἐστιν ἐρώτων
ἢ ὅτε θυμοβόροιο πόθου λυσσώδεϊ κέντρῳ
435 ἀνέρας ἱμείροντας ἀλυσκάζουσι γυναῖκες
καὶ πλέον οἶστρον ἄγουσι σαόφρονες ; Ἐνδόμυχος δέ
διπλόος ἐστὶν ἔρως, ὅτε παρθένος ἀνέρα φεύγει.
   Ὡς ὁ μὲν οἰστρήεντι πόθου μαστίζετο κεστῷ·
παρθενικῆς δ' ἀπέμιμνεν· ἀμιτροχίτωνι δὲ κούρῃ
440 σύνδρομον ἀγρώσσοντα νόον πόμπευεν ἀλήτην,
κέντρον ἔχων γλυκύπικρον. — Ἀνεσσύμενος δὲ θαλάσσης,
ἴκμια διψαλέοιο δι' οὔρεος ἴχνια πάλλων,
παρθενικὴν μάστευε Ποσειδάων μετανάστης,
ἄβροχον ὑδατόεντι περιρραίνων χθόνα ταρσῷ ·
445 καί οἱ ἔτι σπεύδοντι παρὰ κλέτας εὔβοτον ὕλης
οὔρεος ἄκρα κάρηνα ποδῶν ἐλελίζετο παλμῷ .
Εἰς Βερόην σκοπίαζε, καὶ ἐκ ποδὸς ἄχρι καρήνου
κούρης ἱσταμένης διεμέτρεεν ἔνθεον ἥβην.
Ὀξὺ δὲ λεπταλέοιο δι' εἵματος οἷα κατόπτρῳ
450 ὄμμασιν ἀπλανέεσσι τύπον τεκμαίρετο μορφῆς,
οἷά τε γυμνωθέντα παρακλιδὸν ἄκρα δοκεύων
στήθεα μαρμαίροντα, πολυπλεκέεσσι δὲ δεσμοῖς
μαζῶν κρυπτομένων φθονερὴν ἐπεμέμφετο μίτρην,
δινεύων ἑλικηδὸν ἐρωμανὲς ὄμμα προσώπου,

425 ἴκελον L ‖ 430 fol. 148ʳ L ‖ 432 γάμου L¹ et L³ˢˡ : μάμου L ‖
λυαίω [υ ex αι] L ‖ 446 post u. lac. pos. Graefe ; sed uide adn. ‖
450 μορφῆς Castiglioni², cl. 5, 596 : κούρης L.

455 à la ronde les regards éperdus d'amour de son visage,
scrutant sans s'en lasser son corps tout entier. Rendu fou
par la piqûre, c'est Cythérée la marine que l'Ébranleur de
la terre, seigneur de la mer, dans sa souffrance supplie et,
comme la vierge s'arrête près d'un troupeau à la pâture,
il cherche à l'attendrir par de doux propos* :
         « Une seule femme l'emporte sur toute la Grèce aux
460 belles femmes ! Ce n'est pas Paphos, ce n'est plus Lesbos que l'on célèbre, ce n'est plus le nom de Chypre aux
beaux enfants qui est sur toutes les lèvres ! Je ne chante-
rai plus Naxos, célèbre par ses vierges ! Même Lacédé-
mone a été vaincue pour les naissances, pour les enfante-
ments. Ce n'est pas Paphos, ce n'est plus Lesbos !
465 Orientale, la nourrice d'Amymôné, a dépouillé Orchomène de toute sa gloire, bien qu'elle ne possède qu'une
seule Grâce ; car elle a vu grandir la cadette de trois
Grâces, Béroé, la quatrième. — Vierge, abandonne la
terre, ce n'est que justice ! Ta mère n'a pas grandi hors
de la terre, Aphrodite la fille de l'onde amère. Tu as la
470 mer, qui m'appartient, comme présent sans limites, plus
vaste que la terre. Hâte-toi de rivaliser avec l'épouse de
Zeus, afin que l'on dise que la femme du Cronide et la
compagne de l'Ébranleur du sol règnent sur l'univers, car
Héra porte le sceptre de l'Olympe neigeux, mais Béroé a
475 reçu pouvoir sur la mer. — Je ne te fournirai pas des Bassarides en délire, je n'attacherai pas à ta suite le Satyre
avec ses cabrioles, ni Silène. Mais, comme chambellans
de la couche où se consommera notre union, je ferai de
Protée et de Glaucos tes serviteurs. Reçois aussi Nérée et,
480 si tu y consens, Mélikertès. Et le large Océan, l'Océan
retentissant qui ceinture l'orbe de l'univers éternel, je
l'appellerai ton domestique ! Pour escorte, je t'attacherai
en présent tous les fleuves. S'il te plaît aussi d'avoir des

455 παπταίνων ἀκόρητος ὅλον δέμας. Οἰστρομανὴς δέ
     εἰναλίην Κυθέρειαν ἁλὸς μεδέων Ἐνοσίχθων
     μοχθίζων ἱκέτευε, καὶ ἀγραύλῳ παρὰ ποίμνῃ
     παρθένον ἱσταμένην φιλίῳ μειλίξατο μύθῳ·
     « Ἑλλάδα καλλιγύναικα γυνὴ μία πᾶσαν ἐλέγχει·
460 οὐ Πάφος, οὐκέτι Λέσβος ἀείδεται, οὐκέτι Κύπρου
     οὔνομα καλλιτόκοιο φατίζεται· οὐκέτι μέλψω
     Νάξον ἀειδομένην εὐπάρθενον· ἀλλὰ καὶ αὐτή
     εἰς τόκον, εἰς ὠδῖνας ἐνικήθη Λακεδαίμων·
     οὐ Πάφος, οὐκέτι Λέσβος· Ἀμυμώνης δὲ τιθήνη
465 Ἀντολίη σύλησεν ὅλον κλέος Ὀρχομενοῖο,
     μούνην ἀμφιέπουσα μίαν Χάριν· ὁπλοτέρη γάρ
     τρισσάων Χαρίτων Βερόη βλάστησε τετάρτη. —
     Παρθένε, κάλλιπε γαῖαν, ὅ περ θέμις· οὐ σέο μήτηρ
     ἐκ χθονὸς ἐβλάστησεν, ἁλὸς θυγάτηρ Ἀφροδίτη·
470 πόντον ἔχεις ἐμὸν ἕδνον ἀτέρμονα, μείζονα γαίης·
     σπεῦσον ἐριδμαίνειν ἀλόχῳ Διός, ὄφρα τις εἴπῃ,
     ὅττι δάμαρ Κρονίδαο καὶ εὐνέτις Ἐννοσιγαίου
     πάντοθι κοιρανέουσιν, ἐπεὶ νιφόεντος Ὀλύμπου
     Ἥρη σκῆπτρον ἔχει, Βερόη κράτος ἔσχε θαλάσσης. —
475 Οὔ σοι Βασσαρίδας μανιώδεας ἐγγυαλίξω,
     οὐ Σάτυρον σκαίροντα καὶ οὐ Σιληνὸν ὀπάσσω·
     ἀλλὰ τελεσσιγάμοιο τεῆς θαλαμηπόλον εὐνῆς
     Πρωτέα σοι καὶ Γλαῦκον ὑποδρηστῆρα τελέσσω·
     δέχνυσο καὶ Νηρῆα καί, ἢν ἐθέλῃς, Μελικέρτην·
480 καὶ πλατὺν ἀενάου μιτρούμενον ἄντυγι κόσμου
     Ὠκεανὸν κελάδοντα τεὸν θεράποντα καλέσσω·
     σοὶ ποταμοὺς ξύμπαντας ὀπάονας ἕδνον ὀπάσσω.
     Εἰ δὲ καὶ ἀμφιπόλοις ἐπιτέρπεαι, εἰς σὲ κομίσσω

---

455 παπταίνων δ᾽ L : δ᾽ del. Graefe ‖ οἰστρομανὴς Cunaeus :
-νὲς L ‖ 464 τιθήνη habet L ‖ 465 κλέος [ς ex ν] L ‖ 479 Νηρῆα
Cunaeus : γενετῆρα L.

suivantes, je t'amènerai les filles de Nérée. Même si elle
485 refuse, que la nourrice de Dionysos, Inô, soit ta chambrière* ! »

Il a parlé. Laissant la jeune fille rétive[1] et irritée, il
tient ce discours à l'air, déversant des sons qu'emportent
les vents :

« Enfant fortuné de Myrrha, toi qui as une belle enfant
pour descendance, à toi seul tu as double honneur. Toi
490 seul, on t'appelle et père de Béroé et époux de la Fille de
l'écume. »

Voilà comment l'Ébranleur du sol est fouetté par le
ceste qui l'aiguillonne.

Il tend force cadeaux à Adonis et à Cythérée, en présent pour l'amour de la jeune fille. Enflammé par le
même projectile, Dionysos, apportant toute la fortune
que, non loin du Gange, mettent au jour les entrailles des
495 mines où brille l'or, supplie d'abondance, mais en vain,
Aphrodite marine*.

Et la Paphienne est tourmentée ; d'une fille trop cour-
tisée elle craint l'un et l'autre prétendant. Considérant
que l'un et l'autre ont égale envie et ardeur d'amour, elle
500 fait proclamer un concours pour Béroé, en un Arès nuptial : mariage à la pointe de la pique, combat plein de
désir ! Et, voilant entièrement sa fille d'atours féminins,
Cypris installe, sur l'acropole de sa patrie, la vierge, objet
de la querelle, délicat enjeu des amours. À l'un et à
505 l'autre dieu, elle apporte la garantie d'une même parole :

« J'aurais voulu, si le destin m'avait donné deux filles,
engager l'une à l'Ébranleur de la terre, à qui elle est due,
et l'autre à Lyaios. Mais puisque je n'ai pas de jumelles
et que les lois du mariage ne permettent pas, sans
souillure, d'unir une seule fille, comme compagne, à
510 deux époux à tour de rôle, que se livre donc, pour une
seule épouse, un combat nuptial ! C'est que la couche de
Béroé ne s'obtient pas sans épreuve. Pour l'avoir comme

---

1. Δυσπειθέα : unique exemple de cet adjectif dans le poème.

θυγατέρας Νηρῆος· ἀναινομένη δὲ γενέσθω
485 μαῖα Διωνύσοιο τεῇ θαλαμηπόλος Ἰνώ. »
       Ἔννεπε· χωομένην δὲ λιπὼν δυσπειθέα κούρην
ἠέρι μῦθον ἔειπε χέων ἀνεμώδεα φωνήν·
     « Μύρρης ὄλβιε κοῦρε, λαχὼν εὔπαιδα γενέθλην
τιμὴν μοῦνος ἔχεις διδυμάονα· μοῦνος ἀκούεις
490 καὶ γενέτης Βερόης καὶ νυμφίος Ἀφρογενείης. »
       Τοῖα μὲν Ἐννοσίγαιος ἱμάσσετο κέντορι κεστῷ.
     Πολλὰ δὲ δῶρα τίταινεν Ἀδώνιδι καὶ Κυθερείῃ,
κούρης ἕδνον ἔρωτος. Ὁμοφλέκτῳ δὲ βελέμνῳ
ὄλβον ἄγων Διόνυσος ὅσον παρὰ γείτονι Γάγγῃ
495 χρυσοφαεῖς ὠδῖνες ἐμαιώσαντο μετάλλων,
πολλὰ μάτην ἱκέτευε θαλασσαίην Ἀφροδίτην.
       Καὶ Παφίη δεδόνητο, πολυμνήστοιο δὲ κούρης
ἀμφοτέρους μνηστῆρας ἐδείδιεν· ἀμφοτέρων δέ
ἰσοτύπων ὁρόωσα πόθον καὶ ζῆλον ἐρώτων
500 Ἄρεϊ νυμφιδίῳ Βερόης κήρυξεν ἀγῶνα
καὶ γάμον αἰχμητῆρα καὶ ἱμερόεσσαν ἐνυώ.
Καί μιν ὅλην πυκάσασα γυναικείῳ τινὶ κόσμῳ
Κύπρις ἐπ' ἀκροπόληος ἑῆς ἱδρύσατο πάτρης
παρθένον ἀμφήριστον ἀέθλιον ἁβρὸν ἐρώτων·
505 ἀμφοτέροις δὲ θεοῖσι μίαν πιστώσατο φωνήν·
     « Ἤθελον, εἰ δύο παῖδας ἐγὼ λάχον, ὄφρα συνάψω
τὴν μὲν ὀφειλομένην Ἐνοσίχθονι, τὴν δὲ Λυαίῳ·
ἀλλ' ἐπεὶ οὐ γενόμην διδυμητόκος, οὐδὲ κελεύει
θεσμὰ γάμων ἄχραντα μίαν ξυνήονα κούρην
510 ζεῦξαι διχθαδίοισιν ἀμοιβαίοις παρακοίταις,
ἀμφὶ μιῆς ἀλόχοιο μόθος νυμφοστόλος ἔστω·
οὐ γὰρ ἄτερ καμάτου Βερόης λέχος· ἀμφὶ δὲ νύμφης

   486 δυσπειθέα Graefe : -πενθέα L ‖ 488 λαχὼν Falkenburg'' :
λαθὼν L ‖ 490 νυμφίος [νυμ in ras.] L ‖ 496 fol. 148ᵛ L ‖ 505 πιστώσατο L (cf. Par. 1, 47) : ξυνώσατο Graefe*, cl. 14, 8 ; 36, 109.

épouse, prenez part tous les deux à un concours qui pré-
ludera au mariage. Celui qui vaincra, qu'il emmène
515 Béroé sans verser de dot.* — Votre serment, à tous deux,
m'est cher. Car j'ai grand peur pour la ville de ma fille,
toute proche, où l'on m'appelle patronne de la cité ; je
crains de faire périr la patrie de Béroé à cause de la
beauté de Béroé. Concluez un pacte avant le mariage :
520 qu'après la lutte, le Dieu des mers, l'Ébranleur du sol, s'il
est privé de la victoire[1], n'aille pas anéantir ce pays à la
pointe de son trident ; que Dionysos, irrité d'avoir perdu
la couche d'Amymôné, n'aille pas flétrir les clos de
vigne de la cité ! Restez bienveillants après l'affrontement. L'un et l'autre, faisant assaut d'affection selon les
lois de la concorde, ornez la patrie de la jeune épouse
525 d'une beauté plus éclatante*. »
      À ces mots les prétendants acquiescent. L'un et l'autre,
ils ont comme garants de leur ferme serment le Cronide,
la Terre, le Firmament, et les gouttes du Styx. Les Moires
sanctionnent le pacte. Et Combat, prélude des Amours,
grandit ainsi que Mêlée. Persuasion, chambrière nuptiale,
530 les arme l'un et l'autre.
      Descendus du ciel pour observer le concours, tous les
habitants de l'Olympe restent là avec Zeus, sur les pics
du Liban, témoins du combat.
      Alors apparaît un grand prodige pour Dionysos frappé
535 par le désir. Un épervier, à la vitesse d'une rafale, lâchant
son aile que gonfle le vent, poursuit une colombe au pré.
Mais soudain, un aigle de mer l'enlève du sol et s'envole
vers l'abîme, emportant dans ses serres avec précaution
l'oiseau à travers les airs. Et, quand Dionysos le voit, il
540 perd tout espoir de vaincre. Cependant, il va au combat.
De leur lutte à l'un et à l'autre, d'un œil rieur, le Père, le
Cronide, se réjouit, observant d'en haut la querelle entre
son frère et son fils*.

---

1. Ἀτεμβόμενος : seul emploi de ce verbe homérique (aussi chez
Apoll. Rh. et Quint. Sm.) dans le poème.

ἄμφω ἀεθλεύσοιτε γάμου προκέλευθον ἀγῶνα·
ὃς δέ κε νικήσει, Βερόην ἀνάεδνον ἀγέσθω. —

515 Ἀμφοτέροις φίλος ὅρκος· ἐπεὶ περιδείδια κούρης
γείτονος ἀμφὶ πόληος, ὅπη πολιοῦχος ἀκούω,
πατρίδα μὴ Βερόης Βερόης διὰ κάλλος ὀλέσσω.
Συνθεσίας πρὸ γάμοιο τελέσσατε, μὴ μετὰ χάρμην
πόντιος Ἐννοσίγαιος ἀτεμβόμενος περὶ νίκης
520 γαῖαν ἀιστώσειεν ἑῆς γλωχῖνι τριαίνης,
μὴ κοτέων Διόνυσος Ἀμυμώνης περὶ λέκτρων
ἄστεος ἀμπελόεσσαν ἀμαλδύνειεν ἀλωήν.
Εὐμενέες δὲ γένεσθε μετὰ κλόνον· ἀμφότεροι δέ
φίλτρου ζῆλον ἔχοντες ὁμοφροσύνης ἐνὶ θεσμῷ
525 κάλλεϊ φαιδροτέρῳ κοσμήσατε πατρίδα νύμφης. »

   Ὣς φαμένης μνηστῆρες ἐπήνεον· ἀμφοτέροις δέ
ἔμπεδος ὅρκος ἔην Κρονίδης καὶ Γαῖα καὶ Αἰθήρ
καὶ Στύγιαι ῥαθάμιγγες· ἐπιστώσαντο δὲ Μοῖραι
συνθεσίας. Καὶ Δῆρις ἀέξετο πομπὸς Ἐρώτων
530 καὶ Κλόνος· ἀμφοτέρους δὲ γαμοστόλος ὥπλισε Πειθώ.

   Οὐρανόθεν δὲ μολόντες ὀπιπευτῆρες ἀγῶνος
σὺν Διὶ πάντες ἔμιμνον ὅσοι ναετῆρες Ὀλύμπου,
μάρτυρες ὑσμίνης Λιβανηίδος ὑψόθι πέτρης.

   Ἔνθα φάνη μέγα σῆμα ποθοβλήτῳ Διονύσῳ·
535 κίρκος ἀελλήεις χαλάσας πτερὸν ἔγκυον αὔρης
βοσκομένην ἐδίωκε πελειάδα· τὴν δέ τις ἄφνω
ἐκ χθονὸς ἁρπάξας ἁλιαίετος εἰς βυθὸν ἔπτη,
φειδομένοις ὀνύχεσσι μετάρσιον ὄρνιν ἀείρων.
Καί μιν ἰδὼν Διόνυσος ἀπέπτυεν ἐλπίδα νίκης·
540 ἔμπης δ' εἰς μόθον ἦλθεν. Ἐπ' ἀμφοτέρων δὲ κυδοιμῷ
ὄμματι μειδιόωντι πατὴρ κεχάρητο Κρονίων,
δῆριν ἀδελφειοῖο καὶ υἱέος ὕψι δοκεύων.

---

514 νικήσει F² : -σειε L ‖ post u. lac. pos. Koechly ; sed uide adn. ‖ 522 ἀλωήν L ‖ 525 νύμφης Graefe : νίκης L ‖ 528 Στύγιαι Cunaeus : στυγέαι L ‖ 535 ἔγκυον Fᵖᶜ : ἔγγυον L ‖ 540 κυδοιμῷ Graefe : -μῶν L.

CHANT XLIII

Δίζεο τεσσαρακοστὸν ἔτι τρίτον, ὁππόθι μέλπω
ἄρεα κυματόεντα καὶ ἀμπελόεσσαν ἐνυώ.

NOTICE

Au ch. 42, Dionysos puis Poseidon ont vainement tenté de courtiser Béroé. Aphrodite décide alors d'organiser entre les prétendants un duel dont les dieux seront les spectateurs. Mais, avant que commencent les préparatifs du combat, elle leur fait prêter un serment aux termes duquel ils s'engagent, en cas de défaite, à ne pas faire subir de représailles à la cité.

Le ch. 43 est donc tout entier consacré à ce duel et à ses conséquences. Nonnos y déploie une ingéniosité certaine pour narrer un épisode paradoxal : l'échec de Dionysos, pourtant ἀνίκητος, pour obtenir la main de Béroé[1]. Après un bref prélude (v. 1-17), le chant comporte trois parties : les préparatifs du combat (v. 18-191), le combat proprement dit (v. 192-358[a]) et le dénouement (v. 358[b]-449).

Prélude (v. 1-17).

Le prélude présente en deux parties équilibrées (7 et 8 vers) l'intervention des dieux pour déclencher les hostilités et l'enjeu de la lutte ; il s'achève sur le signal du combat.

---

1. La même situation se retrouvera dans la troisième partie du ch. 47 lorsque Dionysos affrontera Persée.

Intervention des dieux (v. 1-7).

L'enchaînement avec le ch. 42 est assuré formellement par le ὣς ὃ μέν initial[1]. Compte tenu du caractère particulier de la bataille qui va s'engager, deux divinités sont mises en valeur, Arès (v. 1) et Aphrodite (v. 6). Chacune est accompagnée d'un(e) parèdre : Ényô (v. 3) pour Arès et Hyménaios (v. 5) pour Aphrodite[2]. Mais chacune de ces quatre divinités est présentée avec des caractéristiques paradoxales, ce qui aboutit à une quasi-inversion des rôles entre les deux groupes : Arès est ὀχετηγὸς Ἐρώτων, Ényô est l'instigatrice d'un γαμίου πτολέμοιο, Hyménaios reçoit l'épithète de θοῦρος usuelle pour Arès (mais aussi pour Éros, cf. le v. 438) et Aphrodite n'est pas ici la déesse de l'amour mais la divinité guerrière honorée à Amyclées. Le vers qui nomme les adversaires est au centre (v. 4), le nom d'Arès ouvre et clôt le tableau (v. 1 et 7). Cette scène, en particulier l'évocation de l'armement d'Hyménaios (v. 5b-6), pourrait laisser attendre une participation des dieux au combat ; il n'en est rien et la scène reste sans suite. Conformément à ce qui était indiqué à la fin du ch. 42 (v. 531-532), les dieux sont descendus de l'Olympe pour assister au combat et leur rôle restera bien celui de simples spectateurs, à l'exception de Zeus.

L'enjeu du combat (v. 8-15).

Les adversaires sont à nouveau désignés au v. 8, non plus par leurs noms mais par leurs titres, dans une formule en chiasme qui occupe le vers entier[3]. Par contraste, Béroé n'est pas nommée, seulement dési-

---

1. Comme le signale F. Vian dans la note à 2, 1 (t. 1, p. 164), cette formule, utilisée trois fois par Homère pour introduire un chant, est fréquente chez Nonnos. On la trouve en particulier au début de six autres chants (2, 1 ; 10, 1 ; 12, 1 ; 30, 1 ; 31, 1 ; 37, 1).
2. Ényô et Arès sont associés également en 2, 419 et 33, 156.
3. La structure en chiasme de ce vers est renforcée par la présence d'homéotéleutes.

gnée par παρθένος au début du vers suivant (v. 9). En revanche, le narrateur s'attarde sur ses sentiments : sa préférence pour Bacchos (v. 12) s'explique seulement par la crainte, si elle est adjugée à Poseidon, de devoir vivre dans le monde marin — caractérisé par les adjectifs εἰναλίου, ὑγρόν, ὑποβρυχίων aux v. 10-11 — qui lui est étranger. C'est ce que souligne le parallèle avec Déjanire aux v. 12^b-15, puisque celle-ci fut, elle aussi, en passe de s'unir à une divinité aquatique, le fleuve Achélôos, évoqué par la périphrase βοοκραίρους ὑμεναίους (v. 15)[1] ; à la faveur de ce parallèle, on peut discerner une discrète *syncrisis* entre Dionysos et Héraclès, qui ont tous deux la préférence des jeunes filles dont la main est mise en jeu. Mais la ressemblance s'arrête là puisque Dionysos va échouer là où Héraclès l'emportera[2].

Le début du combat (v. 16-17). Le grondement du firmament pour donner le signal du combat rappelle les v. 364-365 du ch. 2 (le tonnerre de Zeus avant le combat contre Typhée) avec le même emploi du verbe σαλπίζω (un seul autre emploi dans le poème) complété par μέλος. Mais ici, il s'agit d'un prodige puisque ce grondement se produit dans un ciel sans nuages.

1. *Préparatifs (v. 18-191).*

Les préparatifs sont décrits en trois scènes de longueur à peu près identique. La présentation des deux adversaires (v. 18-33, 16 v.) est suivie d'une rapide évocation des premières escarmouches (v. 34-51, 18 v.), à laquelle succède

---

1. Le parallèle est souligné par des reprises de mots : ἤθελε (v. 12 et 14) ; ἐπεδείδιε (v. 11) repris par δειμαίνουσα (v. 15).
2. La geste d'Héraclès est postérieure à celle de Dionysos mais pour le narrateur ces exploits appartiennent à des temps révolus et peuvent donc être comparés. Sur les parallèles entre Dionysos et Héraclès et leur fonction dans le poème, voir la Notice du ch. 25, t. 9, p. 24-25.

l'énumération des cinq bataillons dionysiaques et de leurs chefs (v. 52-68, 17 v.), scène qui n'a pas d'équivalent pour les troupes de Poseidon. L'essentiel des préparatifs est néanmoins consacré, comme il se doit, aux discours des adversaires (v. 69-191) avec un avantage marqué en faveur de Dionysos (73 v. contre 47 pour son rival).

Les deux adversaires (v. 18-33). La présentation est très déséquilibrée : à Poseidon sont consacrés deux vers et demi (v. 18-20ᵃ) où ne sont mentionnés que son cri (v. 18) et son trident (v. 19-20ᵃ). En revanche, treize vers et demi présentent de façon détaillée Dionysos trônant sur son char tiré par des lions (v. 26-28), entouré de son cortège (ἐκώμασεν, v. 21) dans lequel figurent des éléphants (v. 29-33). Le rugissement des lions (τρηχαλέον μύκημα, v. 27) répond au cri de Poseidon (βλοσυρὸν μύκημα, v. 18)[1]. La scène est par ailleurs très proche d'une théophanie avec la mention de la vigne, poussée miraculeusement autour du char, et du lierre, l'autre plante dionysiaque, qui orne la chevelure du dieu (v. 23-25)[2]. Quant à la scène développée aux v. 29-33 (l'éléphant, en buvant, assèche une source et provoque la fuite des Naïades), elle rappelle les ravages de Typhée au début du ch. 2 (v. 53-59) ou l'assèchement de l'Hydaspe par l'incendie aux ch. 23 (v. 272-279) et 24 (v. 24-30), laissant ainsi présager une lutte aux dimensions cosmiques.

Premières escarmouches (v. 34-51)[3]. C'est Dionysos qui est l'auteur de la première « agression » (mer fouettée par les vignes, v. 36ᵇ-37), aussitôt suivie d'une riposte

---

1. C'est pour souligner ce parallélisme que Nonnos emploie ici exceptionnellement μύκημα pour le rugissement du lion ailleurs évoqué par des mots de la famille du verbe βρυχάομαι.

2. Sur les prodiges végétaux associés aux théophanies, voir la Notice du ch. 16, t. 6, p. 98, n. 4 et n. 5.

3. La reprise de la formule κορύσσετο Κυανοχαίτης (v. 19ᵇ) par

comparable de Poseidon (vignes déracinées par le trident, v. 38-39). Ces deux premiers incidents s'équilibrent ; ils sont présentés au passif et les dieux n'y apparaissent pas comme agents. En revanche, le troisième, la mise en pièces d'un taureau noir de Poseidon par les Thyiades, est beaucoup plus développé (v. 40-51, 12 v.) et n'a pas de parallèle du côté adverse. Il s'agit d'une scène de *sparagmos* qui évoque par avance le meurtre de Penthée (sous l'apparence d'un lion) par Agavé en 46, 209-220[1]. Le massacre de l'animal est minutieusement décrit à travers les interventions successives de six Thyiades en deux temps — correspondant aux deux phases du *sparagmos*, la mise à mort (v. 43-46[a]) puis le dépeçage (v. 49-51) —, séparés par deux vers et demi focalisés sur le taureau agonisant (v. 46[b]-48)[2]. Les interventions des Thyiades suivent toujours le même schéma syntaxique : un démonstratif ou un indéfini qui a pour référent une Thyiade est sujet d'un verbe d'action transitif qui a pour objet une partie du corps de l'animal[3].

καὶ θεὸς ὑγρομέδων ἐκορύσσετο (v. 34[a]) est déroutante. Ordinairement, Nonnos utilise ce type de reprise pour délimiter le début et la fin d'un tableau (cf., par exemple, v. 52-53 et 67-68) ; en un sens, c'est le cas ici, à cela près que le tableau ainsi délimité concerne Dionysos et non Poseidon. On pourrait aussi considérer les deux formules comme l'annonce d'une scène d'armement de Poseidon, mais, les deux fois, la scène attendue tourne court.

1. Pour les ressemblances textuelles entre les deux passages, voir les notes *ad loc*. Une autre scène de *sparagmos* est esquissée en 14, 378-381, mais, globalement, ces scènes sont rares dans le poème.

2. On notera la mise en relief de l'adjectif ἡμιθανής à la fin du v. 46 après la césure bucolique.

3. Verbes : ἔσχισεν (v. 43), διέθλασεν (v. 44), διέτμαγε (v. 45), ἔσπασεν (v. 49), ἐρύεσκε (v. 50), ἐσφαίρωσεν (v. 51). Parties du corps : ῥάχιν (v. 43), ἄκρα κεραίης (v. 44), γαστέρα (v. 45), ὀπισθιδίους πόδας (v. 49), προσθιδίους (v. 50), δίζυγα χηλήν (v. 51).

Les cinq bataillons dionysiaques (v. 52-68). La présentation est clairement encadrée par deux groupes de deux vers (v. 52-53 et 67-68). Le passage est inspiré de la présentation des cinq chefs des navires d'Achille dans l'*Iliade* (16, 168-197). Les chefs dionysiaques sont également cinq et Nonnos utilise pour les présenter le même schéma syntaxique répété (dont l'ordre est inversé au v. 60) qu'on trouve chez Homère[1] : un adjectif ordinal au génitif (se rapportant à στιχός exprimé la première fois, sous-entendu ensuite), un verbe signifiant « commander », le nom du personnage comme sujet[2]. Comme son modèle, Nonnos varie le contenu des présentations. Au premier, Oineus, sont consacrés trois vers (v. 54-56) mentionnant son origine géographique (Κίλιξ, v. 54) et l'identité de ses père et mère. Le deuxième, Hélicaon, a également droit à trois vers (v. 57-59), mais les seules précisions données à son sujet concernent sa chevelure et son teint. Les frères Oinopiôn et Staphylos sont présentés ensemble, en deux vers (v. 60-61), avec l'indication de leur seul père, au nom dionysiaque, Oinomaos. Mélanthios enfin fait l'objet d'une présentation un peu plus longue, cinq vers (v. 62-66), avec cette fois des précisions sur sa mère (qui porte aussi un nom dionysiaque, Oinôné) et les soins inhabituels qu'il reçut à sa naissance (bain dans un pressoir et langes en feuilles de vigne). Tous portent des noms évoquant la vigne ou le vin[3]. Pour chacun d'entre eux, outre leur nom, un détail justifie plus particulièrement leur place éminente dans l'armée dionysiaque : Oineus est εὐάμπελος (v. 54), Oinopiôn et Staphylos sont fils d'un père φιλακρήτοιο (v. 61), et Mélanthios a été, dès sa naissance, en contact avec le vin

1. Voir les notes aux v. 54 et 57.
2. Verbes signifiant commander : ἦρχε (v. 54), ἡγεῖτο (v. 57), προμάχιζε (v. 60), ἡγεμόνευε (v. 62). Homère n'emploie dans ce passage que ἦρχε (v. 173, 196) et ἡγεμόνευε (v. 179, 193).
3. Pour ces noms et leurs significations, voir les notes *ad loc.*

et la vigne (v. 63-66). Quant à Hélicaon, les couleurs de
sa chevelure (μελαγχαίτης, v. 57) et de son teint (ξανθοφυὴς, v. 58) évoquent celles du vin (bien que Nonnos
n'utilise pas l'épithète homérique μέλας pour le vin).
Quoi qu'il en soit, aucun de ces chefs ne réapparaît dans
la suite du récit.

Le discours de Bacchos   Le discours de Bacchos est
(v. 70-142 : 73 v.).   introduit par le vers 69 qui
le qualifie de λαοσσόον.
Il commence, outre le traditionnel ordre aux troupes
(v. 70ᵃ), par un appel à l'affrontement des instruments de
musique (v. 70ᵇ-74ᵃ) : la flûte (v. 71) et les tambourins
(v. 74), instruments dionysiaques, sont invités à répondre
au son de la conque (v. 72), instrument des divinités
marines, Nérée en particulier. Il se poursuit par une présentation, sous la forme d'un diptyque équilibré, des
adversaires masculins (v. 74ᵇ-91) et des adversaires féminins (v. 92-108), complétée par l'évocation d'affrontements individuels entre adversaires masculins (v. 109-
117). Bacchos consacre ensuite un développement
(v. 118-132) à l'enjeu de la lutte par-delà la conquête de
la main de Béroé et termine par une péroraison triompha-
liste (v. 133-142).

1. Les adversaires masculins (v. 74ᵇ-91 : 17 vers 1/2).

Dionysos énumère les six adversaires masculins — ils
sont cinq en réalité puisque Mélikertès et Palémon sont
deux appellations pour le même personnage — que ses
troupes vont devoir combattre (v. 74ᵇ-91) : Glaucos,
opposé à Marôn (v. 74ᵇ-75), Protée (v. 76-79ᵃ), Mélikertès,
opposé à un Silène (v. 79ᵇ-80), Phorkys (v. 81-82), Nérée,
opposé à un Satyre (v. 83-86ᵃ), Palémon (v. 86ᵇ-91)[1]. Les
sorts réservés à Protée, Nérée et Palémon sont plus

---

1. Mélikertès et Palémon sont une seule divinité, mais, curieusement, Nonnos les mentionne ici séparément, peut-être pour aboutir au

détaillés que ceux des deux autres adversaires. Pour Protée, il s'agit de le parer en Bacchant, lierre dans les cheveux (v. 76) et nébride sur le corps (v. 78), et d'en faire un prisonnier de Bacchos (v. 79) ; Nérée doit émigrer du milieu marin (v. 84) et devenir vigneron (v. 85) ; Palémon enfin, le cocher de Poseidon, ornera ses cheveux de feuillages de vigne (v. 87) et deviendra le cocher de Rhéa (v. 88-90)[1]. Chaque fois, il s'agit de prendre une caractéristique fondamentale de la divinité considérée et de la transformer pour marquer sa soumission à Dionysos[2].

2. Les adversaires féminins (v. 92-108 : 17 vers).

Les adversaires féminins sont d'abord envisagés collectivement avec trois formules synonymes : φάλαγγα... θαλάσσης (v. 92), Νηρεΐδεσσιν[3] (v. 94), Ὑδριάδας[4] (v. 95), puis individuellement avec, comme précédemment, six noms dont le premier, Thétis (v. 95), est à part puisque c'est la seule adversaire qui doive être ménagée[5].

chiffre de six divinités masculines, par souci de symétrie avec l'énumération des six divinités féminines. En 39, 98-108[a], Dionysos avait énuméré ces divinités marines (sauf Nérée) comme alliés potentiels (avec Zeus et Poseidon) contre Dériade, mais la rivalité amoureuse avec Poseidon en fait maintenant des adversaires.

1. Les menaces relatives à Palémon rappellent celles proférées par Lycurgue dans ses imprécations contre Dionysos et contre la mer où il vient de trouver refuge (20, 388-393).

2. La peau de phoque de Protée est remplacée par la nébride (v. 78), Nérée passera de la mer à la terre ferme (θαλάσσης |... χερσαῖος, v. 84-85), et Palémon, cocher de Poseidon, deviendra cocher de Rhéa (v. 89). Les syntagmes μετά + accusatif aux v. 78, 81, 88 servent aussi à souligner les changements.

3. Deux des six divinités mentionnées ensuite, Thétis et Eidothée, ne sont pas, à proprement parler, des Néréides ; le terme est à prendre au sens large de « divinités de la mer ».

4. Sur le sens à donner à ce mot, voir la note ad loc.

5. Cinq des six divinités énumérées ici (sauf Eidothée) figurent dans le thiase marin qui assiste à la naumachie du ch. 39 (v. 251-257) ; Thétis, Doris et Galatée sont associées en 6, 292-301 ; Thétis, les Néréides et Inô sont également nommées comme alliées potentielles par Dionysos dans son combat contre Dériade (39, 108[b]-110), cf. n. 1, p. 107.

Le sort réservé à toutes fait pendant à celui des divinités masculines[1]. Le but recherché est de leur faire porter des éléments de parure ou des attributs des Bacchantes : nébride (v. 93) et cymbales (v. 94) pour toutes, cothurnes pour Leucothée (v. 97), guirlande de serpents dans les cheveux pour Panopée (v. 101), roptres pour Eidothée (v. 102) et torche pour Doris (v. 99). Galatée est promise à un sort parallèle à celui de Palémon : être au service de Dionysos, mais dans une tâche spécifiquement féminine, la confection du voile nuptial de Béroé (v. 104-106). L'énumération s'achève par une formule de transition (v. 107-108) qui exprime un brusque revirement — souligné par ἀλλά (v. 107) — empreint de préciosité : Dionysos écarte l'idée de faire des Néréides ses servantes pour ne pas susciter la jalousie de Béroé.

3. Les affrontements individuels (v. 109-117).

Dionysos revient ensuite à des adversaires masculins, mais avec un mode de présentation différent. Il s'agit cette fois d'affrontements individuels où interviennent les deux adversaires principaux, mais où est évitée, par souci de « bienséance », la confrontation directe de l'oncle et du neveu : combat de Pan contre Poseidon puis Triton (v. 109-114) ; soumission de Glaucos à Bacchos (v. 115-117)[2].

4. L'enjeu de la lutte selon Dionysos (v. 118-132).

Il ne s'agit pas d'un simple combat de prétendants pour la main de Béroé ; le véritable enjeu est le patronage de la cité qui portera son nom. On se trouve ainsi en présence d'un type de légende bien connu, la rivalité de

---

1. Leucothée figure aussi, comme Palémon (voir p. 107, n. 1), dans les imprécations de Lycurgue au ch. 20 (v. 386^b-387).
2. Cette analyse de la structure montre que, malgré les doutes de Keydell, *Ant. class.*, 1, 1932, p. 191, les v. 115-117 doivent être maintenus à leur place. Ce point de vue est défendu aussi par D. Accorinti, *Medioevo greco*, 1, 2001, p. 8-9.

deux divinités pour la possession d'un lieu, et Dionysos, dans les v. 125-127, établit un parallèle entre la situation présente et la querelle ancienne entre Athéna et Poseidon pour le patronage de l'Attique. Athéna l'a emporté grâce à l'olivier, Dionysos l'emportera grâce à la vigne[1]. L'enjeu de la rivalité est présenté dans un diptyque rhétorique fondé sur l'oppostion terre-mer dont les deux tableaux encadrent l'appel à l'arbitrage d'un nouveau Kécrops des v. 125-127. Si Poseidon est vainqueur, il anéantira (engloutira) Béroé d'un coup de trident ; elle a beau être ἰσταμένην ἀτίνακτον, ce qui devrait la rendre invulnérable aux assauts du dieu Ἐνοσίχθων, elle n'en est pas moins εἰναλίην (maritime) et donc soumise au pouvoir du dieu ἁλὸς μεδέων (v. 119ᵇ-121) qui ferait de cette terre un domaine sous la mer. Mais l'intervention armée de Dionysos empêchera cette destruction. Car, si la proximité de la mer peut justifier que Poseidon devienne le patron du lieu, Dionysos, lui, peut faire valoir la présence de vignes sur son terroir (v. 122ᵇ-124). Ce qu'il projette, c'est au contraire une sorte de séisme bienfaisant présenté dans le second tableau du diptyque (v. 128-132) : s'il est victorieux, il éloignera Béroé de la mer en démolissant des collines rocheuses à coup de thyrse, comblant ainsi les fonds marins voisins et transformant la mer en terre. Dans cette évocation, c'est le nom moderne de la cité, Bérytos, qui est utilisé au v. 130 et Nonnos fait vraisemblablement, à travers le langage mythologique, allusion à des catastrophes naturelles qui auraient touché la cité[2].

Tandis qu'il tire ainsi des plans sur sa future victoire, Dionysos, sans le savoir, annonce sa propre défaite. Engagé dans une lutte semblable à celle d'Athéna et de

---

1. On retrouve là un discret écho de la *syncrisis* entre la vigne et l'olivier (ou entre le vin et l'huile) du ch. 12 (v. 262-269) ; voir la note *ad loc.*

2. Sur ce passage, voir P. Chuvin, *in* N. Hopkinson, *Studies*, p. 169.

Poseidon pour la possession de l'Attique, il va jouer le rôle de Poseidon et non, comme il le proclame, celui d'Athéna. Mais Nonnos respecte les conventions attachées à ce type de légende et les règles de l'*encomion* : le vaincu ne l'est pas complètement et devient, après avoir vengé sa défaite par un cataclysme, une divinité protectrice secondaire du territoire dont il n'a pu obtenir le patronage. Ainsi Dionysos annonce la catastrophe naturelle qui suivra sa défaite, mais cette chute de falaises se révélera bénéfique, car l'éboulement des pierres dans la mer sera à l'origine d'une meilleure route et Dionysos pourra ainsi être considéré également comme un protecteur de la cité[1].

La fin du chant ne mentionne pas explicitement cette vengeance qui tourne à l'avantage de la cité ; seule peut y faire allusion l'indication de la jalousie et de la colère persistantes du dieu dont les effets sont détournés par l'intervention énergique de Zeus (v. 378-380) puis le discours apaisant d'Éros (v. 422-436). Mais ce dénouement a été annoncé dès la fin du ch. 42 dans le serment qu'Aphrodite exige des adversaires : qu'ils restent « bienveillants » envers la cité et s'attachent à l'embellir (v. 515-525), ce qui revient aussi à dire que, quelle que soit l'issue du combat, les deux divinités auront leur place dans le panthéon local[2].

5. Péroraison (v. 133-142).

Après une exhortation au combat (v. 133) qui reprend le début du discours (v. 70), l'invitation à « être confiantes dans la victoire familière » — avec θαρσαλέαι mis en valeur par le rejet au début du v. 134 et la coupe trihémimère — permet d'enchaîner avec un rappel de sa victoire récente sur les Indiens, d'abord désignés par le terme Géants (v. 134-135), et, en particulier, de la

---

1. *Ibid.*, p. 170.
2. Sur Dionysos à Beyrouth, voir p. 130-131.

soumission de l'Hydaspe (v. 135ᵇ-138)[1]. Il s'agit d'une allusion au ch. 24, v. 10-61, où l'Hydaspe supplie longuement Dionysos de l'épargner[2]. Le discours s'achève par quatre vers pleins de condescendance ironique à l'égard du futur vaincu, généreusement autorisé à chanter le chant d'hyménée de son rival victorieux[3].

Le discours de Poseidon (v. 145-191 : 47 vers). Le discours de Poseidon est introduit par les v. 143ᵇ-144 qui lui donnent une tonalité différente de celui de Dionysos : ce dernier avait fait un long discours d'exhortation (λαοσσόον ἠχώ, v. 69) entièrement adressé à ses troupes, Poseidon s'adresse principalement à son adversaire et cherche à le dissuader de combattre par des menaces et des railleries (ἀπειλητῆρι δὲ μύθῳ | κερτομέων). Deux apostrophes à Dionysos (v. 145-148 ; v. 172-191) encadrent des consignes à ses troupes sur le sort à réserver aux adversaires (v. 149-171).

1. Apostrophe à Dionysos (v. 145-148).

Poseidon commence par le rappel humiliant pour Dionysos de sa fuite devant Lycurgue et de son accueil par Thétis, prise à témoin, envers qui le rescapé ne manifeste

1. L'allusion aux Géants pourrait faire penser à un anachronisme comme on en trouve ailleurs dans le poème, mais il s'agit plus vraisemblablement d'une référence aux Indiens, nommés ensuite. Nonnos utilise le terme pour toutes sortes d'êtres, en particulier pour les ennemis de Dionysos. Voir la note à 29, 39-44 (t. 9, p. 335).

2. Notons toutefois que les larmes de l'Hydaspe, évoquées ici avec emphase par la reprise de δάκρυα, n'apparaissent pas dans le récit du ch. 24.

3. Cette évocation du chant d'hyménée chanté par l'adversaire malheureux rappelle le passage du défi lancé à Zeus par Typhée qui évoque ses futures noces avec Héra au cours desquelles Zeus « entendra l'hyménée célébrer mon mariage et devra dissimuler sa jalousie » (1, 316-317). L'ironie est perceptible dans le jeu sur les sonorités διερὴν μετὰ δῆριν (v. 139) et dans l'emploi par antiphrase de ἱμείροντι (v. 140).

pas la reconnaissance attendue (v. 145-146, 163-164)[1].
Cette remarque semble injuste puisque Dionysos a précisément, aux v. 95-96, donné l'ordre explicite de ménager
Thétis, mais Poseidon l'ignore. Les v. 147-148 se ratta-
chent aux v. 163-164 par le thème de l'ingratitude : Dionysos, qui a été ingrat envers celle qui lui a donné la vie
(sa naissance ayant provoqué la mort de sa mère), ne saurait qu'être ingrat aussi envers Thétis qui lui a sauvé la
vie. Dans ce reproche, Poseidon ne se limite pas aux relations personnelles entre les intéressés, il lui donne une
portée symbolique en rappelant le lien congénital qui unit
Dionysos au feu (cf. l'apostrophe σελασφόρε et l'anaphore de πυρός), ce qui en fait l'adversaire naturel des
divinités marines.

2. Sort des troupes de Dionysos (v. 149-171).

On retrouve dans les vers consacrés au sort des troupes
de Dionysos l'équivalent des traitements envisagés par
Dionysos pour les divinités marines : Bacchantes ligo-
tées (v. 149-150[a]), Silènes privés de leurs tambourins,
Satyres de leurs flûtes (v. 150[b]-154[a]), Bassarides deve-
nues servantes de Poseidon (v. 154[b]-155). Les v. 156-
157[a] expriment un revirement — Poseidon n'a que faire
de domestiques dionysiaques — qui rappelle celui de
Dionysos aux v. 107-108. Puis est évoquée la noyade des
Mimallones (v. 157[b]-159) et d'une Bassaride poursuivie
par Protée (v. 160-162). À partir du v. 165, l'enchaînement du propos devient moins clair. Poseidon envisage le
sort particulier de la partie indienne des troupes dionysiaques (Αἰθιόπων δὲ φάλαγγας… καὶ στίχας Ἰνδῶν) ;
elles devront changer de maître et deviendront le butin
des Néréides. Mais, curieusement, le dieu enchaîne (dans
la même phrase) avec une évocation des enfants de Cassiopée, qui vont devenir esclaves de Doris (v. 166[b]-168[a]).
À première vue, leur rapport avec les prisonniers indiens

---

1. Cet épisode est raconté par Nonnos au ch. 20, v. 352-369.

de Dionysos n'est pas évident ; il est sans doute suggéré d'abord par la géographie : la légende ayant pour théâtre l'Éthiopie, la présence de « phalanges éthiopiennes » dans les troupes dionysiaques fait naître, par association d'idées, l'image de Cassiopée, et Poseidon fait comme si ses enfants figuraient parmi les prisonniers indiens (et étaient, à ce titre, des alliés de Dionysos...)[1]. D'autre part, c'est avec les Néréides que Cassiopée a voulu rivaliser en beauté et, même si cette impudence a déjà été châtiée par Poseidon (envoi du Monstre pour ravager le pays), la présence de ses enfants dans leur butin constituerait pour elles, même tardivement, une vengeance personnelle (ποινὴν ὀψιτέλεστον, v. 168)[2]. On s'éloigne encore davantage de l'affrontement entre troupes dionysiaques et divinités marines aux v. 168[b]-171. La victime de l'hostilité de Poseidon n'est plus un être vivant mais un astre, Sirius, astre favorable à la vigne : Poseidon souhaite que Sirius soit couché (au fond de l'Océan) pendant la saison où mûrit le raisin. L'affrontement prendrait alors une dimension cosmique, et cette éventualité annonce le rappel, qui sera fait aux v. 181-191, de la lutte entre Poseidon et le Soleil pour la possession de Corinthe[3].

3. Nouvelle apostrophe à Dionysos (v. 172-191).

Poseidon invite d'abord son adversaire, en termes méprisants, à renoncer au thyrse et à la nébride au profit d'armes plus adaptées aux circonstances[4]. Faisant à nou-

---

1. Ces enfants de Cassiopée qu'on ne connaît pas (il ne saurait s'agir d'Andromède) sont sans doute les Phéniciens. Les Éthiopiens sont les alliés de Dériade (25, 340-349) et sont donc incorporés dans les troupes dionysiaques après la défaite du roi indien.
2. Sur l'influence des traditions locales dans cette évocation de la légende de Cassiopée, voir la note aux v. 166-167.
3. L'affrontement cosmique entre le ciel et la mer est souligné par plusieurs antithèses : ἀστερόεντα... πόντιος (v. 185), θάλασσα... αἰθέρος (v. 186), οὐρανίῳ... θαλάσσιος (v. 191).
4. Le mépris est marqué par les adjectifs χερείονα (v. 172, pour le

veau allusion à sa naissance, il lui suggère — ironiquement — de recourir aux armes paternelles, le feu, la foudre, l'éclair et l'égide (v. 172-178)[1]. Il lui montre ensuite la nouveauté de ce combat par rapport à ceux qu'il a engagés précédemment (Dériade, Lycurgue, les Arabes). L'opposition οὐ..., οὐ..., ἀλλά (v. 179-180) met en valeur le nouvel adversaire, θαλάσσης (après la césure bucolique), complété par l'adjectif τοσσατίης en rejet au début du v. 181 (suivi d'une coupe trihémimère) qui s'oppose à ὀλίγος du v. 180. L'adversaire n'est donc plus un mortel, pas même une divinité, mais un élément cosmique. Comme il est d'usage dans ce type de discours destiné à impressionner l'adversaire, Poseidon rappelle alors ses victoires passées ou plutôt la plus importante d'entre elles, celle contre le Soleil pour la possession de Corinthe (v. 183-191)[2]. Dans son récit, il met l'accent sur les désordres cosmiques engendrés par cette lutte avec l'image de trois constellations, le Chariot, le Chien et le Dauphin, atteintes par la mer ou le fleuve Océan[3]. Tout ce passage évoque globalement le thème du déluge, traité par Nonnos à plusieurs reprises dans le poème. Plus particulièrement, l'image de la mer partant à l'assaut du ciel (cf. la reprise ὑψώθη... ἀνυψώθησαν aux v. 186 et 189) rappelle le défi lancé par Typhée à Zeus au ch. 2 où il agite aussi la menace d'Océan se déchaînant contre l'Olympe et submergeant les astres, en particulier l'Ourse (qualifiée de διψάς) et le Chariot (v. 275b-280). De

---

thyrse) et ὀλίγον (v. 174, pour la nébride). Cf. aussi ὀλίγος au v. 180 (pour le combat de Dionysos contre les Arabes).

1. On retrouve au v. 176 le jeu sur πυρὶ... πυριτρεφές qui rappelle l'anaphore de πυρός au v. 148.

2. Sur ce conflit entre Poseidon et le Soleil et son utilisation par Nonnos, voir la note à 23, 312-313 (t. 8, p. 262).

3. Toute une série d'antithèses soulignent l'opposition entre ciel et mer ou entre chaleur et fraîcheur, sécheresse et humidité : πόντιον... Ι οὐρανὸς... βυθίην (v. 181-182) ; ἀστερόεντα... πόντιος (v. 185) ; θάλασσα... αἰθέρος (v. 186) ; λούετο διψάς (v. 187) ; θερμὰ... ἐψύχετο (v. 188) ; οὐρανίῳ... θαλάσσιος (v. 191).

même, au ch. 23, v. 290-315, pour dissuader Dionysos de combattre contre l'Hydaspe, Océan menace de noyer les constellations, notamment le Chariot (v. 294-295) et le Dauphin (v. 296-298[a]), sous un déluge universel[1].

Un coup de trident de Poseidon (v. 192), qui se traduit par une mer qui grossit (v. 193-194), marque la conclusion de cette partie consacrée aux préparatifs et donne le signal du début du combat.

2. Combat (v. 195-358[a]).

Le récit du combat occupe dans le chant à peu près le même volume que la partie consacrée aux préparatifs[2] (163 vers et demi contre 174). Il est divisé en deux phases où le combat est envisagé successivement du côté de Poseidon (v. 195-306, 112 v.) puis du côté de Dionysos (v. 307-358, 52 v.). La répartition du récit entre les deux protagonistes est donc très inégale.

Du côté de Poseidon (v. 195-306). Ce long développement commence par une rapide présentation des préparatifs du dieu et de ses troupes (v. 195-204, 10 vers), puis l'essentiel est consacré aux exploits d'individus ou de groupes : des protagonistes individuels (v. 205-224), Protée (v. 225-252), Nérée et les Néréides (v. 253-285), les fleuves et les mers (v. 286-300), et enfin Mélikertès (v. 301-306).

---

1. Sur le thème du déluge chez Nonnos, voir la note à 3, 202-219 (t. 2, p. 142 s.). Par un jeu d'échos entre les deux passages, le discours d'Océan au ch. 23 fait aussi allusion à la lutte entre Poseidon et le Soleil pour la possession de Corinthe (v. 312-313).

2. Selon D'Ippolito, *Studi Nonniani*, p. 114, le ch. 43 se résume à une énumération des forces des deux camps interrompue par les longs discours de Dionysos et de Poseidon. Ce jugement paraît hâtif : 166 vers, soit un tiers du chant, sont tout de même consacrés aux affrontements individuels ou collectifs des deux camps.

1. Préparatifs de Poseidon et de ses troupes (v. 195-204 : 10 v.).

L'équipement des troupes est évoqué par un vers-titre au v. 195, et surtout par la préparation du char de Poseidon par son cocher Palémon-Mélikertès (cf. v. 88-90). Cette scène, qui semble faire pendant à l'apparition de Dionysos sur son char (v. 20[b]-33)[1], est longuement développée (v. 196-204, 9 v.), en deux temps : l'attelage du char (v. 196-201[a]), puis son départ (v. 203-204) ; entre les deux (v. 201[b]-202), le contexte du combat qui se prépare est évoqué par les cris des animaux des deux camps : hennissements des chevaux du char de Poseidon contre rugissements des lions indiens de Dionysos. L'attelage du char par Mélikertès fait l'objet d'une présentation double (v. 196-198[a] et 198[b]-201[a]) marquée par l'anaphore de la formule initiale (une périphrase désignant Poseidon, au génitif, καὶ βυθίου Κρονίωνος, v. 196[a], καὶ ὑγροπόρου βασιλῆος, v. 198[b]) et de la formule finale (ζεύξας Ἴσθμιον ἅρμα, v. 198[a] et v. 201[a]). On a affaire à un doublet que l'on serait tenté de mettre au compte de l'inachèvement de l'œuvre, auquel cas il faudrait éliminer la seconde formulation, seule solution permettant de respecter l'enchaînement des vers. En réalité, l'information contenue dans les deux formulations n'est pas redondante : l'armement du char se passe en deux temps, dans des lieux différents, le palais de Poseidon au fond de l'eau, puis la surface de la mer, et les gestes successivement accomplis par Mélikertès (qui fait tournoyer le trident puis le suspend au char) correspondent à ces deux moments. La présentation dédoublée semble donc voulue par le poète, sans doute pour donner une emphase particulière à cette scène à laquelle font d'ailleurs écho les deux derniers vers de la scène du combat (v. 305-306)[2].

---

1. Les deux scènes occupent le même nombre de vers.
2. Dans son édition, Keydell note que l'on trouve une répétition

2. Triton, Glaucos et deux Pans dans la bataille (v. 205-224 : 20 v.).

Triton (v. 205-209) et Glaucos (v. 210-213ᵃ) appartiennent aux troupes de Poseidon, les deux Pans (v. 213ᵇ-224) aux troupes dionysiaques. Triton et Glaucos ont été cités comme adversaires privilégiés par Dionysos (v. 109-117), leur intervention immédiate dans le combat est donc une réplique à son discours. Toutefois leur activité guerrière est assez modeste : un cri pour Triton (v. 205), la conduite d'un char poursuivant des Satyres pour Glaucos (v. 210-213ᵃ). Sur les cinq vers consacrés à Triton, quatre sont en fait une digression descriptive. Face à eux, Pan ne déploie pas non plus une activité bien redoutable, il se contente de frapper la mer de sa houlette en jouant de la musique guerrière sur sa flûte, ce qui est bien éloigné des vœux formulés par Dionysos aux v. 109-114 (que Pan massacre Poseidon et Triton). Sur les huit vers et demi qui lui sont consacrés, quatre et demi ne sont qu'une digression sur les émois que fait naître en lui l'écho du chant de sa flûte et la quête consécutive de sa « chère Écho »[1]. En revanche, le deuxième Pan, évoqué aux v. 222-224, semble plus agressif puisqu'il lance un projectile contre les Néréides et, même s'il manque son but, il fait trembler le monde marin[2].

3. Les métamorphoses de Protée (v. 225-252).

Protée est aussi un adversaire nommément désigné par Dionysos dans son discours (v. 76-79ᵃ). Il affronte ici les Indiens (v. 227-229), sollicités par Dionysos. Dans ce

analogue en 42, 460, 464. P. Collart, *Nonnos*, p. 244, élimine le doublet en supprimant les v. 198-199, solution qui a le mérite de faire perdre peu d'informations, mais nous semble inutile.

1. La quête d'Écho par Pan rappelle le passage du ch. 6 où, après le déluge, Pan demande à Galatée des nouvelles de sa bien-aimée (v. 304-313).

2. Le comportement de ce personnage est à rapprocher de celui de Typhée en 2, 456 ou d'un des Géants en 48, 36.

combat seul contre tous, Protée garde l'avantage en recourant à son pouvoir de métamorphose. Ces métamorphoses sont au nombre de sept : panthère (v. 231-232), arbre (v. 233-235), serpent (v. 236-241), lion, sanglier, eau (v. 242-245), abeille (v. 246-249). À l'ordre près, les six premières sont conformes à celles que l'on trouve au ch. 4 de l'*Odyssée* (v. 456-458) et que Nonnos reprend pour souligner les multiples aspects de Dionysos dans le prélude du ch. 1 (v. 16-33). On retrouve à peu près les mêmes métamorphoses pour Dionysos lors du combat contre Dériade en 36, 291-333 (pas de métamorphose en serpent, mais deux métamorphoses supplémentaires en flamme et en brandon volant) et 40, 44-56 (avec trois métamorphoses supplémentaires, en ours, en flamme et en taureau)[1]. Seule la dernière (abeille) est insolite.

Le processus de métamorphose et les passages d'une apparence à l'autre ne sont pas décrits[2]. Deux apparences, celle du lion et celle du sanglier (v. 243), sont tout juste mentionnées accompagnées d'un verbe qui les résume : φρῖξε pour le lion, σύτο pour le sanglier. Pour les autres, seules sont évoquées les apparences elles-mêmes à travers quelques caractéristiques visuelles (taches de la panthère au v. 232, écailles du serpent au v. 236) ou auditives (bruit du vent dans l'arbre au v. 235, sifflement du serpent au v. 241 avec le même verbe σύρισε). La description s'attarde sur la mobilité de Protée dans certaines de ses apparences, ce qui le rend difficile à saisir : c'est le cas pour le serpent (v. 237-240) et l'eau (v. 243-245).

Le tableau des phoques encerclant le vieillard sur la terre ferme, qui clôt l'évocation aux v. 250-252, ne peut représenter qu'un retour à la situation initiale : après la vaine tentative de capture par les Indiens, Protée retrouve

---

1. En revanche, les métamorphoses de Dionysos-Zagreus en 6, 176-199 sont assez différentes. Cf. la note de P. Chuvin à 6, 176 (t. 3, p. 152 s.).
2. Seuls ἐστίξατο (v. 232) et le participe δενδρώσας (v. 234) suggèrent un processus de transformation.

son environnement habituel comme si rien ne s'était passé, il est toujours le « berger des phoques » évoqué au v. 229.

4. *Nérée et les Néréides (v. 253-285).*

Nérée est présenté en cinq vers (v. 253-257), mais, à la différence de Triton et Glaucos précédemment, son activité semble redoutable, ce que souligne la formule δεινὸς ἰδεῖν au début du v. 256, unique emploi dans le poème : armé de son trident, il n'hésite pas à affronter les éléphants des troupes dionysiaques et fait trembler la terre. Toutefois, rien n'est dit de ses « victimes » et son action demeure illusoire.

Les Néréides sont évoquées aux v. 258-285, d'abord collectivement (v. 258-260), puis individuellement pour quatre d'entre elles (Inô, Panopée, Galatée et Eidô, v. 261-269), puis de nouveau collectivement (v. 270-280) et enfin individuellement avec une Néréide anonyme (v. 281-285).

La première scène collective souligne l'ardeur guerrière des combattantes, exprimée par l'expression εἰς μόθον... I... ἐβακχεύθη, comme si elle s'apparentait au délire dionysiaque[1]. Cette folie guerrière reparaît d'ailleurs ensuite à travers la figure d'Inô (ἀρχαίην ἐπὶ λύσσαν, v. 262 ; μανιώδεος, v. 263), par l'évocation de la folie des Bacchantes (λυσσάδι Βάκχῃ, v. 267) et surtout à travers le comportement inattendu de la Néréide anonyme qui avance à contre-courant à la fin du passage[2]. Après la

---

1. Dès le v. 253 la troupe des Néréides a été paradoxalement qualifiée de φιλεύιον. Même si on considère qu'il y a une hypallage, la notation reste insolite. Le verbe βακχεύω s'emploie couramment pour toutes sortes de furies (souvent guerrières) qui ne concernent pas seulement les alliés de Dionysos, mais ici il nous semble avoir une valeur particulière.

2. P. Collart, *Nonnos*, p. 246, ne semble pas avoir perçu l'étrangeté du comportement de cette Néréide. Il critique la place de la comparaison parce qu' « elle coupe l'énumération des prouesses des Néréides au lieu de venir à la fin. ». En fait, la place de la comparaison souligne bien la

comparaison qui souligne la dextérité des Néréides dirigeant leur monture sur la mer, cette notation finale introduit une image de perturbation, de désordre, soulignée par l'adjectif ὑγρομανῆ (v. 284), peut-être annonciatrice de défaite : le délire dionysiaque a déjà atteint cette Néréide.

Les quatre Néréides nommées aux v. 261-269 ont été citées par Dionysos dans son discours d'exhortation à ses troupes comme futures prisonnières (v. 97-106, liste où se trouve aussi Doris) ; ici elles apparaissent en position d'assaillantes[1].

L'évocation collective des v. 270-280 est faite sous la forme d'une longue comparaison, procédé très rare chez Nonnos, entre un cocher dans une course de chars et les Néréides chevauchant des dauphins. La comparaison, qui reprend des formulations du ch. 37 (voir les notes *ad loc.*), est déroutante, car elle semble faire de ce combat entre les troupes de Dionysos et celles de Poseidon une épreuve de concours, ce qui en minimise la portée[2]. Mais peut-être ne faut-il pas attacher trop d'importance aux implications de la comparaison ; pour Nonnos il ne s'agit sans doute que d'un exercice de virtuosité littéraire qui consiste à transposer un spectacle familier du monde terrestre dans l'univers marin.

5. *Fleuves et mers (v. 286-300).*

Les fleuves sont évoqués en quatre vers (v. 286-289). Leur action se limite au bruit, en particulier pour le fleuve Océan dont le mugissement sert de signal du combat.

rupture entre l'ensemble des Néréides et celle-ci. Pour cette raison, la proposition de D. Accorinti, *Medioevo greco*, 1, 2001, p. 9, de déplacer les v. 281-285 après le v. 269 ne nous semble pas non plus acceptable.

1. Leucothée est appelée ici Inô et Eidothée, Eidô.

2. P. Collart, *Nonnos*, p. 245-246, signale « comme une gageure cette étonnante comparaison faite avec des vers entiers ou des hémistiches empruntés au ch. 37 », mais ajoute : « Elle a le tort de n'être pas exactement en situation. Nonnos l'a trouvée après coup, comme plusieurs autres, l'a ajoutée en marge et son éditeur l'a introduite au petit bonheur. »

Nonnos insiste davantage sur le rôle joué par les mers
(v. 290-300)[1]. Le déchaînement des flots se traduit par
des rencontres entre mers proches, les eaux des unes
empiétant sur le domaine des autres. Les mers sont énumérées d'abord d'est en ouest : deux parties de la mer
Égée (v. 291), mer Icarienne (qui entoure l'île de Samos)
et mer de Myrtô (qui baigne les côtes méridionales de
l'Attique), puis deux mers de la Méditerranée occidentale
(v. 292), mer de Sardaigne et mer Illyrienne (?), enfin
deux mers mal localisées mais manifestement encore plus
éloignées vers l'ouest (v. 292-293[a]), mer Ibérique et mer
Celtique[2]. Puis intervient une seconde énumération d'est
en ouest, dont les éléments sont plus développés que
ceux de la première, avec le Bosphore (293[b]-294) et « les
deux mers familières », l'Hellespont et le Pont-Euxin,
puis la mer Égée et la mer Ionienne (v. 295-296), enfin la
mer de Sicile et l'Adriatique (v. 297-298). Avec ce dernier élément, le déchaînement de la mer n'est plus seulement horizontal (empiètements des mers les unes sur les
autres), mais aussi vertical, puisque l'Adriatique « dresse
les murailles de ses vagues (…) près des nuages ». Dans
la première énumération, six mers sont nommées en deux
vers et demi et le décalage entre les ensembles syn-
taxiques et les limites des vers traduit le déplacement des
mers, tout comme, pour la deuxième énumération, les
rejets de συζυγέες au v. 297 et de ἀγχινεφής au v. 299.

L'évocation se clôt avec Nérée faisant mugir sa
conque sur le rivage libyen (v. 299-300), en écho à
Océan au début du passage (v. 287[b]-289).

6. *Un anonyme et Mélikertès (v. 301-306).*

Le passage consacré aux troupes de Poseidon se termine par la lutte d'un personnage anonyme contre une

---

1. Dans le déluge du ch. 6 est évoqué aussi, mais très brièvement,
un désordre sur les mers limité aux abords de la Sicile (v. 329-332).
2. Sur ces différentes mers, voir les notes aux v. 291-292.

Ménade suivie d'une réapparition de Mélikertès dont les actions avaient introduit l'ensemble du passage. On voit en effet d'abord un personnage anonyme (τις, v. 301) surgir des flots sur la terre ferme (χερσαῖος ὁδίτης, v. 301) et briser un morceau de falaise pour le lancer contre une Ménade[1]. Quant à la réapparition de Méliker-tès (v. 305-306), elle n'est pas sans intérêt au plan narra-tif. Au début, Mélikertès était présenté dans sa fonction de cocher de Poseidon attelant le char de son maître ; ici, il apparaît combattant, armé du trident, mais surtout en proie à une sorte de délire que manifestent des bonds « à la manière de sa mère », Inô que les v. 262-263 avaient précisément présentée comme « retombant dans son ancienne folie ». Il semble donc bien que, malgré leur ardeur combattive, les troupes de Poseidon subissent l'emprise de Dionysos sous la forme de la *mania*, comme déjà aux v. 281-286[2].

Du côté de Dionysos *(v. 307-358ᵃ)*.	Dans cette partie deux fois plus brève que celle consacrée à Poseidon, la présentation est

d'abord collective (Bassarides, v. 307-318 ; Silènes, v. 319-325), puis l'accent est mis sur des affrontements individuels (v. 326-339), ce que souligne la formule ἄλλῳ δ' ἄλλος ἔριζε (v. 329ᵃ), avant de revenir à des groupes (Satyres, v. 340-342 ; Silènes, v. 343-345 ; Bac-chantes, v. 346-358ᵃ).

1. Bassarides et Silènes (v. 307-325).

La présentation collective des Bassarides, après une phrase d'introduction (v. 307), distingue trois figures représentant chacune plutôt des groupes que des indivi-dualités : ὧν ἡ μὲν (v. 308)... ἡ δὲ (v. 311)... ἄλλη

---

1. Cet épisode terrestre d'un combat essentiellement marin rappelle les v. 256-257 où les coups de lance de Nérée ébranlaient les falaises environnantes.

2. Sur le problème posé par les v. 301-306, voir la note *ad loc.*

(v. 314). La première (v. 308-310) n'a pas de particularité notable, elle est présentée sous l'aspect traditionnel
de la Bacchante en délire secouant sa chevelure et bondissant. La deuxième (v. 311-313), qui se signale par ses
bonds et ses cris, est originaire de Samothrace, terre
d'initiation qui figure en bonne place dans le Catalogue
du ch. 13, parmi les lieux extérieurs à la Grèce propre qui
fournissent des contingents dionysiaques (13, 393-431).
La troisième (v. 314-317) est une Bacchante lydienne et
son allure est plus redoutable que celle des deux autres :
elle arrive montée sur une lionne, des serpents dans les
cheveux et pousse des cris qui imitent le grondement de
la mer.

L'évocation des Silènes (v. 319-325) s'enchaîne avec
celle de la dernière Bacchante par le biais de la même
monture, des lions (v. 320, 323).

2. Affrontements individuels (v. 326-339).

Pour les exploits individuels, le premier fait intervenir
un protagoniste anonyme appartenant à l'un des deux
groupes précédemment nommés : un Silène, qui attaque
Palémon et Inô (v. 326-328). La mention d'une Bacchante (v. 329[b]-331[a]) est en fait une évocation collective
et un rappel de l'autre groupe précédemment mentionné,
tout en annonçant l'affontement d'une Bacchante contre
Protée trois vers plus loin. Puis se succèdent les affrontements de figures éminentes des deux camps : Pan
contre Nérée (v. 331[b]-333[a]), une Bacchante contre Protée
(v. 333[b]-335[a]), Marôn contre Glaucos (v. 335[b]-336).
Parmi ces combats individuels, celui d'un Silène contre
Palémon-Mélikertès avait été souhaité par Dionysos
(v. 79[b]-80), de même que celui de Marôn contre Glaucos
(v. 75, dont trois mots sont repris, à la même place, au
v. 336 Γλαῦκον... Μάρων... θύρσῳ). En revanche,
celui d'une Bacchante contre Protée faisait partie des
exhortations de Poseidon (v. 160-162). Le dernier

affrontement individuel (v. 337-339) est d'un type particulier puisqu'il fait intervenir des animaux, un éléphant
contre un phoque[1].

3. Satyres, Silènes et Bacchantes (v. 340-358ª)·

La deuxième série de présentations collectives commence par trois vers consacrés aux Satyres (v. 340-342)
dont ne sont évoquées que les cabrioles. Puis viennent
les Silènes (v. 343-345) dont un seul est détaillé : il est
monté sur un taureau et joue de la flûte. La présentation
des Bacchantes est plus longue (v. 346-358ª). Il s'agit
en fait de deux portraits successifs. La première Bacchante, chevelure au vent, joue des cymbales ; montée
sur un ours, elle affronte un animal marin tout en
aiguillonnant une panthère (v. 346-350). La seconde (v.
351-358ª) a un comportement plus insolite et plus en
rapport avec le combat présent : elle cherche à maîtriser
la mer en bondissant dessus et semble d'ailleurs y par-
venir puisque les flots se taisent, ce que soulignent les
adjectifs σιγαλέῳ, en rejet, et κωφόν, à la coupe, au v.
355[2]. Le passage se termine par un prodige déjà évoqué
au ch. 29 : du feu apparaît sur la nuque de la jeune fille
sans la brûler.

Globalement, le combat tourne à l'avantage du camp
de Dionysos, puisque, à la fin de la première partie, le
thiase marin était présenté en voie de conversion et, à la
fin de la deuxième partie, le thiase dionysiaque sub-
jugue les flots. L'intervention de Zeus va empêcher les
troupes dionysiaques de transformer cet avantage en
victoire.

---

1. La description de l'éléphant est une *variatio* par rapport à celle
des v. 29-33.
2. Noter l'insistance sur les bonds de cette Bacchante : ἅλματι
(v. 351), ἐπεσκίρτησε (v. 352), ἐπισκαίρουσα (v. 353).

3. Dénouement (v. 358[b]-449).

Prière de la Néréide
Psamathé à Zeus
(v. 358[b]-371).

Psamathé n'avait pas été mentionnée parmi les divinités marines citées précédemment et son intervention peut donc paraître insolite. Mais son nom évoque le sable du rivage, à la frontière entre la terre et la mer, donc en terrain neutre. Elle représente en outre le monde héroïque « classique » face à la « subversion » dionysiaque[1]. La structure de sa prière est traditionnelle : elle rappelle d'abord les bienfaits passés de Thétis et du Géant Briarée (appelé aussi Aigaiôn) (v. 361-362), puis intervient la requête proprement dite (v. 363[a]), complétée par une série de demandes plus précises concernant Nérée, Thétis et Leucothéa (v. 363[b]-371)[2]. Les requêtes sont plus développées pour les divinités féminines (respectivement quatre et trois vers) dont elle rappelle pour chacune les malheurs, la mort future de son mari, son fils et son petit-fils pour Thétis, et, pour Leucothéa (Inô), le meurtre de son fils Léarchos par son époux Athamas[3].

Décision de Zeus
(v. 372-384).

La décision de Zeus est présentée comme la conséquence directe de la prière de Psamathé. Zeus adjuge la main de Béroé à Poseidon et, pour que Dionysos renonce à poursuivre la lutte, il accompagne sa décision de manifestations célestes (foudres, v. 376 ; tonnerre, v. 379) qui coupent court à son désir de

---

1. Pour la présence de Psamathé dans la poésie « classique » (héroïque et pindarique), voir les notes aux v. 360 et 364.

2. Les v. 361-362 rappellent le passage du ch. 1 de l'*Iliade* (v. 396-406) où Achille suggère à Thétis, sa mère, d'utiliser cette évocation de l'aide de Briarée (qu'elle avait sollicitée) pour convaincre Zeus d'accéder à sa requête (ne plus aider les Grecs). Pour les bienfaits de Thétis et de Briarée, voir la note au v. 361. Pour l'établissement du texte au v. 364 et le personnage de Phôcos, voir la note *ad loc.*

3. Cet épisode est raconté par Nonnos au ch. 10, v. 1-71.

revanche[1]. Comme en 47, 667-712, dans le combat qui oppose Dionysos à Persée en Argolide, une intervention divine arrête Dionysos au moment où il allait l'emporter ; ce procédé permet de masquer la défaite du dieu et de conserver au poème sa dimension encomiastique. Dionysos se retire à contre-cœur, ce que souligne l'évocation de sa démarche (v. 381-382), et doit subir l'épreuve d'entendre les échos de la noce (v. 383-384).

Célébration des noces (v. 385-418).

1. Chants et danses (v. 385-393).

On retrouve ici les principaux protagonistes du cortège de Poseidon. Nérée et Phorkys chantent (v. 386-388[a]), tandis que Glaucos et Mélikertès dansent (v. 388[b]-389). Galatée danse (v. 390-391) et chante à la fois (v. 392-393).

2. Cadeaux (v. 394-418)

L'énumération commence par le cadeau offert par l'époux non au père de sa femme, mais à sa patrie, la cité de Béroé. Il s'agit d'un cadeau politique, la suprématie sur mer, et Nonnos fait ainsi allusion, comme en 41, 392-393, à la victoire navale d'Actium (31 av. J.-C), capitale pour Beyrouth, puisque cette ville phénicienne fut refondée en 14 av. J.-C par les Romains qui y installèrent des légionnaires vétérans d'Actium[2]. Les autres cadeaux sont ceux des invités de la noce, Nérée (v. 398-407) et des fleuves, Euphrate, Rhin, Pactole, Éridan, Strymon, Geudis (v. 408-418). Ces fleuves, à l'exception du Strymon, sont mentionnés ailleurs dans le poème ; mais, par rap-

---

1. Même type d'intervention de Zeus pour intimider Dionysos en 25, 346[b]-347 ou Arès en 21, 67-68. La « vengeance » de Dionysos a été évoquée aux v. 128-132 dans un contexte où le dieu annonçait le cataclysme bienfaisant comme une conséquence de sa victoire, non de sa défaite. Cf. ci-dessus p. 111.

2. Cf. P. Chuvin, *Myth. et géogr.*, p. 202-204 ; *id., in* N. Hopkinson, *Studies*, p. 175, n. 9.

port à l'ensemble des fleuves nonniens, ils représentent une sélection dont le point commun est de charrier ou de transporter des matières précieuses (soie pour l'Euphrate, or pour le « Rhin » et le Pactole, ambre des Héliades pour l'Éridan, argent pour le Strymon et le Geudis)[1]. Ces fleuves peuvent être réellement, par exemple, aurifères, ou bien renvoyer seulement à la région qu'ils arrosent (les fleuves prétendument « argentifères »). Leur énumération fait alterner Orient et Occident (représenté par le Rhin, l'Éridan et le Strymon), donnant ainsi une impression d'universalité[2]. La monotonie de ce catalogue est rompue, outre l'art de la *variatio*, par le bref développement humoristique sur le comportement particulier du Pactole apportant ses cadeaux avec circonspection par crainte de représailles de la part de Dionysos et de Rhéa (v. 410b-414a). Quant aux cadeaux eux-mêmes, ils évoquent à la fois la réalité des routes commerciales de l'époque, la tradition historique et les explications légendaires : les bijoux offerts par Nérée correspondent à un commerce maritime par l'océan Indien (v. 399-407), les soieries viennent de Babylonie (v. 408-409), l'or des Pyrénées (v. 410) et de Lydie, l'argent du Pangée et du sud-ouest de la Bithynie, l'ambre de la vallée du Pô.

Dionysos consolé par Éros (v. 419-440a) Le contraste entre les sorts des deux protagonistes est fortement marqué dans les trois vers qui servent à introduire le discours d'Éros (v. 419-421) et qui opposent ὁ μὲν ἀρτιχόρευτος (Poseidon) et ἀμειδήτῳ δὲ Λυαίῳ. On retrouve la même

1. En 42, 416b-428, Dionysos, cherchant à courtiser Béroé, avait considéré que l'or, l'argent, l'ambre et la perle étaient des cadeaux indignes d'elle, car sa beauté surpassait l'éclat de ces matières précieuses.
2. Sur le Rhin et l'Éridan comme fleuves représentant l'Europe occidentale chez Nonnos, voir P. Chuvin, *Myth. et géogr.*, p. 19-20. Le souci d'universalité qui apparaît dans l'ordre de l'énumération est toutefois limité par le critère de sélection choisi ; ainsi la liste ne comporte pas certains des grands fleuves nonniens comme ceux de l'Inde ou le Nil.

idée dans l'antithèse γήθεεν... · ἀμειδήτῳ au v. 420.

Dans les sept premiers vers (v. 422-428), Éros cherche à consoler Dionysos de son échec en lui montrant que le mariage avec Béroé, fille d'une divinité venue de la mer (βρυχίης Ἀφροδίτης Ι παῖδα, v. 424-425), ne pouvait convenir qu'à une divinité marine (θαλασσοπόρῳ παρακοίτῃ, v. 425). Il déprécie même Béroé à cause de cette origine (οὐτιδανὴν δέ Ι πόντιον αἷμα φέρουσαν, v. 427-428) et l'oppose à Ariadne, plus belle (ἁβρο-τέρην, v. 426) et de meilleure naissance (ἐκ γενεῆς Μίνωος, v. 427), qui doit devenir sa femme. Avec le ἀλλά du v. 429, Éros invite Dionysos à oublier le passé (λιπών du v. 429 reprend λίπε du v. 428) et à se tourner vers l'avenir représenté d'une part par la Phrygie et Aura (v. 430-431), d'autre part par la Thrace et Pallèné (v. 432-436)[1]. Ces vers annoncent ainsi une partie du ch. 47 et le ch. 48 (mais avec, pour ce chant, une inversion de la chronologie). Le discours est suivi de trois vers et demi de transition (v. 437-440[a]) indiquant le départ d'Éros.

Itinéraire de Dionysos vers l'Europe (v. 440[b]-449).

La fin du chant est consacrée à l'itinéraire suivi par Dionysos, très sommairement évoqué. De l'Assyrie (c'est-à-dire la Phénicie, v. 440[b]), il part au Nord vers la Lydie où il fait halte chez Rhéa (v. 441-445). Puis, passant par la Phrygie (v. 447), il poursuit sa route vers le Nord jusqu'en Europe (v. 446-449).

Conclusion sur le ch. 43

Au total, le combat entre Dionysos et Poseidon est un épisode héroï-comique. Une large place y est accordée aux rodomontades des deux rivaux, mais, dans la bataille, assez brève, qui suit, ceux-ci n'interviennent pas. Cette

---

1. Noter la reprise du même adjectif νυμφοκόμῳ (v. 422) νυμ-φοκόμος (v. 433) au début et à la fin du discours.

bataille prend certes une dimension cosmique, mais ne fait ni mort ni blessé et ne sert même pas à désigner un vainqueur, puisque c'est l'intervention de Zeus qui tranche. On a davantage l'impression d'assister à une « épreuve » de « jeux » d'un type particulier : un affrontement entre divinités secondaires, ayant pour cadre le monde marin, mais sans incidence sur le monde réel[1].

Dionysos à Beyrouth

P. Chuvin a consacré le chapitre 24 de *Mythologie et géographie dionysiaques* à « Beyrouth et ses légendes » (p. 196-224). Nous nous contenterons de rappeler brièvement ici les données de ce chapitre relatives à la place de Dionysos dans ces légendes.

L'affrontement de Poseidon et de Dionysos pour le patronage de Beyrouth n'a pas d'équivalent dans la mythologie phénicienne et tous les rapprochements proposés sont insatisfaisants pour des raisons diverses. Force est d'admettre que Nonnos transpose pour cette cité un type de légende purement grec. Mais, dans le schéma traditionnel, lorsque Poseidon est l'un des deux protagonistes, il est systématiquement vaincu, ce qui n'est pas le cas ici. C'est qu'en réalité le Poseidon de notre chant n'est pas la figure familière du panthéon grec, mais une interprétation grecque du dieu phénicien El, le grand dieu de Beyrouth.

L'identification de Dionysos est plus délicate. Il ne peut s'agir du Dionysos hellénique qui semble n'avoir guère eu de place dans les cultes locaux et ne saurait donc constituer pour El-Poseidon un adversaire de poids. Un passage du chant permet d'élucider le problème. Aux v. 129-132 en effet, Dionysos profère des menaces contre son adversaire tout en faisant des promesses à la cité : il provoquera un séisme bénéfique qui modifiera heureuse-

---

1. La longue comparaison des v. 270-280 oriente l'interprétation du chant dans cette direction.

ment le site de Beyrouth. Curieusement, il se présente ainsi dans un rôle d'Ébranleur du Sol qu'on ne lui connaît pas ailleurs dans la mythologie grecque, face à Poseidon considéré ici exclusivement comme divinité de la mer. Le rapprochement entre ces menaces et celles de même nature adressées au même Poseidon de Beyrouth par une autre divinité au nom du Zeus de Baalbek dans l'épigramme XIV, 75 de l'*Anthologie Palatine* permet de voir dans le Dionysos nonnien du ch. 43 la figure du dieu phénicien Ba'al Marqôd. Son nom signifie « celui qui fait trembler la terre », mais il est aussi désigné dans des inscriptions grecques comme « maître des cômoi » ou « dieu ancestral conducteur des danses ». Honoré sur les hauteurs de Deir-el-Qalaa, il est le maître du territoire de Beyrouth, face à El, patron des marins et maître du domaine maritime.

Ainsi Nonnos introduit dans les légendes de Beyrouth un type de récit bien attesté dans la mythologie grecque, mais qui semble inconnu des traditions phéniciennes, la lutte de deux divinités pour le patronage d'une cité ; mais il intègre ce scénario purement grec dans les données du panthéon local en identifiant les divinités bérytiennes à des divinités grecques. Il y a échange de traditions dans les deux sens : les légendes de Beyrouth sont enrichies par un récit hellénique tandis que des dieux grecs empruntent provisoirement des caractéristiques à des homologues bérytiens.

SOMMAIRE DU CHANT XLIII

2. Le combat : v. 195-358ᵃ (163 v. 1/2)

v. 195-306 (112 v.) : du côté de Poseidon

v. 195 : vers-titre
v. 196-204 (9 v.) : Mélikertès équipe le char de Poseidon
v. 205-224 (20 v.) : Triton et Glaucos ; deux Pans
v. 225-252 (28 v.) : métamorphoses de Protée
v. 253-285 (33 v.) : Nérée et les Néréides
v. 286-300 (15 v.) : fleuves et mers
v. 301-306 (6 v.) : un anonyme et Mélikertès

v. 307-358ᵃ (51 v. 1/2) : du côté de Dionysos

v. 307-325 (19 v.) : Bassarides et Silènes
v. 326-339 (14 v.) : affrontements individuels
v. 340-358ᵃ (18 v. 1/2) : Satyres, Silènes et Bacchantes

3. Dénouement : v. 358ᵇ-449 (91 v. 1/2)

v. 358ᵇ-371 (13 v. 1/2) : prière de la Néréide Psamathé à
                          Zeus.
v. 372-384 (13 v.) : décision de Zeus
v. 385-418 (34 v.) : célébration des noces.
v. 419-440ᵃ (21 v. 1/2) : Dionysos consolé par Éros.
v. 440ᵇ-449 (9 v. 1/2) : Dionysos en marche vers l'Europe

CHANT XLIII

Ainsi donc, pour éveiller le combat, Arès, fontainier des Amours, fait retentir l'appel nuptial pour la bataille des prétendants, et Ényô jette les bases d'une guerre pour un mariage[1]. Celui qui attise la rivalité entre l'Ébranleur
5 du Sol et Dionysos, c'est le belliqueux Hyménaios ; pour entrer dans la danse du combat, il brandit la lance de bronze de l'Aphrodite d'Amyclées, et fait mugir les accords d'Arès sur sa flûte phrygienne*.

Pour le Roi des Satyres et le Cocher de la mer, c'est une vierge qui est le prix de la lutte ; mais celle-ci refuse
10 en silence la couche étrangère du prétendant marin, elle redoute la chambre humide des amours abyssales et préfère Bacchos ; elle ressemble à Déjanire qui, jadis, quand gronda la lutte entre ses prétendants, préférait Héraclès et
15 restait là à redouter l'hymen avec un fleuve agité aux cornes taurines.

Et dans sa course spontanée, avec un vrombissement tournoyant, le firmament sans nuages sonne un air guerrier*.

Et déversant de son gosier furieux un mugissement terrifiant, le dieu à la sombre chevelure s'arme de son tri-
20 dent assyrien et agite cette lance marine. Menaçant la mer, Dionysos s'avance en grand cortège vers la bataille

---

1. Ὣς ὃ μέν : pour l'emploi de cette formule en tête d'un chant, voir la Notice, p. 102, n. 1.

ΔΙΟΝΥΣΙΑΚΩΝ ΜΓ

Ὡς ὁ μὲν ἐγρεκύδοιμος Ἄρης, ὀχετηγὸς Ἐρώτων,
νυμφιδίης ἀλάλαζε μάχης θαλαμηπόλον ἠχώ,
καὶ γαμίου πτολέμοιο θεμείλια πῆξεν Ἐνυώ.
Καὶ κλόνον αἰθύσσων Ἐνοσίχθονι καὶ Διονύσῳ
5 θοῦρος ἔην Ὑμέναιος, ἐς ὑσμίνην δὲ χορεύων
χάλκεον ἔγχος ἄειρεν Ἀμυκλαίης Ἀφροδίτης,
Ἄρεος ἁρμονίην Φρυγίῳ μυκώμενος αὐλῷ.
Καὶ Σατύρων βασιλῆι καὶ ἡνιοχῆι θαλάσσης
παρθένος ἦεν ἄεθλον · ἀναινομένη δὲ σιωπῇ
10 εἰναλίου μνηστῆρος ἔχειν μετανάστιον εὐνήν
ὑγρὸν ὑποβρυχίων ἐπεδείδιε παστὸν ἐρώτων,
καὶ πλέον ἤθελε Βάκχον · ἔικτο δὲ Δηιανείρῃ,
ἥ ποτε νυμφιδίοιο περιβρομέοντος ἀγῶνος
ἤθελεν Ἡρακλῆα, καὶ ἀσταθέος ποταμοῖο
15 ἵστατο δειμαίνουσα βοοκραίρους ὑμεναίους.
Καὶ δρόμον αὐτοκέλευστον ἔχων ἑλικώδεϊ ῥόμβῳ
ἀννέφελος σάλπιζε μέλος πτολεμήιον αἰθήρ.
Καὶ βλοσυρὸν μύκημα χέων λυσσώδεϊ λαιμῷ
Ἀσσυρίῳ τριόδοντι κορύσσετο Κυανοχαίτης,
20 σείων πόντιον ἔγχος. Ἀπειλήσας δὲ θαλάσσῃ
εἰς ἐνοπὴν Διόνυσος ἐκώμασεν οἴνοπι θύρσῳ,

    1 ἄρης L : ἔρως Lˢˡ ‖ 9 ἄεθλον Moser² : -θλος L ‖ 11 ἐπεδείδιε
P : ἐπιδ- L ‖ 13 fol. 149ʳ L.

avec son thyrse vineux[1], assis sur le char de Rhéa, sa mère qui habite les montagnes. Une vigne, poussée spon-tanément le long du caisson du char mygdonien, recouvre
25 tout le corps de Bacchos et ceint sa chevelure ombrée par le lierre entrelacé*. Et secouant sa nuque attachée sous le joug, un lion pousse de sa gueule grande ouverte un rugissement rauque et gratte de ses griffes la surface du sol. Et un éléphant à la lente démarche, près d'une
30 source, enfonce tout droit la base de son pied inflexible, aspire l'eau de pluie de ses lèvres altérées et assèche les flots ; il réduit les courants en poussière et fait fuir, assoiffée et sans tunique, la Nymphe des sources*.

Et le dieu qui règne sur les ondes prend les armes. Les
35 Néréides sont en émoi ; venues des étendues marines, ces divinités des eaux forment leur armée. Des pampres aux longues tiges fouettent la demeure de Poséidon, l'eau de la mer ; et sur terre, frappant les flancs montagneux,
40 le trident déracine les vignes du Liban*. Et des Thyiades se ruent à grands bonds sur un troupeau de vaches à robe noire, consacrées à Poseidon, qui paissent près de la mer ; l'une attrape un taureau aux grands yeux et lui brise l'échine, une autre lui casse au ras du front les
45 pointes de ses deux cornes inébranlables ; l'une de son thyrse meurtrier lui transperce le ventre ; une autre taillade tout le flanc du bovin ; à demi mort, le taureau s'écroule à la renverse et roule de lui-même à terre[2] ; et tandis que l'animal qui vient d'être blessé roule dans la poussière, l'une lui arrache les pattes arrière, l'autre saisit
50 les pattes avant et les tire, et, dans un jet tournoyant, elle lance les deux sabots droit en l'air comme une balle*.

---

1. Ἐνοπὴν... οἴνοπι : jeu de sonorités, avec ce seul emploi de ἐνοπή dans le chant.
2. Sur la formule ὕπτιος αὐτοκύλιστος, voir la note à 47, 115 (t. 17, p. 145 ; ajouter la référence à notre passage).

μητρὸς ὀρεσσινόμοιο καθήμενος ἅρματι Ῥείης.
Καί τις ἀεξομένη παρὰ Μυγδόνος ἄντυγα δίφρου
ἄμπελος αὐτοτέλεστος ὅλον δέμας ἔσκεπε Βάκχου,
25 βόστρυχα μιτρώσασα κατάσκια σύζυγι κισσῷ.
Καί τις ὑπὸ ζυγόδεσμα περίπλοκον αὐχένα σείων,
τρηχαλέον μύκημα σεσηρότι χείλεϊ πέμπων,
θηγαλέῳ χθονὸς ἄκρα λέων ἐχαράξατο ταρσῷ.
Καὶ βραδὺς ἑρπύζων ἐλέφας παρὰ γείτονι πηγῇ,
30 ὄρθιον ἀγνάμπτοιο ποδὸς στήριγμα κολάψας,
ὄμβριον ἀζαλέοισιν ἀνήφυσε χείλεσιν ὕδωρ,
καὶ προχοὰς ξήραινε· κονιομένων δὲ ῥοάων
πηγαίην ἀχίτωνα μετήγαγε διψάδα Νύμφην.
    Καὶ θεὸς ὑγρομέδων ἐκορύσσετο. Νηρεΐδων δὲ
35 ἦν κλόνος · ἰκμαλέοι δὲ θαλασσαίων ἀπὸ νώτων
δαίμονες ἐστρατόωντο. Τανυπτόρθοις δὲ κορύμβοις
δῶμα Ποσειδάωνος ἱμάσσετο, πόντιον ὕδωρ ·
καὶ χθονίου λοφόεντος ἀρασσομένου κενεῶνος
ἡμερίδες Λιβάνοιο μετωχλίζοντο τριαίνῃ.
40 Καί τινα βοσκομένην μελανόχροον ἐγγύθι πόντου
εἰς βοέην ἀγέλην Ποσιδήιον ἅλματι ταρσῶν
Θυιάδες ἐρρώοντο · τανυγλήνοιο δὲ ταύρου
ἡ μὲν ἐφαπτομένη ῥάχιν ἔσχισεν, ἡ δὲ μετώπου
διχθαδίης ἀτίνακτα διέθλασεν ἄκρα κεραίης ·
45 καί τις ἀλοιητῆρι διέτμαγε γαστέρα θύρσῳ ·
ἄλλη πλευρὸν ἔτεμνεν ὅλον βοός · ἡμιθανὴς δέ
ὕπτιος αὐτοκύλιστος ὑπώκλασε ταῦρος ἀρούρῃ ·
καὶ βοὸς ἀρτιτόμοιο κυλινδομένοιο κονίῃ
ἡ μὲν ὀπισθιδίους πόδας ἔσπασεν, ἡ δὲ λαβοῦσα
50 προσθιδίους ἐρύεσκε, πολυστροφάλιγγι δὲ ῥιπῇ
ὄρθιον ἐσφαίρωσεν ἐς ἠέρα δίζυγα χήλην.

    39 μετωχλίζοντο Ludwich[9] : μετοχλίζοντο L ‖ 41 ἅλματι ταρ-
σῶν Cunaeus cl. 5, 229 ; 36, 186 : ἅλμα γεραίρων L ἅρμα γεραίρων Falkenburg*.

Et Dionysos dispose les chefs de son armée et ordonne cinq phalanges pour le combat aquatique. Le premier bataillon est commandé par le Cilicien Oineus aux belles
55 vignes, fils d'Éreuthalion qui l'a engendré près du Taurus en s'unissant à Phyllis dans un hymen champêtre ; le deuxième est conduit par Hélicaon aux cheveux noirs, au teint vermeil et aux joues roses, et autour de son cou s'allongent les boucles souples de sa chevelure frisée ; Oino-
60 pion est à la tête du troisième bataillon, Staphylos du quatrième, tous deux fils d'Oinomaos, leur père amateur de vin pur ; le cinquième a comme chef Mélanthios, commandant des Indiens, qu'a enfanté Oinôné fille de Kisseus ; tressant autour du garçon des feuilles de vigne
65 parfumée, sa mère l'avait enveloppé de langes faits de pampres, après avoir baigné son fils dans le pressoir qui enfante l'ivresse. Ainsi sont équipées, armées de traits garnis de lierre[1], les phalanges qui marchent avec Bacchos le dieu de la vigne*.

Et il donne du cœur à ses troupes en proférant des paroles meneuses d'hommes :
70 « Bassarides, au combat ! Pendant que Lyaios s'arme, que ma flûte cornue, marquant un rythme guerrier, fasse entendre un air qui réponde au mugissement de la conque et que les timbales de bronze martèlent de leur double fracas le rythme de la bataille ! Que Marôn, dansant pour
75 Ényalios, vise Glaucos avec son thyrse briseur de guerriers ! Attachez les boucles de Protée avec le lierre qui lui est inconnu, et que, délaissant l'eau égyptienne de la mer de Pharos, portant une nébride tachetée[2] au lieu de peaux de phoque, il courbe devant moi sa nuque
80 orgueilleuse ! Que Mélikertès, s'il le peut, prenne les

---

1. Κισσοφόροισιν : seulement 3 autres emplois dans le poème, pour qualifier des personnes.
2. Νεβρίδα ποικιλόνωτον : même hémistiche en 1, 35 et 37, 702.

Καὶ στρατιῆς Διόνυσος ἐκόσμεεν ἡγεμονῆας,
στήσας πέντε φάλαγγας ἐς ὑδατόεσσαν ἐνυώ.
Τῆς πρώτης στιχὸς ἦρχε Κίλιξ εὐάμπελος Οἰνεύς
55 υἱὸς Ἐρευθαλίωνος, ὃν ἤροσεν ἐγγύθι Ταύρου
Φυλλίδος ἀγραύλοισιν ὁμιλήσας ὑμεναίοις ·
τῆς δ' ἑτέρης ἡγεῖτο μελαγχαίτης Ἑλικάων
ξανθοφυὴς ῥοδέῃσι παρηίσιν, ἀμφὶ δὲ δειρῇ
πλοχμὸς ἐυστροφάλιγγος ἕλιξ ἐπεσύρετο χαίτης ·
60 Οἰνοπίων τριτάτης, Στάφυλος προμάχιζε τετάρτης,
Οἰνομάου δύο τέκνα, φιλακρήτοιο τοκῆος ·
πέμπτης δ' ἡγεμόνευε Μελάνθιος, ὄρχαμος Ἰνδῶν,
ὃν τέκεν Οἰνώνη Κισσηιάς · ἀμφὶ δὲ κούρῳ
φυταλιῆς πλέξασα θυώδεος ἄκρα πετήλων
65 σπάργανα βοτρυόεντα πέριξ εἱλίξατο μήτηρ,
υἱέα χυτλώσασα μέθης ἐγκύμονι ληνῷ.
Τοίη κισσοφόροισιν ὀιστεύουσα βελέμνοις
σύνδρομος ἀμπελόεντι φάλαγξ ἐκορύσσετο Βάκχῳ.
Καὶ στρατιὴν θώρηξε χέων λαοσσόον ἠχώ ·
70 « Βασσαρίδες, μάρνασθε. Κορυσσομένου δὲ Λυαίου
αὐλὸς ἐμὸς κερόεις πολεμήιον ἦχον ἀράσσων
ἀντίτυπον φθέγξαιτο μέλος μυκήτορι κόχλῳ,
καὶ διδύμοις πατάγοισι μόθου χαλκόθροον ἠχώ
τύμπανα δουπήσειεν. Ἐνυαλίῳ δὲ χορεύων
75 Γλαῦκον ὀιστεύσειε Μάρων ῥηξήνορι θύρσῳ.
Καὶ πλοκάμους Πρωτῆος ἀήθεϊ δήσατε κισσῷ,
καὶ Φαρίου πόντοιο λιπὼν Αἰγύπτιον ὕδωρ,
νεβρίδα ποικιλόνωτον ἔχων μετὰ δέρματα φώκης,
αὐχένα κυρτώσειεν ἐμοὶ θρασύν. Εἰ δύναται δέ,
80 Σιληνῷ μεθύοντι κορυσσέσθω Μελικέρτης.

59 ἐπεσύρετο L : ὑπ- L²P ǁ 62 ἰνδῶν L : ἀνδρῶν Graefe* ǁ
64 φυταλίης L ǁ 68 φάλαγξ Graefe cl. u. 53, 92 : φύλαξ L ǁ
76 Πρωτῆος Cunaeus : νηρῆος L ǁ 79 fol. 149ᵛ L.

armes contre Silène en pleine ivresse* ! Apprenez au vieux Phorkys, habitant le Tmôlos après ses prairies d'algues, à porter le thyrse. Et que le Satyre ferme au combat, brandissant sa férule, déporte loin de la mer
85 Nérée condamné à la soif, que le vieillard devienne sur la terre ferme un vigneron aux mains de paysan ! Et prenez aux vignobles fraîchement poussés[1], pour ceindre les boucles de Palémon, un lien vineux, et enlevez ce cocher des ondes aux abîmes marins de l'Isthme pour l'offrir à
90 ma mère Rhéa, qu'il mène ses lions d'un fouet marin ! Car je ne permettrai plus que mon cousin reste dans la mer*. — Que je voie l'armée de la mer conquise, parée de la nébride ! Donnez des cymbales aux Néréides, Nymphes inexpertes ; mêlez aux Bacchantes les Hydria-
95 des. Mais de Thétis, bien qu'elle soit de race marine, de cette seule déesse préservez la demeure, car elle m'a recueilli. Attachez des cothurnes aux talons de Leucothéa qui ne porte pas de sandales* ! — Que Doris apparaisse sur la terre ferme en compagnie de la Bacchante qui crie évohé et brandisse la torche de mon thiase ; que l'abys-
100 sale Panopée, rejetant l'algue marine, ceigne sa chevelure d'une guirlande de serpents ; et qu'Eidothée, contre son gré, reçoive les roptres bruyants ! La belle affaire, si Galatée, qui n'éprouve pas moins de désir, est au service de Dionysos, lui aussi fou d'amour, pour confectionner
105 de ses mains laborieuses le cadeau de mariage d'Amy-moné, un voile pour la reine du Liban ? Mais non, lais-sez la descendance de Nérée, car je ne veux pas de ser-vantes venues de la mer pour ne pas éveiller la jalousie de Béroé*. — Que mon cher Pan qui hante les mon-
110 tagnes, fier de la ramure acérée de son front, saisisse

---

1. Ἀρτιφύτων : même adjectif utilisé pour la vigne en 41, 5.

Καὶ ναέτην Τμώλοιο μετὰ βρυόεντας ἐναύλους
γηραλέον Φόρκυνα διδάξατε θύρσον ἀείρειν.
Καὶ Σάτυρος μενέχαρμος ἐὸν νάρθηκα τινάσσων
διψαλέον Νηρῆα μεταστήσειε θαλάσσης,
85   ἀμπελόεις δὲ γένοιτο γέρων χερσαῖος ἁλωεύς
ἀγραύλοις παλάμῃσι. Καὶ ἀρτιφύτων ἀπὸ κήπων
βόστρυχα μιτρώσασθε Παλαίμονος οἴνοπι δεσμῷ,
καί μιν ὑποδρήσσοντα μετ' Ἰσθμιάδος βυθὸν ἅλμης
πόντιον ἡνιοχῆα κομίσσατε μητέρι Ῥείῃ,
90   εἰναλίῃ μάστιγι κυβερνητῆρα λεόντων.
Οὐ γὰρ ἐμὸν κατὰ πόντον ἀνεψιὸν εἰσέτ' ἐάσσω. —
Ἀθρήσω δὲ φάλαγγα δορικτήτοιο θαλάσσης
νεβρίδι κοσμηθεῖσαν · ἀπειρήτῃσι δὲ Νύμφαις
κύμβαλα Νηρεΐδεσσιν ὀπάσσατε · μίξατε Βάκχαις
95   Ὑδριάδας. Θέτιδος δέ, καὶ εἰ γένος ἐστὶ θαλάσσης,
μούνης ξεινοδόκοιο φυλάξατε δῶμα θεαίνης.
Λευκοθέης δ' ἀπέδιλα συνάψατε ταρσὰ κοθόρνοις. —
Χερσαίη δὲ φανεῖσα συνέμπορος εὐάδι Βάκχῃ
Δωρὶς ἀερτάζειεν ἐμὴν θιασώδεα πεύκην ·
100 καὶ βυθίη Πανόπεια τιναξαμένη βρύον ἅλμης
βόστρυχα μιτρώσειεν ἐχιδνήεντι κορύμβῳ ·
Εἰδοθέη δ' ἀέκουσα περίκροτα ῥόπτρα δεχέσθω.
Καὶ πόθον ἶσον ἔχουσαν ἐρωμανέοντι καὶ αὐτῷ
τίς νέμεσις Γαλάτειαν ὑποδρήσσειν Διονύσῳ,
105 ἕδνον Ἀμυμώνης θαλαμηπόλον ὄφρα τελέσσῃ
ἱστοπόνῳ παλάμῃ Λιβανηίδι πέπλον ἀνάσσῃ ;
Ἀλλὰ γένος Νηρῆος ἐάσσατε · ποντοπόρους γάρ
δμωίδας οὐκ ἐθέλω, Βερόη μὴ ζῆλον ἐγείρω. —
Καὶ κομόων γλωχῖνι τανυπτόρθοιο μετώπου
110 Πὰν ἐμὸς οὐρεσίφοιτος ἀτευχέι χειρὶ πιέζων

---

84 θαλά..σσης (duabus litteris post ά erasis) L ‖ 85 post u. 82
transtulit Graefe sed noluit Collart[2] ; uide adn. ‖ ἁλωεὺς L ‖ 94 Νηρεΐδεσσιν Scaliger : βασσαρίδεσσιν L ‖ 98 χερσαίη [η p. c.] L ‖
104 ὑποδρήσσειν L[pc] : -δρήσειν L[ac].

Poseidon à mains nues[1], le frappe de sa corne aiguë, et
atteigne sa poitrine en plein milieu avec ces pointes bien
recourbées ou avec une cime rocheuse ; qu'il brise de ses
sabots la souple échine qui réunit les deux natures de Tri-
115 ton ! Que Glaucos, serviteur de celui que baignent les
flots, l'Ébranleur de la Terre, se mette au service de Bacchos et que ses mains élèvent et fassent gronder les tambourins de Rhéa suspendus à son cou par un baudrier* !
— Ce n'est pas seulement pour Béroé que je combats,
mais aussi pour la patrie même de ma nymphe. Non, en
120 la frappant, elle qui se tient inébranlable, l'Ébranleur du
Sol, maître de la mer, ne la détruira pas avec son trident,
toute marine qu'elle est, car je m'opposerai à son
attaque ; en effet, si elle a la mer pour voisine, elle possède en même temps[2] des milliers de ceps de Bacchos,
présage de ma victoire ; car près de la mer <...> Mais
125 qu'après Pallas jadis, un nouveau Kécrops vienne rendre
la justice pour témoigner en faveur de Bacchos, afin que
la vigne aussi soit, comme l'olivier, chantée comme pro-
curant le patronage d'une cité. Et donnant forme neuve à
la cité, je ne la laisserai pas près de la mer, mais fendant
130 de ma férule les collines pierreuses, je jetterai un pont sur
les abîmes marins proches de Bérytos et, grâce à ces
rochers, je transformerai en terre ferme l'eau pétrifiée de
la mer ; le chemin raboteux sera aplani à la pointe du
thyrse*. — Allons, combattez à nouveau, Mimallones,
135 confiantes en la victoire familière ! Ma nébride est noire
du sang que je viens de verser en tuant les Géants ;
l'Orient même me redoute encore ; l'Arès indien courbe
la nuque vers le sol et, versant des larmes, les larmes de

---

1. Ἀτευχέι χειρί : même formule en 45, 12 et en 48, 84 (pour
Dionysos combattant contre les Géants).
2. Ἀμφότερον est adverbe. Littéralement : « En effet, tout à la
fois, si elle a... ».

θηγαλέῃ πλήξειε Ποσειδάωνα κεραίῃ,
στέρνου μεσσατίοιο τυχὼν εὐκαμπέσιν αἰχμαῖς
ἢ σκοπέλῳ λοφόεντι, διαρρήξειε δὲ χηλαῖς
δισσοφυῆ Τρίτωνος ὁμόζυγα κύκλον ἀκάνθης.
115 Γλαῦκος ἁλιβρέκτοιο διάκτορος Ἐννοσιγαίου
Βάκχῳ ὑποδρήσσειε, περίκροτα χερσὶν ἀείρων
αὐχενίῳ τελαμῶνι παρήορα τύμπανα Ῥείης. —
Οὐ μούνης Βερόης πέρι μάρναμαι, ἀλλὰ καὶ αὐτῆς
νύμφης ἡμετέρης περὶ πατρίδος. Οὔ μιν ἀράξας
120 ἱσταμένην ἀτίνακτον ἁλὸς μεδέων Ἐνοσίχθων,
εἰναλίην περ ἐοῦσαν, ἀμαλδύνειε τριαίνῃ,
ὅττι κορυσσομένῳ θωρήξομαι · ἀμφότερον γάρ,
εἰ λάχε γείτονα πόντον, ἔχει φυτὰ μυρία Βάκχου,
νίκης ἡμετέρης σημήιον · ἀγχιάλου γάρ
<.......................................>
125 ἀλλὰ παλαιοτέρην μετὰ Παλλάδα μάρτυρι Βάκχῳ
Κέκροψ ἄλλος ἵκοιτο δικασπόλος, ὄφρα καὶ αὐτή
ἄμπελος ἀείδοιτο φερέπτολις, ὥς περ ἐλαίη.
Καὶ πτόλιος τελέσας ἕτερον τύπον οὔ μιν ἐάσσω
ἐγγὺς ἁλός, κραναὰς δὲ ταμὼν νάρθηκι κολώνας
130 γείτονα Βηρυτοῖο γεφυρώσω βυθὸν ἅλμης,
χερσώσας σκοπέλοισιν ἁλὸς πετρούμενον ὕδωρ ·
τρηχαλέη δὲ κέλευθος ἰσάζεται ὀξέι θύρσῳ. —
Ἀλλὰ πάλιν μάρνασθε, Μιμαλλόνες, ἠθάδι νίκῃ
θαρσαλέαι. Κταμένων δὲ νεόρρυτον αἷμα Γιγάντων
135 νεβρὶς ἐμὴ μεθέπουσα μελαίνεται · εἰσέτι δ' αὐτή
ἀντολίη τρομέει με, καὶ εἰς πέδον αὐχένα κάμπτει
Ἰνδὸς Ἄρης, Βρομίῳ δὲ λιτήσια δάκρυα λείβων
δάκρυα κυματόεντα γέρων ἔφριξεν Ὑδάσπης.

116 ὑποδρήσσειε L^{pc} : -δρήσειε L^{ac} ‖ 115-117 del. Keydell⁹, sed uide adn. ‖ 118 πέρι μάρναμαι L : περιμάρναμαι Falkenburg ‖ 119 ἡμετέρης P : ὑμ- [υ in ras.] L ‖ 124 post u. lac. pos. Graefe ‖ 126 ἵκοιτο [κ ex λ] L ‖ 128 τελέσσας L ‖ ἕτερον Tiedke¹ : ἵερον [ι ex ου ?] ut uid. LP.

ses flots, pour supplier Bromios, le vieil Hydaspe
tremble ! Et quand j'aurai ma nymphe du Liban après la
140 lutte aquatique, j'accorderai volontiers une faveur, une
seule, au désir de l'Ébranleur de la Terre : s'il veut, qu'il
chante le chant d'hyménée de mes amours, pourvu seulement qu'il ne lance pas un regard en coin à ma chère
Béroé[1].* »

Ainsi parle-t-il ; raillant Dionysos, le dieu à la sombre
chevelure lui répond d'un discours menaçant :

145 « J'ai honte de m'armer, Dionysos, car tu rivalises
avec le piquier au trident alors que tu as fui la hache de
163 Lycurgue. Viens voir ici, Thétis ! Ton Dionysos, après y
164 avoir trouvé refuge, a donné à la mer hospitalière une
belle récompense pour lui avoir sauvé la vie ! Je ne
m'étonne pas de cela[2], porteur de torche : tu es né du feu
qui a tué ta mère, c'est pourquoi tu accomplis des actes
dignes du feu*. — Allons, chers Tritons, à la rescousse,
150 ligotez les Bacchantes, faites-en des voyageuses des
mers. Que les tambourins du montagnard Silène soient
engloutis par la mer quand il sera entraîné par les
vagues ! Et que, dans le flot bouillonnant où nage le
Satyre, la flûte amie de l'évohé se perde dans une traversée tourbillonnante ! Dans mon palais aux belles eaux,
155 que les Bassarides étendent ma couche au lieu de celle de
Lyaios ! Mais non, je n'ai pas besoin des Satyres, je
n'entraîne pas les Ménades vers l'abîme ; les Néréides
valent mieux. Mais que les Mimallones assoiffées dispa-
raissent dans la mer et qu'au lieu du vin qui leur verse
l'ivresse, elles boivent mon eau de mer salée ! Et qu'une
160 Bassaride, poussée par la pointe humide de Protée, glisse
et culbute dans la mer, cabriolant dans une danse de mort
pour Lyaios ! Traînez les phalanges éthiopiennes et les
165 bataillons indiens en butin pour les Néréides et amenez à

1. Δόχμιον ὄμμα : même formule en 13, 219 ; 16, 207 ; 25, 143 ;
41, 274 ; 46, 134.

2. Οὐκ ἄγαμαι : pour les autres références à cette expression
d'origine callimachéenne, voir la note à 47, 520.

Καὶ διερὴν μετὰ δῆριν ἔχων Λιβανηίδα νύμφην
140 ἓν γέρας ἱμείροντι χαρίζομαι Ἐννοσιγαίῳ ·
ἣν ἐθέλῃ, μέλψειεν ἐμῶν ὑμέναιον ἐρώτων,
μοῦνον ἐμῇ Βερόῃ μὴ δόχμιον ὄμμα τανύσσῃ. »
Τοῖον ἔπος κατέλεξεν · ἀπειλητῆρι δὲ μύθῳ
κερτομέων Διόνυσον ἀμείβετο Κυανοχαίτης ·
145 « Αἰδόμενος, Διόνυσε, κορύσσομαι, ὅττι τριαίνης
146 ἤρισας αἰχμητῆρι φυγὼν βουπλῆγα Λυκούργου.
163 Δεῦρο, Θέτις, σκοπίαζε. Τεὸς Διόνυσος ἀλύξας
164 καλὰ φιλοξείνῳ ζωάγρια δῶκε θαλάσσῃ.
147 Οὐκ ἄγαμαί ποτε τοῦτο, σελασφόρε · μητροφόνου γάρ
ἐκ πυρὸς ἐβλάστησας, ὅθεν πυρὸς ἄξια ῥέξεις. —
Ἀλλά, φίλοι Τρίτωνες, ἀρήξατε, δήσατε Βάκχας
150 ποντοπόρους τελέσαντες. Ὀρεσσαύλου δὲ φορῆος
τύμπανα Σιληνοῖο κατακλύζοιτο θαλάσσῃ,
κύματι συρομένοιο, καὶ οἰδαίνοντι ῥεέθρῳ
νηχομένου Σατύροιο φιλεύιος αὐλὸς ἀλάσθω
εἰς πλόον αὐτοέλικτον · ἐν εὐύδρῳ δὲ μελάθρῳ
155 Βασσαρίδες στορέσειαν ἐμὸν λέχος ἀντὶ Λυαίου.
Οὐ χατέω Σατύρων, οὐ Μαινάδας εἰς βυθὸν ἕλκω ·
Νηρεΐδες γεγάασιν ἀρείονες. Ἀλλὰ θαλάσσῃ
διψαλέαι κρύπτοιντο Μιμαλλόνες, οἰνοχύτου δέ
ἀντὶ μέθης πιέτωσαν ἐμῆς ἁλὸς ἁλμυρὸν ὕδωρ ·
160 καί τις ἐλαυνομένη διερῇ Πρωτῆος ἀκωκῇ
Βασσαρὶς αὐτοκύλιστος ὀλισθήσειε θαλάσσῃ,
162 ὀρχηθμὸν θανάτοιο κυβιστήσασα Λυαίῳ.
165 Αἰθιόπων δὲ φάλαγγας ἐρύσσατε καὶ στίχας Ἰνδῶν,

145 fol. 150ʳ L ‖ 163-164 post 146 transpos. Koechly ‖ 164 καλὰ F² cl. 8, 333 ; 10, 85 : κακὰ L ‖ 147 μητροφόνου [φό p. c.] L ‖ 150 ὀρεσσαύλου Lᵖᶜ : ὀρεσαύλου Lᵃᶜ ‖ 152 συρομένοιο [υ ex ει] L ‖ 155 Βασσαρίδες στορέσειαν Graefe : βασσαρίδων στορέσειεν L ‖ 156 βυθὸν Koechly : μόθον L ‖ 158 κρύπτοιντο [ι p. c.] L ‖ 163-164 uide post 146 ‖

Doris les enfants asservis de Cassiopée, la nymphe
mauvaise langue, pour une vengeance tardive ! Que,
dans son courant irrésistible, l'Océan fasse plonger
170 l'astre flamboyant de Maira[1], annonciateur de la danse
infatigable du pressoir, Sirius ami de la vigne, déporté de
l'Olympe* ! — Mais toi, Bacchos lydien, laisse ton
médiocre thyrse, cherche-toi une autre arme et ôte tes
peaux de faon tachetées, piètre protection de tes
175 membres. Si la flamme nuptiale de Zeus Céleste t'a mis
au monde, c'est le moment de faire la guerre avec le feu,
toi le nourrisson du feu, c'est le moment de combattre
avec la foudre paternelle contre le maître du trident[2], de
brandir l'éclair et de secouer l'égide de ton père. Car le
champion qui t'attend n'est pas Dériade ; ce n'est pas
180 une lutte contre Lycurgue, une piètre bataille contre des
Arabes, mais un combat contre la mer immense. Encore
tremblant devant ma lance marine, le ciel connaît la lutte
contre les abîmes ; et le champion qui parcourt la route
des airs, Phaéthon, a éprouvé la pointe de mon trident,
185 quand, pour Corinthe, difficile à combattre, l'Arès marin
s'armait en vue d'une bataille parmi les étoiles. La mer
s'était soulevée contre le firmament, le Chariot assoiffé
se baignait dans l'Océan et, plongeant ses mâchoires brûlantes dans les eaux de la mer proche, le Chien de Maira
se rafraîchissait ; les flancs des retraites abyssales
190 s'étaient soulevés, dressant leurs vagues comme des tours
et, sur la mer fouettée, le dauphin marin rencontrait le
Dauphin céleste. »

Sur ces mots, il ébranle de son trident les fonds
marins ; la vague bruyante et le flot qui s'enfle cinglent
l'air, les trombes d'eau grondent*.

195 Et l'armée des ondes s'équipe de ses boucliers
humides. Et, près de la mangeoire baignée par les eaux

----

1. Ἀστέρα Μαίρης : même périphrase pour désigner Sirius en 5,
221, 269 ; 12, 287 ; 16, 200.

2. Κυβερνητῆρι τριαίνης : même formule (à l'accusatif) pour
désigner Poseidon en 37, 344 et 42, 27.

λημίδα Νηρεΐδεσσι, κακογλώσσοιο δὲ νύμφης
Δωρίδι δούλια τέκνα κομίσσατε Κασσιεπείης,
ποινὴν ὀψιτέλεστον. Ἀμαιμακέτῳ δὲ ῥεέθρῳ
Ὠκεανὸς πυρόεντα λελουμένον ἀστέρα Μαίρης,
170 ληναίης προκέλευθον ἀκοιμήτοιο χορείης,
Σείριον ἀμπελόεντα μεταστήσειεν Ὀλύμπου. —
Ἀλλὰ σύ, Λύδιε Βάκχε, χερείονα θύρσον ἐάσσας
δίζεό σοι βέλος ἄλλο, καὶ αἰόλα δέρματα νεβρῶν
κάτθεο, σῶν μελέων ὀλίγον σκέπας. Οὐρανίου δέ
175 εἴ σε Διὸς γαμίη μαιώσατο νυμφιδίη φλόξ,
ἄρτι πυρὶ πτολέμιζε, πυριτρεφές, ἄρτι κεραυνῷ
πατρῴῳ προμάχιζε κυβερνητῆρι τριαίνης,
καὶ στεροπὴν κούφιζε καὶ αἰγίδα πάλλε τοκῆος.
Οὐ γὰρ Δηριάδης σε μένει πρόμος, οὐ Λυκοόργου
180 οὗτος ἀγών, Ἀράβων ὀλίγος μόθος, ἀλλὰ θαλάσσης
τοσσατίης. Τρομέων δὲ καὶ εἰσέτι πόντιον αἰχμήν
οὐρανὸς ἡμετέρην βυθίην δεδάηκεν ἐνυώ ·
καὶ πρόμος ὑψικέλευθος ἐμῆς τριόδοντος ἀκωκῆς
πειρήθη Φαέθων, ὅτε δύσμαχος ἀμφὶ Κορίνθου
185 εἰς μόθον ἀστερόεντα κορύσσετο πόντιος Ἄρης.
Ὑψώθη δὲ θάλασσα κατ’ αἰθέρος, Ὠκεανῷ δέ
λούετο διψὰς Ἄμαξα, καὶ ὕδασι γείτονος ἅλμης
βάψας θερμὰ γένεια Κύων ἐψύχετο Μαίρης,
καὶ βυθίων κενεῶνες ἀνυψώθησαν ἐναύλων
190 κύματα πυργώσαντες, ἱμασσομένοιο δὲ πόντου
οὐρανίῳ Δελφῖνι θαλάσσιος ἤντετο δελφίς. »

Ὣς εἰπὼν τριόδοντι μυχοὺς ἐτίναξε θαλάσσης,
καὶ ῥοθίῳ κελάδοντι καὶ οἰδαίνοντι ῥεέθρῳ
ἠέρα μαστίζοντες ἐβόμβεον ὕδατος ὁλκοί.
195 Καὶ διεροῖς σακέεσσιν ἐθωρήχθη στρατὸς ἅλμης.
Καὶ βυθίου Κρονίωνος ἁλιβρέκτῳ παρὰ φάτνῃ

169 Ὠκεανὸς Graefe : -νὸν L ‖ Μαίρης F² : μοίρης L ‖ 174 μελέων Graefe : βε- L ‖ 186 ὑψώθη L² : ὠθώθη ut uid. Lᵃᶜ ‖ 188 ἐψύχετο F² : -ύγετο L.

du Cronide Abyssal, Mélikertès fait tournoyer sa lance sous-marine[1], tandis qu'il attelle le char isthmique ! Et il suspend la lance du Roi qui parcourt les ondes au char
200 dont les roues vont sur la mer, tandis qu'il fend de sa triple pointe la surface de l'eau en attelant le char isth-mique ! Et au hennissement de ses chevaux répond le rugissement des lions indiens ! Et il s'élance dans sa course humide ; et, tandis que le char court, sans se trem-per, les sabots effleurent la surface de l'eau qui ne les mouille pas*.

205 Triton à la large barbe fait écho aux cris bacchiques, lui qui, avec ses membres de deux espèces, n'a qu'à moi-tié un aspect humain, incomplet, verdâtre, depuis les reins jusqu'à la tête, cependant que, attachée à la cam-brure de ses reins humides, ondoie une queue fourchue
210 semblable à celle d'un poisson. Et, de son fouet humide, près de la mangeoire marine, ayant attelé un char qu'emporte l'ouragan rapide, Glaucos cingle l'encolure des chevaux dont les pattes ne touchent pas la mer ; et il poursuit les Satyres. Et dans la mêlée qui gronde sur la mer, un Pan cornu, voyageur léger sur les eaux où l'on ne
215 peut marcher, frappant l'onde de ses sabots caprins sans les mouiller, bondit sans arrêt et frappe la mer de sa hou-lette en jouant sur sa flûte un air guerrier. Entendant à travers la houle un semblant de voix qu'emportent les vents, de ses pieds montagnards il court sur l'eau de la
220 mer, en quête d'un autre son ; mais il ne poursuit dans le vent qu'une Écho marine engendrée par sa flûte. Un autre, faisant tournoyer la cime d'une île aux solides

---

1. Ἐγχείην ἐλέλιζεν : même formule en 22, 208 (aristie d'Oia-gros).

ἐγχείην ἐλέλιζεν ὑποβρυχίην Μελικέρτης,
ζεύξας Ἴσθμιον ἅρμα. Καὶ ὑγροπόρου βασιλῆος
ἔγχος ἁλικνήμιδι παρηώρησεν ἀπήνῃ,
200 τριχθαδίῃ γλωχῖνι θαλάσσια νῶτα χαράσσων,
ζεύξας Ἴσθμιον ἅρμα. Καὶ ἱππείῳ χρεμετισμῷ
Ἰνδῴων κελάδημα συνεπλατάγησε λεόντων.
Καὶ δρόμον ὑγρὸν ἔλαυνε · τιταινομένοιο δὲ δίφρου
ἄκρον ὕδωρ ἀδίαντον ἐπέγραφεν ἄβροχος ὁπλή.
205   Τρίτων δ' εὐρυγένειος ἐπέκτυπε θυιάδι χάρμῃ,
ὃς διδύμοις μελέεσσιν ἔχει βροτοειδέα μορφήν
ἀλλοφυῆ, χλοάουσαν, ἀπ' ἰξύος ἄχρι καρήνου
ἡμιτελής · διερῆς δὲ παρήορος ἰξύος ὁλκῷ
δίπτυχος ἰχθυόεντι τύπῳ περικάμπτεται οὐρή.
210 Καὶ διερῇ μάστιγι, θαλασσαίῃ παρὰ φάτνῃ
ζεύξας ὠκυπόρῳ πεφορημένον ἅρμα θυέλλῃ,
Γλαῦκος ἀνιπτοπόδων λοφιὴν ἐπεμάστιεν ἵππων
καὶ Σατύρους ἐδίωκεν. Ἁλιρροίζῳ δὲ κυδοιμῷ
Πὰν κερόεις, ἀβάτοισιν ἐν ὕδασι κοῦφος ὁδίτης,
215 ἄβροχος αἰγείῃσιν ἀνακρούων ἅλα χηλαῖς,
ἄστατος ἐσκίρτησε, καλαύροπι πόντον ἀράσσων,
πηκτίδι συρίζων πολέμου μέλος. Ἐν ῥοθίοις δέ
μιμηλὴν ἀίων ἀνεμώλιον εἰκόνα φωνῆς
ποσσὶν ὀρεσσινόμοισι διέτρεχε πόντιον ὕδωρ,
220 μαστεύων κτύπον ἄλλον · ὑπηνέμιος δὲ καὶ αὐτή
τικτομένη σύριγγι διώκετο ποντιὰς Ἠχώ.
Ἄλλος ἐυκρήπιδα λόφον νησαῖον ἐλίξας

---

200 τριχθαδίη Graefe : διχθαδίη L ‖ θαλάσσια Graefe : -άττια
L ‖ χαράσσων Rigler⁴ : -άττων L ‖ **202** ἰνδῴων L : εἰναλίων
Koechly¹ ‖ **204** ἀδίαντον L : -τος Graefe ‖ ἄβροχος Lᵖᶜ : -χον Lᵃᶜ ‖
ὁπλή Lᵖᶜ : -ῆ Lᵃᶜ ‖ **207** ἀπ' Graefe cl. 23, 30 : ἐπ' L ‖ **209** περι-
κάμπτεται οὐρή Graefe : -κάμπεται οὐρῆς L ‖ **211** fol. 150ᵛ L ‖
212 λοφίην L ‖ **213-224** del. Keydell⁹, sed uide adn. ‖ **217** πηκτίδι
Lubin : πυκ- L ‖ **218** ἀνεμώλιον Graefe : -μώνιον L ‖ φωνῆς in ras.
L ‖ **221** ποντιὰς Ludwich¹ : πόντιος L.

assises, la lance sur les Hydriades et la pierre, manquant les Néréides, ébranle le palais de Palémon couvert d'algues[1]*.

225 Et Protée, quittant les vagues qui battent l'isthme de Pallène, s'arme de sa cuirasse marine, une peau de phoque. Autour de lui, en rond, affluent les Indiens basanés, à l'appel de Bacchos, et les rangées d'hommes crépus empoignent le berger des phoques aux multiples méta-
230 morphoses. Pendant qu'ils étreignent le vieillard, celui-ci varie ses apparences. En effet, Protée, tramant pour ses membres une forme illusoire, couvre son corps de taches, tel une panthère au dos moucheté. Et il se dresse droit sur le sol comme un fût poussé spontanément, transformant ses membres en arbre, et, quand son feuillage s'agite, il
235 siffle un murmure mensonger sous la brise du Borée. Et, ayant gravé son dos paré d'écailles peintes, il rampe comme un serpent ; ramassant sur lui-même ses flancs en leur milieu, il soulève ses anneaux ; en une danse bondissante, il fait tournoyer l'extrémité de sa queue qu'il darde
240 à la ronde. Et il dresse la tête ; crachant de ses mâchoires des jets de venin, il siffle de sa gueule grande ouverte. Et, grâce à son corps dont la forme change telle une ombre, lion, il rugit ; sanglier, il charge ; eau, il coule*. Et la ronde des Indiens serre dans un lien menaçant le courant
245 liquide, cherchant à garder dans leurs mains cette eau trompeuse qui leur échappe. Mais le rusé vieillard, changeant ingénieusement d'apparence, prend l'ingénieux déguisement de Périclymène qu'Héraclès tua quand il saisit entre deux doigts et broya le simulacre mensonger
250 d'une fausse abeille ! Des troupeaux de monstres marins entourent la route terrestre du vieillard, tandis que, avec un sourd fracas, de l'eau bouillonne de la gueule ouverte du phoque ami des plages[2]*.

1. Ἔμβρυος : création nonnienne (non mentionnée comme telle par Peek), seul autre emploi en 41, 29.
2. La périphrase πώεα κητώεντα désigne des phoques. — Φιλο-ψαμάθοιο : création et *hapax*.

ῥῖψεν ἐφ᾽ Ὑδριάδεσσιν, ἀποπλαγχθεῖσα δὲ πέτρη
Νηρεΐδων ἐτίναξε Παλαίμονος ἔμβρυον αὐλήν.
225 Πρωτεὺς δ᾽ Ἴσθμιον οἶδμα λιπὼν Παλληνίδος ἅλμης
εἰναλίῳ θώρηκι κορύσσετο, δέρματι φώκης.
Ἀμφὶ δέ μιν στεφανηδὸν ἐπέρρεον αἴθοπες Ἰνδοί
Βάκχου κεκλομένοιο, καὶ οὐλοκόμων στίχες ἀνδρῶν
φωκάων πολύμορφον ἐπηχύναντο νομῆα.
230 Σφιγγομένου δὲ γέροντος ἔην ἑτερόχροος εἰκών.
Πρωτεὺς γὰρ μελέεσσι τύπον μιμηλὸν ὑφαίνων
πόρδαλις αἰολόνωτος ἑὴν ἐστίξατο μορφήν.
Καὶ φυτὸν αὐτοτέλεστον ἐπὶ χθονὸς ὄρθιον ἔστη
δενδρώσας ἑὰ γυῖα, τινασσομένων δὲ πετήλων
235 ψευδαλέον ψιθύρισμα Βορειάδι σύρισεν αὔρη.
Καὶ γραπταῖς φολίδεσσι κεκασμένα νῶτα χαράξας
εἶρπε δράκων, μεσάτου δὲ πιεζομένου κενεῶνος
σπεῖραν ἀνηώρησεν, ὑπ᾽ ὀρχηστῆρι δὲ παλμῷ
ἄκρα τιταινομένης ἐλελίζετο κυκλάδος οὐρῆς.
240 Καὶ κεφαλὴν ὤρθωσεν, ἀποπτύων δὲ γενείων
ἰὸν ἀκοντιστῆρα κεχηνότι σύρισε λαιμῷ.
Καὶ δέμας ἀλλοπρόσαλλον ἔχων σκιοειδέι μορφῇ
φρῖξε λέων, σῦτο κάπρος, ὕδωρ ῥέε. Καὶ χορὸς Ἰνδῶν
ὑγρὸν ἀπειλητῆρι ῥόον σφηκώσατο δεσμῷ
245 χερσὶν ὀλισθηρῇσιν ἔχων ἀπατήλιον ὕδωρ.
Κερδαλέος δὲ γέρων πολυδαίδαλον εἶδος ἀμείβων
εἶχε Περικλυμένοιο πολύτροπα δαίδαλα μορφῆς,
ὃν κτάνεν Ἡρακλέης, ὅτε δάκτυλα δισσὰ συνάψας
ψευδαλέον μίμημα νόθης ἔθραυσε μελίσσης.
250 Χερσαίην δὲ γέροντος ἐκυκλώσαντο πορείην
πώεα κητώεντα, φιλοψαμάθοιο δὲ φώκης
οἰγομένῳ βαρύδουπον ὕδωρ ἐπεπάφλασε λαιμῷ.

224 νηρεῖδων [ων ex ον ?] L ‖ 233 ἔστη LᵖᶜPᵖᶜ : ἔστην LᵃᶜPᵃᶜ ‖
249 ἔθραυσε Graefe : ἔψαυσε L ‖ 251 κητώεντα Rhodomann cl. 1,
274 : κηώ- L.

Entraînant dans le combat où l'on crie évohé la pha-
lange de ses filles, le vieux Nérée s'arme de sa lance hou-
255 leuse et bondit contre les éléphants avec le trident des
mers, terrible à voir ; et sur la côte, force falaises sont
renversées par la pointe marine de Nérée. Les tribus des
Néréides poussent avec leur père le cri de guerre. Et,
marchant à la bataille, au-dessus du large, à demi visible,
260 pieds nus, le chœur de la mer danse sa bacchanale. Et,
bondissant sans armes dans la mêlée contre les Satyres,
Inô, insaisissable, retombe dans sa folie d'autrefois,
vomissant de sa bouche furieuse une écume blanche. Et
la terrible Panopée, fendant d'un bond le calme des
265 ondes, fouette l'échine glauque d'une lionne de mer. Et,
brandissant la massue de Polyphème, son malheureux
amant, la marine Galatée s'arme contre la Bacchante en
délire ; la portant fermement sur le dos, le pompile qu'a
nourri la mer porte Eidô sur l'eau sans qu'elle se
270 mouille*. Ainsi, lorsqu'un cocher guide habilement son
char dans les virages : faisant pivoter d'un bloc le cheval
de gauche en serrant la borne, il fait tourner le cheval de
droite, en relâchant le mors, mais en se servant de l'aiguillon pour le presser et des exhortations pour le stimuler ; jambes fléchies, il se penche, appuyant ses genoux
275 sur la rampe, les reins arqués, et, poussant le cheval
docile en le ménageant d'une main adroite, il le fouette
doucement, jetant un regard en arrière ; et, le visage
tourné, il surveille le char du cocher de derrière ; c'est
ainsi que les Néréides poussent alors autour de la borne
humide du concours leurs poissons semblables à des che-

Θυγατέρων δὲ φάλαγγα φιλεύιον εἰς μόθον ἕλκων
ἔγχεϊ κυματόεντι γέρων ὡπλίζετο Νηρεύς,
255 ποντοπόρῳ τριόδοντι καταθρῴσκων ἐλεφάντων,
δεινὸς ἰδεῖν · πολλαὶ δὲ παρ' ἠόνα γείτονες ὄχθαι
εἰναλίῃ Νηρῆος ἐδοχμώθησαν ἀκωκῇ.
Νηρεΐδων δὲ γένεθλα συνεκρούσαντο τοκῆι
ὑσμίνης ἀλάλαγμα. Καὶ εἰς μόθον ὑψόθι πόντου
260 ἡμιφανὴς ἀπέδιλος ἐβακχεύθη χορὸς ἅλμης.
Καὶ Σατύρων ἀσίδηρος ἐπαΐσσουσα κυδοιμῷ
ἀρχαίην ἐπὶ λύσσαν ἀνέδραμεν ἄστατος Ἰνώ,
λευκὸν ἐρευγομένη μανιώδεος ἀφρὸν ὑπήνης.
Καὶ βλοσυρὴ Πανόπεια διαΐσσουσα γαλήνης
265 γλαυκὰ θαλασσαίης ἐπεμάστιε νῶτα λεαίνης.
Καὶ ῥόπαλον δυσέρωτος ἀειρομένη Πολυφήμου
εἰναλίη Γαλάτεια κορύσσετο λυσσάδι Βάκχῃ ·
κουφίζων δ' ἀτίνακτον ἀλιτρεφέων ἐπὶ νώτων
πομπίλος ἠέρταζε δι' ὕδατος ἄβροχον Εἰδώ.
270 Ὡς δέ τις ἱππεύων ἐλατὴρ ὑπὸ κυκλάδι τέχνῃ,
δοχμώσας ὅλον ἵππον ἀριστερὸν ἐγγύθι νύσσης,
δεξιτερὸν κάμψειε, παριεμένοιο χαλινοῦ
κέντρῳ ἐπισπέρχων, προχέων πλήξιππον ἀπειλήν,
ὀκλάζων ἐπίκυρτος, ἐπ' ἄντυγι γούνατα πήξας
275 ἰξύι καμπτομένῃ, καὶ ἑκούσιον ἵππον ἐλαύνων
φειδομένῃ παλάμῃ τεχνήμονι βαιὸν ἱμάσσει,
ὄμμα βαλὼν κατόπισθε, παρελκομένου δὲ προσώπου
δίφρον ὀπισθοπόροιο φυλάσσεται ἡνιοχῆος ·
ὣς τότε Νηρεΐδες διερὴν περὶ νύσσαν ἀγῶνος

253 δὲ om. L, add. L²ˢˡ ‖ 255 τριόδοντι Graefe cl. u. 305 : τρίτωνι
L ‖ καταθρῴσκων F : -θρώκων L ‖ 256 ἠόνα Lᵖᶜ : ἠώνα LᵃᶜP ‖
261 ἐπαΐσσουσα Graefe : ἐπαιθύσσουσα L ‖ 262 λύσσαν Falkenburg" : νύσσαν L ‖ 264 γαλήνης [λ ex ν] L ‖ 267 Βάκχῃ F :
βάκχῳ L ‖ 269 Εἰδώ Koechly : ἰνώ L ‖ 272 παριεμένοιο F¹ :
παρειεμ- L ‖ 274 πήξας Graefe cl. 37, 355 : κάμψας L ‖ 277 fol. 151ʳ
L ‖ 278 ὀπισθοπόροιο Koch² cl. 37, 255 : -οτόνοιο L.

280 vaux de course. Une autre suit sur l'océan une route contraire et, chevauchant la mer calme à dos de poisson[1], conductrice d'un dauphin, émergeant des flots, elle accomplit une folle course sur les ondes, tandis que surgit un voyageur des ondes, un dauphin, qui, paru au
285 milieu d'eux, fend la troupe des dauphins ses semblables*.

Et les fleuves retentissent, encourageant leur roi pour la bataille contre Dionysos, et, sorti des gosiers grands-ouverts de l'intarissable Océan, un aquatique mugissement résonne, trompette de Poseidon pour annoncer la
290 guerre. Et les mers enflent leurs flots pour aider le trident dans sa lutte : la mer de Myrtô vient à la rencontre de la mer Icarienne, la mer de Sardaigne auprès de celle du Couchant ; la mer Ibérique, gonflant ses flots, déferle sur la mer Celtique ; le Bosphore aux courants incessants mêle son eau sinueuse à celles des deux mers familières ;
295 l'Égée, agitant ses flots sous la tempête, fouette les gouffres de la mer Ionienne et s'y unit ; sur les franges de la mer de Sicile en furie, dressant les murailles de ses vagues, la mer Adriatique résonne, près des nuages. Et saisissant sa conque, dans l'eau de la Syrte, le libyen
300 Nérée fait mugir sa trompette marine.

Et, voici que, surgi des flots, un terrestre voyageur pose son pied gauche sur une falaise et, de son talon droit qui ébranle le sol[2]. brise les cimes d'une montagne qu'il lance à la tête d'une Ménade, sans l'atteindre. Et combat-
305 tant contre Dionysos avec son trident abyssal, Mélikertès, avec les mêmes bonds que sa mère, danse sa bacchanale*.

Et les troupes de Bassarides s'engagent dans la bataille. Et l'une d'elles, agitant les boucles de sa cheve-

---

1. Καθιππεύουσα est construit avec le génitif γαλήνης comme en 2, 646 et 40, 348.
2. Ἐνοσίχθονι ταρσῷ : variation sur la formule ἐνοσίχθονι παλμῷ (cf. v. 337) ; le même adjectif est employé pour la main (1, 288) ou les pieds (2, 41) de Typhée.

280 ἰχθύας ὠκυπόροισιν ἐοικότας ἤλασαν ἵπποις.
   Ἄλλη δ᾿ ἀντικέλευθον ἁλίδρομον εἶχε πορείην,
   νώτῳ δ᾿ ἰχθυόεντι καθιππεύουσα γαλήνης
   ἡνίοχος δελφῖνος, ὑπερκύψασα θαλάσσης,
   ὑγρομανῆ δρόμον εἶχε · φανεὶς δέ τις ὑγρὸς ὁδίτης
285 μεσσοφανὴς δελφῖνας ὁμόζυγας ἔσχισε δελφίς.
   Καὶ ποταμοὶ κελάδησαν ἐς ὑσμίνην Διονύσου
   θαρσύνοντες ἄνακτα, καὶ ἀενάων ἀπὸ λαιμῶν
   ὑδατόεν μύκημα κεχηνότος Ὠκεανοῖο
   ἄγγελος ὑσμίνης Ποσιδήιος ἔβρεμε σάλπιγξ.
290 Καὶ πελάγη κυρτοῦτο συναιχμάζοντα τριαίνῃ ·
   Ἰκαρίῳ Μυρτῷος ἐπέτρεχεν, ἀγχιφανὴς δέ
   Ἑσπερίῳ Σαρδῷος · Ἴβηρ ἐπεσύρετο Κελτῷ
   οἰδαίνων πελάγεσσι, καὶ ἠθάδι δίζυγι πόντῳ
   Βόσπορος ἀστήρικτος ἐμίγνυε καμπύλον ὕδωρ ·
295 Αἰγαίου δὲ ῥέεθρα συναιθύσσοντος ἀέλλῃ
   Ἰονίης κενεῶνες ἐμαστίζοντο θαλάσσης
   συζυγέες · Σικελῆς δὲ παρὰ σφυρὰ θυιάδος ἅλμης
   κύμασι πυργωθεῖσα συνέκτυπεν Ἀδριὰς ἅλμη
   ἀγχινεφής. Καὶ κόχλον ἑλὼν ὑπὸ Σύρτιος ὕδωρ
300 εἰναλίῃ σάλπιγγι Λίβυς μυκήσατο Νηρεύς.
   Καί τις ἀναΐξας ῥοθίων χερσαῖος ὁδίτης
   εἰς σκοπιὴν πόδα λαιὸν ἐρείσατο, δεξιτερῷ δέ
   οὔρεος ἄκρα κάρηνα ταμὼν ἐνοσίχθονι ταρσῷ
   Μαινάδος ἀψαύστοιο κατηκόντιζε καρήνου.
305 Καὶ βυθίῳ τριόδοντι καταιχμάζων Διονύσου
   ἅλμασι μητρῴοισιν ἐβακχεύθη Μελικέρτης.
   Βασσαρίδων δὲ φάλαγγες ἐπεσρατόωντο κυδοιμῷ,
   ὧν ἡ μὲν δονέουσα μετήλυδα βότρυν ἐθείρης

281-285 del. Keydell[11], sed uide adn. ‖ 282 νώτῳ Graefe : γνωτῶ
L ‖ ἰχθυόεντι L[1] : ἰθυόεντι L ‖ 295 αἰγαίου L[sl]P[sl] : αἰγείου LP ‖
298 ἀδριὰς [δ ex κ] L ‖ 301-306 del. Keydell[9], sed uide adn. ‖

lure flottante, s'arme pour la mêlée aquatique, égarée par
310 la folie, insaisissable, aiguillonnée par les bonds rythmés
de ses pieds ; une autre, qui habite Samothrace au pied
de la grotte des Cabires, bondit près du sommet du Liban,
lançant les accents barbares du chant des Corybantes ;
315 une autre encore, venue du Tmôlos, montée sur une
lionne qui vient de mettre bas, ayant ceint sa chevelure
hirsute d'un lien de serpents, une Mimallone de Méonie,
sans voile, gronde sourdement et laisse l'empreinte de
son pas aérien en haut d'une falaise, imitant avec ses
320 mâchoires la mer écumante. Les Silènes, gorgés d'une
rosée cilicienne, menant des lions mygdoniens, s'équi-
pent pour le combat et, bondissant avec fracas dans la
mêlée abyssale, ils brandissent à deux mains un sarment
325 comme pique de guerre, et ils tendent leurs mains vers
l'encolure des lions, saisissant leur crinière ; avec audace,
ils retiennent par ces brides velues leurs montures invin-
cibles*.

S'emparant de la cime d'une falaise abrupte, un Silène
combat contre Palémon et avec une pique en lierre chasse
par les ondes Inô l'errante. Les uns luttent contre les
330 autres ; et la Bacchante n'a pas peur de s'élancer contre
le trident avec un thyrse pour javelot[1], toute femme
qu'elle est ! Défendant la mer, Nérée émigre pour lutter
de son bras bouillonnant contre Pan l'ami des crêtes ;
335 avec un lierre rouge de sang, une Bacchante des montagnes chasse le dieu de Pallène, mais ne l'abat pas.
Comme Glaucos charge Lyaios, Maron le repousse avec

---

1. Θύρσῳ ἀκοντιστῆρι : même expression au v. 336 et en 24,
134 ; 30, 5 ; 42, 347 et, au nominatif pluriel, en 30, 25.

εἰς μόθον ὑδατόεντα κορύσσετο φοιτάδι λύσσῃ,
310 ἄστατος οἰστρηθεῖσα ποδῶν βητάρμονι παλμῷ ·
ἡ δὲ Σάμου Θρήισσαν ὑπὸ σπήλυγγα Καβείρων
νασσαμένη Λιβάνοιο παρεσκίρτησεν ἐρίπνῃ,
βάρβαρον αἰθύσσουσα μέλος Κορυβαντίδος ἠχοῦς ·
ἄλλη ἀπὸ Τμώλοιο λεχωίδος ὕψι λεαίνης
315 ἄρσενα μιτρώσασα κόμην ὀφιώδεϊ δεσμῷ,
Μαιονὶς ἀκρήδεμνος ὑπεβρυχᾶτο Μιμαλλών,
καὶ ποδὸς ἴχνος ἔπηξε μετήορον ὑψόθεν ὄχθης,
μιμηλαῖς γενύεσσιν ἐπαφριόωσα θαλάσσῃ.
Σιληνοὶ δὲ Κίλισσαν ἀναβλύζοντες ἐέρσην
320 Μυγδονίων ἐλατῆρες ἐθωρήσσοντο λεόντων,
καὶ βυθίῳ καναχηδὸν ἐπισκιρτῶντες ὁμίλῳ
ἀμπελόεν παλάμῃσιν ἀνέσχεθον ἔγχος Ἐνυοῦς,
καὶ παλάμας τανύσαντο λεοντείην ἐπὶ δειρήν
δραξάμενοι πλοκαμῖδος, ἀμαιμακέτους δὲ φορῆας
325 θαρσαλέοι λασίοισιν ἀνεκρούσαντο χαλινοῖς.
    Ἁρπάξας δὲ τένοντα χαραδρήεντος ἐναύλου
Σιληνὸς πτολέμιζε Παλαίμονι, φοιταλέην δέ
ἔγχεϊ κισσήεντι δι’ ὕδατος ἤλασεν Ἰνώ.
    Ἄλλῳ δ’ ἄλλος ἔριζε · καὶ οὐκ ἠδέσσατο Βάκχη
330 θύρσῳ ἀκοντιστῆρι καταΐσσουσα τριαίνης,
Βάκχη θῆλυς ἐοῦσα. Προασπίζων δὲ θαλάσσης
Πανὶ φιλοσκοπέλῳ μετανάστιος ἤρισε Νηρεύς
πήχεϊ παφλάζοντι · δαφοινήεντι δὲ κισσῷ
δαίμονα Παλληναῖον ὀρεστιὰς ἤλασε Βάκχη,
335 οὐ δέ μιν ἐστυφέλιξεν. Ἐπερχόμενον δὲ Λυαίῳ
Γλαῦκον ἀκοντιστῆρι Μάρων ἀπεσείσατο θύρσῳ.

    315 ἄρσενα L : λυσσάδα prop. Koechly ‖ δεσμῷ [δεσ p. c.] L ‖
316 ὑπεβρυχᾶτο L : ἐπ- Koechly ‖ 317 ὑψόθεν ὄχθης Graefe* :
ὑψόθι λόχμης L ‖ 318 ἐπαφριόωσα F : ὑπ- Lᵖᶜ ὑπ’ ἀφρ- LᵃᶜP ‖
320 ἐθωρήσοντο L ‖ 322 ἔγχος Graefe* cl. 18, 201 ; 29, 225 :
ἔργον L ‖ 326-339 del. Keydell⁹, sed uide adn. ‖ 335 δὲ alt. om. L,
add. L²ˢˡ.

son thyrse pour javelot. Frôlant les nues, un éléphant, dont
l'allure saccadée ébranle la terre, avance d'un pied ferme
sans ployer le genou dans sa marche et lutte avec ses
longues lèvres contre un phoque qui gîte à même le sol*.

340   Et les Satyres se ruent vers la mêlée cabriolante[1],
confiants dans les cornes de leur nature taurine ; quand
ils s'élancent, leur queue dressée, changeant d'aspect,
retombe sur leurs reins. Les troupes de Silènes affluent ;
l'un, porté à califourchon sur la croupe d'un taureau, fait

345   jaillir de ses flûtes accouplées un double chant. Et
secouant ses boucles aux vents rapides, une Bacchante de
Mygdonie fait claquer sa paire de cymbales et cingle
l'échine recourbée d'un ours furieux qui fait face à un
monstre des profondeurs ; et une panthère féroce, cou-

350   reuse des montagnes, est poussée par l'aiguillon du
thyrse[2]. Et une autre Bacchante, en proie aux bonds d'une
fureur qui lui ravit la raison, bondit sur la mer sans se
mouiller les pieds, comme si elle trépignait sur la tête de
Poseidon ; elle frappe les vagues de son pied, menace la

355   mer qui se tait et cingle de son thyrse l'eau muette, la
Bassaride portée par l'onde ; des boucles de la jeune fille
un feu spontané flamboie sur sa nuque sans la brûler,
merveille à voir*.

        Plaintive sur le rivage marin, tout proche, regardant
l'armée de Dionysos combattre sur l'onde, Psamathé

360   dans son affreux chagrin laisse éclater ces paroles pleines
d'effroi :

        « Si tu éprouves de la reconnaissance envers Thétis et
Briarée aux fortes mains, si tu as appris qu'Aigaiôn fut le

---

    1. La mêlée est qualifiée de cabriolante à cause des culbutes que
font en tombant les guerriers blessés à mort ; l'image remonte à la
mort de Kébriôn le cocher d'Hector, Π 749-750, avec, plus explicite,
la même ironie qu'ici : ils aiment les cabrioles, mais c'est une autre
sorte de cabriole qui les attend.
    2. Κέντορι θύρσῳ : même épithète pour le thyrse de Dionysos en
14, 243.

Ὑψινεφὴς δ᾽ ἐλέφας μελέων ἐνοσίχθονι παλμῷ
δινεύων στατὸν ἴχνος ἀκαμπέι γούνατος ὁλκῷ
χείλεσι μηκεδανοῖσι χαμευνάδι μάρνατο φώκῃ.
340 Καὶ Σάτυροι ῥώοντο κυβιστητῆρι κυδοιμῷ
ταυροφυεῖς κεράεσσι πεποιθότες, ἐσσυμένων δέ
ἀλλοφανὴς κεχάλαστο δι᾽ ἰξύος ὄρθιος οὐρή.
Σιληνῶν δὲ φάλαγγες ἐπέρρεον, ὧν ὁ μὲν αὐτῶν
ποσσὶ διχαζομένοις ἐποχημένος ἰξύι ταύρου
345 συμπλεκέων ἔθλιψε μέλος διδυμόθροον αὐλῶν.
Καὶ πλοκάμους βαλιῇσι συναιθύσσουσα θυέλλαις
Μυγδονὶς ἐκροτάλιζεν ὁμόζυγα κύμβαλα Βάκχῃ,
καὶ λοφιὴν ἐπίκυρτον ἐμάστιε λυσσάδος ἄρκτου
θηρὸς ὑποβρυχίης ἀντώπιον · ἀγροτέρη δέ
350 πόρδαλις οὐρεσίφοιτος ἐλαύνετο κέντορι θύρσῳ.
Καί τις ἀμερσινόοιο κατάσχετος ἅλματι λύσσης
ἴχνεσιν ἀβρέκτοισιν ἐπεσκίρτησε θαλάσσῃ,
οἷα Ποσειδάωνος ἐπισκαίρουσα καρήνῳ ·
λὰξ ποδὶ κύματα τύψεν, ἐπηπείλησε δὲ πόντῳ
355 σιγαλέῳ, καὶ κωφὸν ὕδωρ ἐπεμάστιε θύρσῳ
Βασσαρὶς ὑγροφόρητος · ἀπὸ πλοκάμοιο δὲ νύμφης
ἀφλεγέος σελάγιζε κατ᾽ αὐχένος αὐτόματον πῦρ,
θάμβος ἰδεῖν. — Κινυρὴ δὲ παρ᾽ ἠόνι γείτονι πόντου
φύλοπιν εἰσορόωσα θαλασσομόθου Διονύσου
360 αἰνοπαθὴς Ψαμάθη πολυταρβέα ῥήξατο φωνήν ·
« Εἰ Θέτιδος χάριν οἶσθα καὶ εὐπαλάμου Βριάρηος,
εἰ μάθες Αἰγαίωνα τεῶν χραισμήτορα θεσμῶν,

---

343 fol. 151ᵛ L ‖ **343-345** del. Keydell⁹, sed uide adn. ‖ **345** διδυμόθροον Graefe cl. 10, 234 : ἑτερόθροον L¹ : -όχθροον L ‖ **346** βαλιῇσι Vian : -ίῃσι L ‖ **348** λοφίην L ‖ **358** πόντου Keydell cl.
Paraph., 21, 20 : -τῳ L ‖ **362** θεσμῶν L : θώκων Koechly.

défenseur de tes lois[1], Seigneur Zeus, éloigne de nous la folie de Bacchos ! Que je ne voie pas l'esclavage de Nérée après la mort de Phôcos ! Que Thétis toute en
365 pleurs ne devienne pas la servante de Lyaios, que je ne la voie pas captive sur la terre des Lydiens à la vie nonchalante, alors qu'elle devra voir encore la mort d'Achille, de Pélée et de Pyrrhos et gémir dans un même chagrin sur son petit-fils, son mari et son fils ! Aie pitié de la plaintive Leucothéa dont l'époux prit leur fils et le mit en
370 pièces, ce fils que dépeça le tranchant du couteau infanticide de son impitoyable père. »*

Zeus le Très-Haut entend ses paroles à travers le firmament, accorde à l'Ébranleur de la Terre l'hymen avec Béroé et apaise la lutte engagée pour les noces. En effet,
375 venues du ciel pour arrêter la bataille nuptiale inachevée, les foudres menaçantes encerclent Bacchos. Et bien que le dieu de la vigne, excité par le trait du mariage, continue de désirer la jeune fille, son père Zeus le Très-Haut l'arrête en faisant claironner son tonnerre, et le bruit
380 paternel coupe court à son désir de lutte. À pas lents, il se retire, marcheur nonchalant, triste, se retournant pour lancer un regard à la jeune fille[2] ; de ses oreilles honteuses, il entend, jaloux, les chants marins qui célèbrent les noces d'Amymôné *.

385 Et la syrinx qui retentit dans l'eau chante l'union si longtemps retardée. Et, agitant dans les ondes un inextinguible feu nuptial, Nérée prépare la couche des noces d'Amymôné et Phorkys tisse une mélodie. Avançant avec une égale ardeur, Glaucos bondit, tandis que Méli-
390 kertès danse sa bacchanale. Et Galatée, rythmant une

---

1. Χραισμήτορα : création de Nonnos pour 5 occurrences ; employé aussi dans la *Paraphrase*.

2. Ὀπισθοβόλῳ : création nonnienne ; deux autres emplois en 2, 65 et 41, 25 (formules identiques, avec le sens concret pour la main du semeur qui jette la semence en arrière).

Ζεῦ ἄνα, Βάκχον ἔρυκε μεμηνότα. Μηδὲ νοήσω
δουλοσύνην Νηρῆος ἅμα Φώκοιο τελευτῇ.
365 Μὴ Θέτις αἰολόδακρυς ὑποδρήσσειε Λυαίῳ,
δμωίδα μή μιν ἴδοιμι παρ᾽ ἀβροβίων χθόνα Λυδῶν
ὀψομένην ἔτι πότμον Ἀχιλλέι, Πηλέι, Πύρρῳ,
υἱωνόν, πόσιν, υἷα μιῇ στενάχουσαν ἀνίῃ.
Λευκοθέην δ᾽ ἐλέαιρε γοήμονα, τῆς παρακοίτης
370 υἷα λαβὼν ἐδάιξε, τὸν ἀστόργοιο τοκῆος
παιδοφόνοι γλωχῖνες ἐδαιτρεύσαντο μαχαίρης. »
Ὣς φαμένης ἤκουσε δι᾽ αἰθέρος ὑψιμέδων Ζεύς,
καὶ Βερόης ὑμέναιον ἐπέτρεπεν Ἐννοσιγαίῳ,
καὶ μόθον ἐπρήυνε γαμοστόλον. Οὐρανόθεν γάρ
375 νυμφιδίην ἀτέλεστον ἀναστέλλοντες ἐνυώ
Βάκχον ἀπειλητῆρες ἐκυκλώσαντο κεραυνοί.
Καὶ θεὸς ἀμπελόεις γαμίῳ δεδονημένος ἰῷ
κούρην μὲν μενέαινε · πατὴρ δέ μιν ὑψιμέδων Ζεύς
βρονταίης ἀνέκοπτε μέλος σάλπιγγος ἀράσσων,
380 καὶ πόθον ὑσμίνης ἀνεσείρασε πάτριος ἠχώ.
Ὠκναλέοις δὲ πόδεσσιν ἐχάζετο νωθρὸς ὁδίτης,
στυγνὸς ὀπισθοβόλῳ δεδοκημένος ὄμματι κούρην ·
οὔασι δ᾽ αἰδομένοισιν ἀειδομένων ἐνὶ πόντῳ
ζῆλον ἔχων ἤκουεν Ἀμυμώνης ὑμεναίων.
385 Καὶ γάμον ὀψιτέλεστον ἀλίβρομος ἤπυε σύριγξ.
Καὶ δονέων ἄσβεστον ἐν ὕδασι νυμφίδιον πῦρ
παστὸν Ἀμυμώνης θαλαμηπόλον ἤντυε Νηρεύς,
καὶ μέλος ἔπλεκε Φόρκυς. Ὁμοζήλῳ δὲ πορείῃ
Γλαῦκος ἀνεσκίρτησεν, ἐβακχεύθη Μελικέρτης.
390 Καὶ ζυγίην Γαλάτεια διακρούουσα χορείην

---

364 ἅμα Koechly : μετὰ L ‖ φώκοιο L : Γλαύκοιο Cunaeus ‖
τελευτῇ Cunaeus : -τὴν L ‖ 366 παρ᾽ ἀβροβίων Keydell cl. 13, 42 :
παρὰ βρομίων L ‖ 368 υἱωνὸν L[1] : υἱὸν L ‖ μιῇ [ι p. c.] L ‖
382 κούρην P : κούρῃ L ‖ 385 ὀψιτέλεστον Koechly cl. 48, 478 :
ἡμι- L ‖ 387 θαλαμηπόλον L : -λος Graefe ‖ ἤντυε prop. Keydell
cl. 48, 304 (post ἔντυε Tiedke[14]) : ἤπυε L (ex 385) ‖ 388 πορείη
[π ex λ] L.

ronde conjugale, se livre en bondissant sans arrêt à une
danse tourbillonnante et chante une mélodie nuptiale, car
elle a appris à bien chanter, instruite par la syrinx pasto-
rale de Polyphème*.

Et après s'être uni à Béroé dans un hymen aquatique,
395   l'Ébranleur de la Terre, jeune époux, chérit la patrie de
son épouse ; il donne aux habitants de Béroé, comme
cadeau en échange de sa femme, la victoire sur mer dans
les combats navals. Et c'est un mariage où règne l'opulence, car, dans l'alcôve abyssale, l'Arabe Nérée offre
400   comme digne présent d'amour, ouvrage habile d'Héphaistos, des parures olympiennes pour la jeune mariée :
il apporte un collier, donne des boucles d'oreilles, tend
des bracelets, tout ce que, pour les Néréides, avec un art
inimitable, l'artisan lemnien a fabriqué auprès de Cypris.
Au sein de la mer, il active son enclume brûlante et ses
405   tenailles sous-marines, lance un souffle qui entoure son
creuset gonflé avec des vents factices ; une fois la forge
allumée, gronde dans les flots un feu caché, inextinguible*. Voilà donc les présents très variés de Nérée, tandis
que l'Euphrate perse[1] donne à la jeune fille l'œuvre aux
410   multiples broderies d'Arachné ; le Rhin ibère offre de
l'or ; le vieux Pactole vient avec des présents semblables, tirés de ses riches mines, qu'il porte de ses mains
prudentes, parce qu'il craint le chef des Lydiens, son
roi Bacchos, et craint aussi Rhéa sa voisine, protectrice
de la terre de Mygdonie ; et l'Éridan offre l'ambre des
415   Héliades produit par des arbres d'où ruisselle cette
richesse, présents resplendissants[2] ; et, pris aux mines
d'argent, tous les trésors que charrie le Strymon et tous
ceux du Geudis, le Dieu à la sombre chevelure les offre
en présent de mariage à Amymoné*.

----

1. Περσικὸς Εὐφρήτης : même formule en 23, 82. Autres allusions à l'Euphrate en 6, 348 et 40, 392. Le cadeau apporté par
l'Euphrate est la soie.
2. Ῥυηφενέων : sur cet adjectif, voir la note à 10, 152 (t. 4,
p. 140). Il est employé en 11, 33 à propos des larmes des Héliades.

ἄστατος ὀρχηστῆρι ποδῶν ἐλελίζετο παλμῷ,
καὶ γάμιον μέλος εἶπεν, ἐπεὶ μάθε καλὰ λιγαίνειν
ποιμενίῃ σύριγγι διδασκομένη Πολυφήμου.
Καὶ Βερόης διεροῖσιν ὁμιλήσας ὑμεναίοις
395 νυμφίος Ἐννοσίγαιος ἐφίλατο πατρίδα νύμφης ·
καὶ Βερόης ναέτῃσιν ἑῆς κειμήλιον εὐνῆς
ἄρεος εἰναλίοιο θαλασσαίην πόρε νίκην.
Καὶ γάμος ὄλβιος ἦεν, ἐπεὶ βυθίῳ παρὰ παστῷ
ἄξιον ἔδνον ἔρωτος Ἄραψ ἐκομίσσατο Νηρεύς,
400 Ἡφαίστου σοφὸν ἔργον, Ὀλύμπια δαίδαλα, νύμφῃ,
ὅρμον ἄγων κάλυκάς τε φέρων ἕλικάς τε τιταίνων,
ὁππόσα Νηρεΐδεσσιν <ἀμιμήτῳ κά>με τέχνῃ
Λήμνιος ἐργοπόνος πα<ρὰ Κύπρι>δι. Καὶ μέσον ἄλμης
ἔμπυρον ἄκμονα π<άλλεν> ὑποβρυχίην τε πυράγρην,
405 φυσαλέου χοάνοιο περίδρομον ἄσθμα τιταίνων
ποιητοῖς ἀνέμοισιν, ἀναπτομένης δὲ καμίνου
ἐν ῥοθίοις ἄσβεστον ἐβόμβεεν ἐνδόμυχον πῦρ.
Νηρεὺς μὲν τάδε δῶρα πολύτροπα, δῶκε δὲ κούρῃ
Περσικὸς Εὐφρήτης πολυδαίδαλον εἶδος Ἀράχνης ·
410 χρυσὸν Ἴβηρ πόρε Ῥῆνος · ἐχεκτεάνων δὲ μετάλλων
ἤλυθεν εἴκελα δῶρα γέρων Πακτωλὸς ἀείρων
χερσὶ φυλασσομένῃσιν, ὅτι πρόμον ἔτρεμε Λυδῶν
Βάκχον ἑὸν βασιλῆα, καὶ ἔτρεμε γείτονα Ῥείην
Μυγδονίης πολιοῦχον ἑῆς χθονός · Ἠριδανὸς δέ
415 Ἡλιάδων ἤλεκτρα ῥυηφενέων ἀπὸ δένδρων
δῶρα πόρε στίλβοντα · καὶ ἀργυρέης ἀπὸ πέτρης
Στρυμὼν ὅσσα μέταλλα καὶ ὁππόσα Γεῦδις ἀείρει,
ἔδνον Ἀμυμώνῃ δωρήσατο Κυανοχαίτης.

400 δαίδαλα Graefe : δαῖδα L ‖ 401 ὅρμον Wernicke cl. Il., 18,
401 : ὄλβον L ‖ 402-404 uersus lacunosi in L ‖ 402 ἀμιμήτῳ κά-
suppl. F² cl. 29, 200 ; 36, 412 ‖ κάμε F² : νε solum habet L ‖ 403 -ρὰ
Κύκρι- suppl. Graefe ‖ καὶ μέσον Graefe : καιεσον L ‖ 404 -άλλεν
suppl. F ‖ 405 περίδρομον L : πυρίδρομον Keydell² -δρομον Maas,
cl. 29, 209 ‖ 409 fol. 152ʳ L ‖ 411 ἴκελα L ‖ ἤλυθεν [λ ex θ, θ ex λ]
L ‖ 415 ῥυηφενέων [ῥυ ex δι uel potius δε(νδρων)] L.

Tandis qu'au sortir des danses l'Ébranleur de la Terre
420 se réjouit dans son alcôve sous-marine, au triste Lyaios,
empli de jalousie, son frère Éros adresse ces paroles de
réconfort :

« Dionysos, pourquoi fais-tu encore des reproches au
ceste qui arrange les mariages ? Le mariage avec Béroé
ne convenait pas à Bromios, mais c'est pour la mer
425 qu'était fait ce mariage, car, prenant l'enfant de l'abyssale Aphrodite, je l'ai unie à un époux qui vit dans la
mer. C'est une femme plus charmante que j'ai gardée
pour ta chambre nuptiale, Ariadne, issue de Minos et qui
est de ta famille. Laisse à la mer l'insignifiante Amy-
moné qui n'a que du sang marin. — Allons, quitte la
430 cime du Liban et l'eau d'Adonis et va vers la Phrygie aux
belles filles, là où t'attend une couche à l'écart de l'eau,
celle de l'aérienne Aura (Brise) la Titanide. Elle te prépare elle aussi une couronne pour un combat et une
chambre nuptiale, la Thrace faiseuse de mariages qui va
t'accueillir : car c'est là aussi que t'appelle Palléné, la
435 manieuse de pique[1] : près de son alcôve, je te couronne-
rai de feuillages nuptiaux, toi, le vainqueur, quand tu
auras accompli l'amoureuse lutte d'Aphrodite. »*

Ainsi à Bacchos, son frère que les femmes rendent fou,
parle le fougueux Éros. Faisant entendre le bourdonne-
ment de ses ailes flamboyantes, sous l'apparence d'un
oiseau, il prend son vol dans une course aérienne et va
440 vers le palais de Zeus.

Du sein de l'Assyrie, Dionysos à la gracieuse tunique[2]
repart vers la terre de Lydie, près de la plaine du Pactole,
là où l'eau noire est rougie par la boue aux reflets d'or
d'un sable opulent ; il parvient en Méonie et, debout
445 devant sa mère Rhéa, lui offre les présents royaux de la

---

1. Δορυσσόος : même épithète pour Palléné en 48, 104.
2. Ἁβροχίτων : Dionysos porte la même épithète en 19, 249.

῎Ως ὁ μὲν ἀρτιχόρευτος ὑποβρυχίῳ παρὰ παστῷ
420 γήθεεν Ἐννοσίγαιος · ἀμειδήτῳ δὲ Λυαίῳ
γνωτὸς Ἔρως φθονέοντι παρήγορον ἴαχε φωνήν ·
« Νυμφοκόμῳ, Διόνυσε, τί μέμφεαι εἰσέτι κεστῷ ;
Οὐ Βρομίῳ Βερόης γάμος ἔπρεπεν, ἀλλὰ θαλάσσῃ
ἄρμενος ἦν γάμος οὗτος, ὅτι βρυχίης Ἀφροδίτης
425 παῖδα λαβὼν ἔζευξα θαλασσοπόρῳ παρακοίτῃ.
Ἀβροτέρην δ' ἐφύλαξα τεοῖς θαλάμοις Ἀριάδνην,
ἐκ γενεῆς Μίνωος ὁμόγνιον. Οὐτιδανὴν δέ
πόντιον αἷμα φέρουσαν Ἀμυμώνην λίπε πόντῳ. —
Ἀλλὰ λόφον Λιβάνοιο λιπὼν καὶ Ἀδώνιδος ὕδωρ
430 ἵξεαι εἰς Φρυγίην εὐπάρθενον, ἧχί σε μίμνει
ἄβροχον ἠερίοιο λέχος Τιτηνίδος Αὔρης.
Καὶ στέφος ἀσκήσασα μάχης καὶ παστάδα κούρης
Θρήκη νυμφοκόμος σε δεδέξεται, ἧχι καὶ αὐτή
Παλλήνη καλέει σε δορυσσόος, ἧς παρὰ παστῷ
435 ἀθλοφόρον γαμίοισι περιστέψω σε κορύμβοις
ἱμερτὴν τελέσαντα παλαισμοσύνην Ἀφροδίτης. »
Τοῖα γυναιμανέοντι κασιγνήτῳ φάτο Βάκχῳ
θοῦρος Ἔρως. Πτερύγων δὲ πυρώδεα βόμβον ἰάλλων
ἠερίη νόθος ὄρνις ἀνηώρητο πορείῃ,
440 καὶ Διὸς εἰς δόμον ἦλθεν. — Ἀπ' Ἀσσυρίοιο δὲ κόλπου
ἁβροχίτων Διόνυσος ἀνήιεν εἰς χθόνα Λυδῶν
Πακτωλοῦ παρὰ πέζαν, ὅπῃ χρυσαυγέι πηλῷ
ἀφνειῆς ψαμάθοιο μέλαν φοινίσσεται ὕδωρ ·
Μαιονίης δ' ἐπέβαινε, καὶ ἵστατο μητέρι Ῥείῃ
445 Ἰνδῴης ὀρέγων βασιλήια δῶρα θαλάσσης.

419 ἀρτιχόρευτος Graefe : -λόχευτος L ‖ 423 θαλάσσῃ Cas-
tiglioni² : -σσης L ‖ 427 ἐκ L² : fort. καί in compendio Lᵃᶜ ‖
429 λόφον... λιπὼν Fayant : λιπὼν... λιπὼν L λιπὼν... λόφον
Graefe (uel ῥίον Ludwich¹¹) ῥίον... λιπὼν Keydell ‖ 431 ἠερίοιο
Giangrande : ἠελίοιο L Ὠκεανοῖο Marcellus ‖ 433 σε Lᵖᶜ : δε
Lᵃᶜ ‖ 443 ἀφνειῆς ψαμάθοιο Graefe : ἀ. λιβάνοιο L ἀ. τιτάνοιο
Ludwich ἀφνειαῖς λιβάδεσσι Keydell cl. Paraph., 19, 180.

mer indienne[1]. Et, quittant les flots du fleuve aux riches profondeurs, l'espace phrygien et la race des hommes à la vie nonchalante, il va planter sa vigne sur les rivages septentrionaux, en marche vers les cités d'Europe après les villes d'Asie*.

1. Ces présents de la mer Indienne sont vraisemblablement des perles.

Καλλείψας δὲ ῥέεθρα βαθυπλούτου ποταμοῖο
καὶ Φρύγιον κενεῶνα καὶ ἁδροδίων γένος ἀνδρῶν
Ἀρκτῴην παρὰ πέζαν ἑὴν ἐφύτευσεν ὀπώρην,
Εὐρώπης πτολίεθρα μετ᾽ Ἀσίδος ἄστεα βαίνων.

447 ἀνδρῶν Graefe : ἰνδῶν L.

NOTES

CHANT XLI

1-9. — V. 1. Nonnos emploie fréquemment κάρηνα au pluriel pour les cimes de montagnes ; le seul exemple au singulier (45, 177) est dû à l'assimilation de la montagne à un Géant (Alpos), ce qui nous incite à adopter le pluriel proposé par Graefe qui s'appuie sur le parallèle de 42, 18. — V. 2. Il n'est pas nécessaire de corriger, comme le fait Keydell, ἐπὶ χθονί en ἐνὶ χθ., cf. 46, 131 (et 37, 355 ; 10, 397). — V. 4. Παφίης δόμον... γαμήλιον : la résidence d'Aphrodite est consacrée à l'amour : cf. son « vestibule » en 42, 277 et la note *ad loc.* — V. 4-9. Ce passage est commenté par F. Vian (t. 5, p. 71 n. 3 ; rectifier le lapsus « Tyr » au lieu de « Beyrouth ») qui fait ressortir le côté doublement irréel de ce vignoble constitué d'emblée : soudaineté de la pousse et association bénéfique avec du lierre. — V. 5. Ἀρτιφύτοισι : le même adjectif sera utilisé en 43, 86 pour rappeler l'introduction récente de la vigne sur le terroir de Béroé. — Βαθύσκιον ἄλσος : même expression en 40, 298 pour évoquer la densité des forêts d'Arabie ; l'adjectif est repris en 42, 131, pour le Liban. — Ἐρέψας : seul emploi de ce verbe dans le poème. — V. 7. Second hémistiche identique en 40, 296, ce qui incite à écarter la correction Βάκχου proposée par Koch d'après 47, 7. — V. 8. Θορὼν ἐπιβήτορι παλμῷ : même expression au v. 191 ; cf. aussi 20, 113 ; 30, 82 ; ἐπιβήτορι παλμῷ est attesté encore trois autres fois pour désigner un saut en hauteur. — V. 9. Ἀερσιπότητος, qui vient d'Hésiode, *Trav.*, 777 (pour l'araignée), qualifie le jeune Satyre Kissos au moment de sa métamorphose (12, 190) ; même épithète pour le lierre en 45, 143. — Comme en 45, 132, la forme passive ἐμιτρώθη a un sens réfléchi. —

10-13. — V. 10. Θεμιστοπόλου : cet adjectif, qui réapparaît au v. 334 en rapport avec la Vierge (il qualifie aussi le Rhin en 46, 56, à cause des ordalies qu'on y pratique), ne semble attesté que dans *H. hom. Dém.*, 103. — Γείτων paraît souvent pléonastique chez Nonnos, comme le remarque Peek (« oft abundierend ») : cf., en 29, 74, πελάσσατο γείτονι μαζῷ ; en particulier quand il est employé avec παρά : παρὰ γείτονι μηρῷ, en 5, 8, semble ne rien vouloir dire d'autre que « le long de sa cuisse ». Toutefois, ce n'est pas toujours le cas : on le voit ici et, plus bas, au v. 370, παρὰ γείτονι τοίχῳ, « sur le mur suivant » ; en 42, 516 et 43, 130, le mot sert à exprimer la relation entre la cité et son territoire. Il implique une contiguïté et, à cet égard, F. Vian, donnant une valeur proleptique à l'épithète, a raison de comprendre, en 29, 74, « elle (la corde de l'arc) s'approche à lui toucher le sein ». De même, au v. 47, les vergers prospèrent « jusqu'au bord de la mer », παρὰ γείτονι πόντῳ. Cf. 43, 358. — V. 12. Nous adoptons la conjecture de Koechly εὐθύρσοιο, en considérant que la leçon de L εὐύμνοιο est un lapsus provoqué par ὕμνον au vers précédent. On pourrait malgré tout défendre la leçon de L : dans le poème, Dionysos a été abondamment célébré, Amymôné / Bérytos n'y est pas encore apparue. Mais le parallèle du vers suivant fait attendre une opposition entre les attributs des adversaires.

14-17. D. Accorinti, *Byz. Zeitschr.*, 1997, 2, p. 351 n. 9, rapproche de ces vers la « séquence descriptive » formée à propos de Thasos par les fr. 21 et 22 West d'Archiloque, réunis par Bergk : une affirmation est suivie d'une négation complémentaire ; mais les contenus sont inversés : l'élément déprécié vient en premier, dans la partie affirmative, l'élément positif en second, dans la partie négative. En d'autres termes, Nonnos fait l'éloge de son objet tandis qu'Archiloque le déprécie. Accorinti compare de même l'emploi de trois épithètes, chez Nonnos, 41, 15 et dans le fr. 22 d'Archiloque. Le rapprochement est fondé, mais Nonnos utilise ces épithètes à des fins descriptives précises (ci-après) et pas seulement laudatives. — V. 14-15ᵃ. Brève litanie de Beyrouth, qui sera amplifiée aux v. 143-150. — V. 14. Τρόπις, litt. « quille », est déjà employé métaphoriquement pour l'ensemble du navire chez Soph., fr. 143 Pearson-Radt. — V. 15ᵃ. Ποντοπαγής (*hapax* dans le poème et création probable de Nonnos) évoque la falaise de Beyrouth (la « corniche ») à laquelle il sera fait allusion à nouveau, de manière métaphorique, aux v. 28-31. Εὔνησος (également création et *hapax*) rappelle des îlots, aujourd'hui simples récifs, mais qui, jusqu'au XVIIIᵉ siècle au moins, ont protégé l'entrée du port de Beyrouth (*Myth. et géogr.*, p. 198-199 et ci-après, aux v. 36-37). La comparaison avec Tyr qui va suivre est déjà implicite dans cet adjectif : Tyr est « île en terre ferme », νῆσος ἐν ἠπείρῳ (40, 338). Enfin, l'aspect verdoyant du site, souligné par la troisième épithète, εὔχλοος (*hapax*), a frappé tous les voyageurs d'avant 1860. — V. 15ᵇ-17. Une brève comparaison entre le site de Tyr et celui de Beyrouth tourne à l'avantage de ce dernier. Beyrouth est spacieuse et s'étale à l'abri des tempêtes (v. 19, παραπέπταται), à la différence de Tyr toute en hauteur, ὄρθιος αὐχήν (v. 17 : compte tenu du manque de relief de l'île et de l'isthme, l'expression ne peut viser que les bâtiments dont elle est hérissée) et fouettée par les vagues, alors qu'au v. 31 ces vagues seront, à propos de Beyrouth, assimilées à des baisers donnés par Poseidon à son épouse... Il faut donc rétablir οὖ, leçon de L, contre P et Koechly : cf. *Myth. et géogr.*, p. 198. C'est du reste ainsi qu'ont compris ceux qui connaissaient les deux sites, Marcellus dans sa traduction (1856), le Père Mouterde, « Aperçu historique sur les ports anciens de Méditerranée orientale » (dans Poidebard-Lauffray, *Sidon*..., Beyrouth, 1951, p. 36-43), J. Lauffray dans son étude sur Beyrouth gréco-romaine, *Aufst. Niederg. Röm. Welt*, II, 8, Berlin – New York, 1977, p. 135-163 (138 s.), à l'exception de N. Jidejian, *Beirut through the Ages*, Beyrouth, 1973 (trad. fr. revue, *ibid.*, 1993), p. 104 de l'éd. fr., qui interprète les v. 14-17 d'après la trad. Rouse.

18-49 (50). Description du cadre naturel de Beyrouth, clairement articulée. V. 18-27 : l'évocation de l'arrière-pays, sur le piémont du Liban (v. 19), à l'est de la ville (forêts, pâturages et terres agricoles), se conclut sur la rencontre de deux terriens, le berger et le laboureur. — V. 28-37 : vient ensuite le tableau de la corniche et des ports, port de pêche et port creux, au nord (v. 28-37), également en dix vers. — V. 38-49 : en douze vers, les abords sud : la route de Sidon à travers les dunes et les vergers (v. 38-42) ; enfin les vergers allant jusqu'à la mer sur la côte ouest (v. 43-49, 7 vers). En fait, il s'agit de la côte sud-ouest, en-dessous du cap de Beyrouth. — Le v. 50 est hors de place : la rencontre du pêcheur et du berger devrait se situer à Tyr, cf. plus loin la note *ad loc.* et B. Simon, note à 40, 328 (t. 14, p. 284).

18-27. — V. 18-19. D. Accorinti, *Byz. Zeitschr.*, 1997, 2, p. 351 s., est gêné par l'emploi de ὑπό pour indiquer la direction d'où vient le vent d'Est, alors qu'il devrait passer « par-dessus » les crêtes. En fait la préposition signifie seulement « vers », « dans », comme, très clairement, en 6, 222 et 10, 139, ce qui devrait inciter à comprendre l'expression ὑπὸ δειράδα en 8, 24 et 10, 177, non pas « au pied » des pâturages et des collines, mais, ce qui convient mieux au contexte, « dans » ceux-ci. Il n'est donc pas obligatoire de faire de αἴθοπος Εὔρου un génitif de direction. Voir D. Gigli Piccardi, *Metafora*, p. 199, n. 89, citant chez Denys le Pér. l'expression ἀνέμοιο παρὰ σφυρόν (v. 577) et cf. enfin ci-dessous la note aux v. 38-39. — V. 18. Τὰ μέν est le sujet de παραπέπταται. C'est d'abord le territoire de Beyrouth qui est évoqué. — V. 20. Ὄρθια , « strident » est un adjectif, employé ici adverbialement, avec un sens déjà attesté chez Homère et qu'on trouve en 7, 51 ; 14, 352. En tenant compte de l'orientation, on serait tenté de lire ὄρθρια, « une brise matinale » ; cf. 3, 145. Mais les indications données sur les vents aux v. 44 et 46 montrent que Nonnos est sensible ici à leur chant. L'attention accordée au régime des vents (et aux vents dominants) dans l'urbanisme antique se reflète par voie de conséquence dans les éloges de cités : ils sont essentiels à la salubrité du site. — Βιοσσόος, employé aussi au v. 333 pour Harmo-

nie, est une création de Nonnos, voir la note à 4, 31 (t. 2, p. 153). —
V. 21. La lacune supposée à la fin de ce vers par Graefe et Keydell
n'est pas nécessaire : cf. Accorinti, *Byz. Zeitschr.*, 1997, 2, p. 352, qui
attire l'attention sur le parallélisme des thèmes et les similitudes
d'expression entre ces huit vers 14-21 et les huit vers 338-345 du ch.
40 (Bacchos émerveillé devant Tyr). — V. 24. Plus qu'Hésiode (*Trav.*,
435), c'est Apollonios de Rhodes (3, 1318) que rappelle la mention du
timon, associée à un emploi bien particulier du mot γεωμόρος, non
pas « propriétaire terrien » mais, au sens concret, « qui partage, fend
la terre », laboureur, cf. Apoll. Rh., 1, 1214 et ci-après, 42, 282. Le
français ne permet guère de rendre la variation sur les deux termes
pour « laboureur », γεωμόρος ici et ἀροτρεύς au v. 27 dont les deux
derniers mots reprennent l'image de l'ouvrier penché sur sa charrue, en
variant l'expression. — V. 25. Vers identique en 2, 65. — Ὀπισθοβόλῳ est une création de Nonnos qui figure aussi en 2, 65 et avec un
sens métaphorique (pour le regard) en 42, 382. — V. 26. Φορβάδος
ὕλης : clausule identique en 1, 411 ; 2, 1 ; 5, 231 ; cet emploi de
l'adjectif vient de Soph., *Phil.*, 700. — V. 27. Σύζυγα : Peek comprend « attaché au joug », mais cf. 37, 363. L'expression σύζυξ
ἵππος, dans un quadrige, s'applique aux deux chevaux liés au timon
(par opposition aux chevaux de volée). L'idée est bien que la charrue
est tirée par une paire de bœufs.

Page 33

28-37. — V. 28-31. Reprise de l'assimilation de la ville à une jeune
baigneuse déjà faite à propos de Tyr, 40, 319-326, mais avec une série
de variations, ainsi 40, 325-326 νυμφίος ὑδατόεις... πήχεϊ παφλάζοντι, à comparer avec 41, 30 πήχεϊ μυδαλέῳ... ὑγρὸς ἀκοίτης.
Voir un relevé plus complet des parallèles dans la Notice du ch. 40
(t. 14), p. 137-138 (et les notes aux v. 338-352, p. 284-286). C'est sans
doute Achille Tatios qui a fourni à Nonnos, à propos de Tyr, une
« amorce de description anthropomorphique » que le poète a développée, avec bonheur, à deux reprises. Toutefois la nymphe ici n'est pas
représentée allongée comme à Tyr, mais vraisemblablement debout
(elle « tend sa poitrine » à Poseidon) et l'image finale, propre à ce
passage, des « baisers mouillés » que Poseidon envoie « aux lèvres
de sa fiancée » est inspirée par les vagues qui se brisent sur les
falaises de Beyrouth. Pour une « mise en situation » de ce genre de
comparaison, voir D. Gigli Piccardi, *Metafora*, p. 195-197. — V. 32-
37. En une seule phrase, Nonnos associe l'évocation des deux ports de
Beyrouth (ce qui n'est pas indiqué dans *Myth. et géogr.*, p. 198-200) :
le port de pêche, aujourd'hui le « beau port », Minet el-Hosn, à l'abri
du cap ; c'est le κόλπος qui reçoit les pêches abondantes et variées
des v. 33-35. Aux vers 36-37, le courant (αὐλών) doit être celui du
« fleuve de Beyrouth » (Nahr Beyrouth) dont l'embouchure profonde

offrait, au nord du précédent, un mouillage également sûr et plus vaste. Ainsi en jugeait en 1777 le baron de Tott, en tournée d'inspection aux Échelles du Levant : « Le port de cette ville est bon pour les petits bâtiments ; mais le mouillage de la rivière, à l'abri de deux écueils, assure aux gros bâtiments un asile d'autant plus avantageux que la tenue y est bonne et d'autant plus utile à connaître que la côte de Syrie offre peu de mouillages » (cité par Fr. Charles-Roux, *Les Échelles de Syrie et de Palestine au XVIIIe siècle*, Paris, 1928, p. 121 et 126 s.). Il peut s'agir du port militaire de la Beyrouth romaine. La difficulté d'accès à ce mouillage βαθυκύμων est attestée (*Myth. et géogr.*, p. 198, n. 14). L'ensemble portuaire de Beyrouth était orienté au nord. C'est sa caractéristique dans le pseudo-Skylax, 104, individualisant trois ports parmi tous ceux qu'il mentionne sur la côte de Phénicie : le port de Beyrouth est « exposé au nord » comme celui de Sidon est « fermé » et celui de Tyr « ἐντὸς τείχους ». — V. 33^b. Même expression en 5, 182 ; voir la note *ad loc.*, t. 2, p. 177 (souvenir possible d'Opp., *Hal.*, 1, 76 et 2, 547). — V. 34. Πολύχροα, comme, à l'évidence, δίχροος au v. 62, se rapporte à la forme plutôt qu'à la couleur. Il n'est guère plus qu'un équivalent de « varié ». — Δεῖπνα τραπέζης : la répétition du même mot à la fin de deux vers consécutifs (34 et 35) a paru suspecte à Marcellus qui a proposé de lire δεῖπνα θαλάσσης, expression qui apparaît dans la *Paraphrase* (21, 25) à la même place dans le vers, et d'intervertir l'ordre des vers 34 et 35 pour expliquer la faute du copiste. Mais δεῖπνα τραπέζης est une formule fréquente dans le poème et forme un bloc, « les mets » ; on notera par exemple qu'en 42, 29, Poseidon brûle d'offrir à Béroé αἰόλα δεῖπνα τραπέζης. — V. 36. Βαθυκύμονος : l'adjectif (3 autres emplois) se retrouve chez Musée, 189. — V. 37. Αὐλών : seule autre attestation en 2, 71.

38-42. Description (« Reisebilder », D. Accorinti *ad loc.*) des abords sud de Beyrouth : dunes et surtout vergers ont fait les délices des voyageurs (Maxime du Camp, *Souvenirs littéraires*, Paris, 1906 (3e éd.), I, p. 361, daté du 19 juillet 1850) et sont aujourd'hui des quartiers résidentiels. — V. 38-39. L'emploi géographique de αὐχήν et ῥάχις remonte au moins à Hérodote (1, 72 ; 3, 54, *al.*). En revanche, l'emploi de ῥαχίη avec α bref et au sens de ῥάχις ne semble pas antérieur à Nonnos (l'épigramme *Anth. Pal.*, 7, 393, attribuée à Dioclès de Carystos (?), IVe siècle av. J.-C., aussi avec α bref, prend le mot à son sens ancien de « rivage rocheux » ou caillouteux). Dans notre passage comme en 34, 350, le mot semble avoir perdu à peu près toute sa valeur métaphorique et indiquer seulement une direction, alors qu'appliqué aux animaux (la totalité de ses huit autres emplois), il équivaut à νῶτον, « dos, échine » (cf. note à 1, 229, t. 1, p. 149).

43-50. — V. 43. Ἀράσσει est employé ici de manière intransitive plutôt qu'avec ῥέεθρον pour complément (Peek, s. ἀράσσω, admet-

tant les deux constructions). — V. 44ᵇ-46. On pourrait considérer cette
relative comme une digression suscitée par δύσιν : (le couchant) « où,
tandis que (…) occidentales, les confins libyens sont balayés par un
sifflement chargé de rosée. » Ἀγκών aurait alors le sens de « confins
éloignés » indiqué par F. Vian dans la note à 1, 229 (t. 1, p. 149) et
Λίβυς… ἀγκών pourrait être rapproché de Ζεφυρήιος… ἀγκών
employé en 13, 377 à propos de la Libye. Mais l'adjectif δροσόεντι
surprend pour la Libye et surtout la relative parallèle des v. 47ᵇ-49
invite à considérer la première non comme une digression, mais
comme un complément d'informations sur les caractéristiques du lieu.
Il faut alors admettre que Λίβυς… ἀγκών se rapporte à la pointe de
Beyrouth dont l'expression indique l'orientation et que l'adjectif a,
dans ce seul passage, une valeur figurée. — V. 44. Κυανωπόν est un
hapax dans le poème. — Ταρσός peut désigner : le talon (cet emploi
est souvent périphrastique chez Nonnos, cf. note à 48, 165, t. 18, p. 165) ;
les plumes rémiges d'un oiseau ; et les talonnières ailées de certains
dieux ou héros (Hermès, Persée). Les vents sont plutôt représentés
avec des ailes dorsales, et ce sont des ailes qui peuvent avoir un
« chant clair », d'où la traduction. — V. 46. La route de Sidon ne suit
pas le littoral, mais passe un peu à l'intérieur de terres, laissant place
pour un secteur occidental. — V. 47ᵇ. Cf. la note au v. 10. — V. 48ᵇ.
Second hémistiche identique en 38, 101. — V. 49. Ἔμπνοος désigne
la forêt « où souffle le vent », mais Nonnos joue évidemment sur les
deux autres sens de l'épithète, « animé » et « inspiré », comme en 20,
332. Voir les notes *ad loc.* (t. 8, p. 201) et à 21, 35 (t. 8, p. 208) ; et ci-
dessous au v. 57. — L'addition interlinéaire ορθριος au-dessus de
ἔμπνοος est de la même main au v. 82 ; cette main ne semble pas être
celle du copiste principal. Ludwich, suivi par Keydell, note que le
second ρ d'ὄρθρι a peut-être été effacé ; en fait ce sont toutes les
boucles des quatre premières lettres qui ont été noircies, ce qui suggère
qu'un réviseur a voulu « barrer » le mot dans sa totalité. — V. 50. Sur
ce vers que tout le monde s'accorde à juger hors de place, puisqu'il
rappelle une caractéristique du site de Tyr, voir Accorinti, *Byz. Zeitschr.*, 1997, 2, p. 353-354. Un autre exemple de vers doublet en 15,
227 (avec le comm. de B. Gerlaud) serait lui aussi témoin d'un relatif
inachèvement du poème. Celui-ci pourrait être inséré à la place de 40,
328 — mais comment a-t-il glissé jusqu'à sa place actuelle ? — ou
bien refléter une velléité de développer le « retour à Tyr » des v. 15ᵇ-
17, mais l'absence de mot de liaison oblige alors à supposer une
lacune, sans grand fondement.

Page 34

51-66. Voir aussi la Notice, p. 12. Cette création matérialiste associe les quatre éléments (eau, feu, air, terre) et le souffle initial, mais
sans démiurge. Voir E. G. Schmidt, « Atome bei Moschos, Nonnos

und Demokrit », *Philologus*, 122 (1978), p. 137-143. Comparer aux v.
51-57 (7 vers) Apoll. Rh., 4, 676-681 et Diod. Sic., 1, 7, 2-5, qui décri-
vent eux aussi une génération spontanée des êtres vivants, mais avec
différenciation progressive des espèces ; en revanche, chez Nonnos, il
n'est question que des hommes et il affirme que ceux-ci sont parfaits
dès leur création (εἶδος... τελεσφόρον, v. 58), avec insistance, par
une comparaison dénigrante avec Kécrops, v. 58 fin-64, et la proclamation finale, v. 65-66, « ils sont l'image des dieux », qui évoque la
Genèse, I, 26, « Et Dieu dit : " Faisons un homme à notre image et à
notre ressemblance " (Septante, trad. M. Harl). — V. 52. Αὐτογένεθλος est un *hapax* dans les *Dionysiaques* ; les quatre adjectifs privatifs
des v. 52-53 renforcent et précisent αὐτογένεθλος. — V. 53. Les trois
épithètes de ce vers sont à rapprocher de celles qu'on trouve dans
Grég. Naz., *Poèmes*, II, 7, 254 (Migne, *Patr. Gr.*, 37, p. 1571)
αὐτοπάτωρ ἀλόχευτος, ἀμήτωρ ἐστὶν ἐκεῖνος. — V. 57. Ἔμπνοον
ἐψύχωσε : même début de vers en 25, 542 avec l'emploi proleptique
de l'adjectif ; voir la note *ad loc.* (t. 9, p. 268). Nous acceptons la correction γονὴν pour τομὴν de L : la confusion est facile entre γ et τ.
D'autre part, après ἐψύχωσε et en compagnie de ἔμπνοον, on attend
la mention du produit et non celle de l'organe de reproduction. — V.
60. Ὀφιώδεϊ... ταρσῷ : même expression en 2, 30 (Typhée) ; 18,
279 (le fils d'Échidna). — V. 66. Allusion à l'âge d'or, qui a son correspondant biblique dans la béatitude de l'Éden. — Πρωτοφανής : les
quatre occurrences de ce composé créé par Nonnos se trouvent dans
notre chant ; cf. v. 84 (Aiôn), 144 (Béroé), 364 (Béroé).

67-82. — V. 67-76. Cronos vomit ses enfants à l'époque où il
« bâtit » Beyrouth. La pierre vomitive qu'il avale est déjà mentionnée
au ch. 25, v. 553-562, avec le même rôle qui distingue la version nonnienne de celle d'Hésiode (*Théog.*, 496 : c'est seulement après avoir
été vaincu, et par un « savoir-faire » qui n'est pas autrement précisé,
que Cronos vomit la pierre puis ses enfants). La pierre se trouvait à
Delphes selon Hésiode, v. 498-500, mais on la montrait naturellement
dans d'autres sites, par exemple à Tlos en Lycie où Cronos était honoré
(L. Robert, *Hellenica*, VII, p. 52). Ici rien n'indique qu'elle joue un
rôle particulier, malgré la précision du v. 68, dans ce pays où les
bétyles abondent cependant. En revanche, toute une section conservée
de l'œuvre de Philon de Byblos (dont la source serait Sanchuniathon
de Bérytos) évoque Cronos (Eusèbe, *Prép. Év.*, I, 10, 15 à 35). Le dieu
semble dominer à la fois Byblos et Beyrouth, mais de loin : à la fin du
passage de Philon (par. 35), c'est lui qui attribue Byblos à Baaltis,
Beyrouth à Poseidon et aux Cabires ; au début (par. 19), « il entoure
sa demeure d'un rempart et fonde la première ville, Byblos de Phénicie ». L'emploi du verbe « bâtir » (ἔδειμε) chez Nonnos est gênant,
car dans tout le passage l'auteur prend soin de célébrer non une cité
mais un site resté naturel, un lieu qui « a précédé toute terre » (v. 92) ;

le contraste avec les édifices mentionnés à Tyr est frappant. — V. 69. Πολυχανδέι λαιμῷ : même expression en 11, 162 ; 18, 284 (le fils d'Échidna) ; cf. χανδόν, v. 72. — V. 72. Νεφεληδόν est glosé par Peek « en grande quantité ». Cette création de Nonnos n'apparaît qu'à six reprises dans les *Dionysiaques* (14, 337 ; 15, 1 ; 25, 288 ; 39, 15 et 347 ; et ici). Appliquée à des troupes et à des bateaux, elle signifie « en nuée », « serrés les uns contre les autres » et équivaut à ἐπασσύτεροι (cf. la célèbre comparaison des troupeaux d'Augias avec des nuées, dans l'*Héraclès tueur du lion*, [Théocr.], 25, 89-90). En 25, 288 comme ici (même hémistiche), elle qualifie une manière de puiser de l'eau, en l'aspirant comme les nuages qui se nourrissent de l'eau des fleuves et des lacs. — V. 73. Μογοστόκον : sur 14 emplois du terme, 5 se trouvent dans le chant 41 (cf. v. 133, 161, 410, 413). Il est pris au sens de « qui délivre » (cf. 8, 80), sans que sa valeur homérique « qui amène les douleurs de l'enfantement », « qui fait accoucher dans la douleur » (Λ 270, al.) soit encore perceptible ; cf. aussi la note à 1, 2 (t. 1, p. 133). — V. 75. Δισσοτόκους : cet adjectif, créé par Nonnos, signifie « qui enfante deux fois » (5, 199 ; 9, 304) ou, comme ici, « enfanté deux fois » (1, 4, pour Bacchos). — Αὐχήν : comme à D. Accorinti, *Byz. Zeitschr.*, 1997, 2, p. 354, il nous semble qu'il y a ici un jeu sur le sens médical de ce mot, « col de l'utérus ». — V. 78. Βητάρμονι παλμῷ. Sur cette expression, fréquente dans le poème, voir la note à 47, 226 (t. 17, p. 157). — V. 79. Ἀστεροπὴ σελάγιζε : cf. Callim., fr. 238, 26 Pf. ἀστεροπαὶ σελάγι[ζον.

Page 35

83-96. — V. 89. La « cité achéenne » est Argos, comme la « cité d'Héra » au v. 355. — V. 90. Προσέληνος est un *hapax* dans le poème. L'épithète était donnée aux Arcadiens qui se vantaient de leur ancienneté ; cf. LSJ, *s. v.* — V. 93. Νεοφεγγές, utilisé ici à propos du Soleil, qualifie la Lune en 22, 350. Avant Nonnos il n'est attesté que chez Manéthon. — V. 94. Nous traduisons la correction de Graefe ὀψιτέλεστον ; la leçon de L, ὑψιτ., « qui se forme dans les hauteurs », serait une création de Nonnos tout à fait possible, mais ici c'est bien un problème de chronologie qui est en cause : le rapport Béroé, la plus ancienne, / le Soleil / et enfin la Lune.

97-105. — V. 97. Construction étrange. Faut-il, comme Peek *s.* φθάνω, sous-entendre ἄστυ après Κύπροιο ? Il est curieux que cette cité ne soit pas nommée. Ou s'agit-il d'un vers imparfait, le raccord raté de deux hémistiches trahissant l'absence d'un dernier poli ? Chypre et Corinthe sont à nouveau associées aux v. 328-329, qui semblent distinguer « la terre de Chypre » et « Paphos » (dont la mention fait précisément défaut ici). — V. 99-102. Voir la note à 12, 45-47 (t. 5, p. 186), avec renvois à d'autres passages du poème. Comme le remarque F. Vian, sauf en 7, 226-227, pour évoquer la castration d'Ouranos et la naissance d'Aphrodite, Nonnos substitue l'image du labour fécond du pénis jeté à la mer à celle, hésiodique (*Théog.*, 180-181), de la moisson des testicules tranchés par la faucille et aux jeux de mots sur μήδεα (testicules / pensers / sourires). — V. 99. Ἀρτιλόχευτον, qui apparaît aussi au v. 170, est une création de Nonnos. — V. 102. Θυγατρογόνῳ : création nonnienne qui figure aussi en 5, 193 ; 7, 212 ; 12, 47 (pour la mer, à propos de la naissance d'Aphrodite).

Page 36

106-118. — V. 106. Mouvement analogue en 42, 460 et 464. — Ἄψοφον : Aphrodite recherche une mer paisible pour aborder, cf. v. 110 et 114-115. — V. 107. Pour d'autres exemples de ce triple οὐ dans le vers, voir la note à 48, 417-419 (t. 18, p. 172). — V. 109. Nonnos se représente Aphrodite apparaissant comme une nageuse (v. 112-116), contrairement à la tradition iconographique qui remonte à l'Antiquité et dont le représentant le plus célèbre est Botticelli. Στροφάλιγγι pourrait désigner ici le mouvement des pieds et des mains de la déesse : « en accélérant ses battements ». Nonnos aime les scènes de natation : cf. entre autres 7, 184-189 (Sémélé et ses suivantes) ; 11, 45-55 (Ampélos et Dionysos) et 406-421 (Calamos et Carpos). — V. 113. Στέρνον ἐπιστορέσασα : même expression en 7, 188 dans un contexte analogue, ce qui justifie la correction de Ludwich ἐπιστορέσασα au lieu d'ἐρετμώσασα manifestement repris du vers précédent.

119-128. Comparer les miracles qui se produisent en 22, 16-27 (où jaillissent naturellement le vin et le lait aux v. 16-22, avec des expressions voisines). Ici, les algues deviennent un gazon fleuri, le sable des plages se couvre de rosiers, le récif produit du vin comme un pressoir, l'air se parfume des senteurs d'un parfum naturel. — V. 119. Ὑψόθι γείτονος ὅρμου : l'adjectif n'a pas ici le sens affaibli signalé dans la note au v. 10 ; « à la surface de la baie voisine » ne signifie pas « à la surface de sa baie » mais « à la surface de la baie proche (de Béroé), à son approche ». — V. 120. Sur αὐτοφυής, voir la note à 47, 17 (t. 17, p. 127). — Βρύα ποίης : litt. "des algues d'herbage". Dans ses quatre emplois dans les *Dionysiaques* (dont trois dans les chants 41-43), βρύον désigne des algues. Il peut se rapporter par ailleurs à des formes végétales terrestres (chatons de certains arbres, efflorescences mâles du noisetier, hépatique, mousse des arbres), mais un emploi aussi précis n'est pas vraisemblable ici. Il faut sans doute comprendre que l'arrivée d'Aphrodite près du rivage transforme la mer peu profonde à cet endroit en une prairie d'algues, de même qu'elle couvre de roses la plage et fait ruisseler de vin les récifs. — V. 121. Πολυψαμάθῳ : cf. 37, 29 et la note (t. 13, p. 109). — V. 125-126. Les éditeurs successifs ont été gênés par la construction des v. 125-126 tels qu'ils figurent dans le manuscrit : les v. 123-125ᵃ et 125ᵇ-126 ne sont pas reliés entre eux, le sens de l'adjectif κατάσκιον ne paraît pas adapté au contexte et l'emploi transitif de κελαρύζω surprend. Diverses corrections ont été proposées. Pour conserver au verbe son emploi intransitif, Graefe, Koechly et Ludwich supposent une lacune en fin de vers. Graefe remplace en outre κατάσκιον par κατάρρυτον (épithète de ὄμβρον en 2, 537 ; cf. aussi 11, 163) et Koechly par κατάσσυτον (épithète de ὄμβρος en 22, 336). Ces deux corrections, acceptables pour le sens, ne résolvent pas le problème de l'asyndète. Pour résoudre ce problème, R. Keydell propose καὶ ἄρκιον, plausible paléographiquement mais peu satisfaisant pour le sens. Au total, il nous semble préférable de conserver le texte de L, comme le fait D. Accorinti, en rattachant ληναίαις λιβάδεσσι à κατάσκιον, régulièrement construit avec le datif. L'asyndète ne manque pas d'exemples dans le poème et ne saurait constituer un obstacle décisif. Quant à l'emploi transitif de κελαρύζω, on le trouve en 16, 370-371 (avec un sujet identique) et 40, 87 ; il n'y a donc pas lieu de supposer une lacune. Le seul véritable problème soulevé par le texte transmis est celui du sens donné ici à κατάσκιον : dans ses autres occurrences il a le sens propre de « ombragé (par) », ici il faudrait admettre un sens plus vague de « foncé ». — V. 126. Γαλαξαίῳ : création nonnienne, quatre autres occurrences. — V. 128. Premier hémistiche identique en 7, 14.

129-142. — V. 129. Γονῆς πρωτόσπορον ἀρχήν : cf., également à propos d'Éros, γάμου -ος ἀρχή en 1, 398 ; voir la note *ad loc.* (t. 1, p. 159). — V. 132. Sur ὠκυπόδης voir la note à 37, 155 (t. 13, p. 124). D. Accorinti a défendu la leçon de L τόκον de manière convaincante, contre la correction de R. Keydell τόπον, qui retrouvait dans cette expression une allusion à la croyance que les garçons sont portés par leur mère du côté droit, les filles du côté gauche. Mais, comme le fait valoir D. Accorinti, τόπον n'apparaît chez Nonnos que dans des conjectures de Keydell et l'expression du v. 132 a un bon parallèle en 21, 123, ἀρσενόπαιδα τόκον. L'accouchement évoque naturellement celui de la Vierge. — V. 133. Pour ἀμαιεύτοιο, voir la note à 48, 841 (t. 18, p. 203). — V. 135ᵃ. Cf. ἔτ' ἐκ βρέφεος, *Anth. Pal.*, 9, 567 (Antipatros), « depuis qu'il était tout bébé » ; sur θερμός pour qualifier Éros, cf. la note à 40, 540 (t. 14, p. 304). — Κυβιστητῆρι... παλμῷ : même expression en 2, 193 ; 38, 370 ; 40, 242. — V. 138. Ἀκλινέεσσιν : le même adjectif est utilisé pour qualifier les seins en 7, 331 ; 48, 115. — V. 140. Ἀνημέλκτοιο : cet adjectif, attesté seulement en ι 439 au sens de « qui n'a pas été trait » (pour des brebis), est un *hapax* dans le poème.

Page 37

143-154. — V. 143-149. Sur la structure de cette seconde litanie, voir la Notice p. 11-12. — V. 144. Ὁμόσπορε : seul autre emploi de cet adjectif en 40, 430, à propos des premiers hommes, à Tyr. — Σύγ-χρονε : sur neuf emplois de cet adjectif, quatre se trouvent au ch. 41 (v. 144, 319, 359, 364). L'expression σύγχρονε κόσμου apparaît aussi en 23, 284 (Téthys) ; 33, 109 (Éros). — V. 149. Orchomène était le lieu du plus ancien et du plus prestigieux culte des Grâces, les Charites : Pind., *Ol.*, 14 (pour Asôpichos d'Orchomène), dont l'expression du v. 4, « Charites d'Orchomène », est ici inversée (volontairement ?) ; Strabon, 9, 40 (414) ; Paus., 9, 35, 1 et 38, 1 ; etc. Cf. aussi 42, 465-466. Sur les Charites et Orchomène chez Nonnos, voir la Notice du ch. 29, t. 9, p. 198-200 et la note à 47, 459 (t. 17, p. 176) ; cf. aussi v. 225. — V. 150. Ἰσοέτηρος est une création nonnienne utilisée aussi en 21, 177, 184 (à propos de Mélikertès, du même âge que Dionysos). Téthys et Océan sont considérés par Nonnos comme des divinités primordiales ; cf. t. 8, p. 142, n. 1. — V. 151. Πολυπίδακι : cet adjectif apparaît aussi à propos d'Océan en 2, 276 ; 23, 281 ; 38, 141, et de l'Olympe en 25, 564. — V. 152. L'expression ὁμιλήσας ὑμεναίοις, qui désigne l'union sexuelle, apparaît huit fois dans le poème ; dans quatre de ces occurrences, le nom est, comme ici, accompagné par un adjectif qui indique les conditions particulières de cette union. Voir 42, 335 et la Notice du ch. 42, p. 64, n. 2.

155-171. — V. 156. Κυβερνήτειρα γενέθλης : pour les autres attestations de cette expression, voir la note à 48, 416 (t. 18, p. 172). — V. 158. Formule proche en 5, 198 (naissance des filles de Cadmos, cf. t. 2, p. 117, n. 3), mais ici Nonnos varie l'expression avec le néologisme ἐννεάκυκλον qui apparaît aussi en 16, 398 (accouchement de Nicaia) et, dans un contexte différent, en 4, 317 ; 31, 167. — V. 159. Pour les sens de ταρσός chez Nonnos, voir au v. 44. — V. 164. Πεπαινομένου τοκετοῖο : cf. 8, 197 ; 24, 210 ; 48, 792. — V. 166. Cypris accouche assise, selon un usage immémorial en Grèce et en Turquie. — Λυσιτόκῳ : création de Nonnos et *hapax*. — V. 167. Ἀνωδίνεσκε : création de Nonnos et *hapax*. — V. 171. Δικασπόλον qualifie aussi Hermès en 6, 249. Les deux seuls emplois de ce mot comme adjectif figurent dans notre chant ; cf., plus loin, v. 275. Comparer θεμιστοπόλος ci-dessus, v. 10, appliqué à Béroé.

Page 38

172-184. — V. 173. Διιππεύοντες : *hapax* dans le poème. — V. 175. Πρωτάγγελος : création de Nonnos (cinq autres emplois). — V. 176-177. Jeu sur l'Océan qui ceinture le monde (ἰξύι κόσμου). Sur la métaphore de l'Océan, couronne ou ceinture, voir D. Gigli Piccardi, *Metafora*, p. 201-202. Le sens de μιτρούμενον avec le datif dans ce passage, « formant une ceinture pour », « passé en ceinture autour de » la taille de l'univers (personnifié), a été expliqué par F. Vian, à 23, 246 (t. 8, p. 258, même expression qu'ici) et voir F. Wolf, *Philologus*, 117 (1973), p. 103. « Τελαμών chez Nonnos peut perdre son sens propre de « baudrier » pour désigner une ceinture (40, 352) ou, dans la *Paraphrase*, un bandeau pour les cheveux (*Par.*, 20, 37 avec la note de D. Accorinti) » (F.Vian, t. 8, p. 258). — V. 179. Σύντροφος Αἰών : même expression en 7, 10 ; sur le sens de l'adjectif voir la note *ad loc.* (t. 3, p. 167). Sur la figure d'Aiôn dans le poème, voir la Notice du ch. 7, t. 3, p. 67-71. — V. 184. Sur la présence des Saisons lors des naissances, voir les notes à 3, 196 (t. 2, p. 142) et 9, 12 (t. 4, p. 100). 185-197. — V. 187. Sur ῥαχίην, voir la note au v. 39. — V. 188. Μυκηθμόν : ce nom dérive d'un verbe qui s'emploie à la fois pour le taureau et pour le lion, mais désigne au sens propre le mugissement du taureau. — V. 190. Ἀνεκροτάλιζε, peu attesté, est un *hapax* dans le poème. — V. 191ᵇ. Voir la note au v. 8. — V. 192. Αἰολόνωτος : même épithète pour la panthère en 5, 361 ; 40, 43 ; 43, 232. — V. 193. Comme à propos du lion, Nonnos se plaît à imaginer que les cris des animaux sont transformés : le hurlement du loup (ὠρυγῆς) devient l'acclamation de joie qu'est l'ὀλόλυγμα, dont le français *hululement* se rapproche au moins pour les sonorités. — V. 194. Ἀδρύπτοις : création de Nonnos employée avec le même substantif en 15, 198 et avec ὀνύχεσσι en 11, 137 ; 25, 435. — V. 195. Κεμαδοσσόον : sur cet adjectif callimachéen, voir la note à 9, 171 (t. 4, p. 141).

Page 39

198-211. — V. 200. Φιλέψιον : création de Nonnos employée aussi en 10, 378 ; 14, 109. — V. 204. Καὶ δρύες ἐφθέγξαντο : même formule en 15, 390 ; 22, 13 ; 24, 155. Sur le chêne dans les *Dionysiaques*, voir la note à 47, 19 (t. 17, p. 127 s.). — V. 205. Ce vers est la reprise, à une variante insignifiante près, de 33, 56. — Φιλομμειδής : cette épithète homérique et hésiodique d'Aphrodite (voir la note à 47, 316, t. 17, p. 167) apparaît aussi pour qualifier la déesse en 33, 56 ; 35, 184 ; 47, 316. Son emploi en 14, 226, dans un contexte dionysiaque et non plus aphrodisien, paraît à tous égards isolé dans le poème. On peut inférer du groupement de ces emplois que Nonnos a dû composer son œuvre, sinon d'un seul jet, du moins en suivant plus ou moins l'ordre de la narration. La reprise du même vers dans deux passages qui appartiennent à des parties assez proches mais aussi différentes que la guerre des Indes (ch. 33) et l'éloge de Beyrouth (ch. 41) suggère que ce dernier n'est pas un corps étranger mais a été conçu et exécuté avec le reste du poème. — V. 207. La périphrase κύκλον ὀπωπῆς au sens de « regard » est fréquente dans le poème (10 occurrences). — V. 211. Ζηλομανής : création de Nonnos utilisée pour Héra (1, 325 ; 32, 47) et pour Héphaistos en 42, 321, dans un passage qui évoque aussi la mort d'Adonis.

212-229. — V. 212. Ou « dans ses mains réunies » ? L'expression ἅμματι χειρῶν apparaît aussi en 37, 560, 570 ; 45, 266 ; 48, 142, mais dans des contextes différents. — V. 214. Παρθένος ἀστραίη :

cf. 6, 102 ; voir la note *ad loc.* (t. 3, p. 144). — V. 215. Noter le rappel ἔννομα / ἔμφρονι. Les trois occurrences de ἔννομος dans le poème se trouvent dans notre chant ; cf. v. 335, 383. — V. 218. Ἡδυτόκοιο est une création de Nonnos, employée aussi en 3, 150. — V. 219 = 5, 228 ; cf. t. 2, p. 118, n. 1. — V. 220ᵃ. Allusion à la cire dont on enduisait les tablettes à écrire. Seule attestation de κηρίον dans le poème. — V. 220ᵇ. F. Vian a montré que κεράννυμι chez Nonnos a déjà le sens de « verser » et non plus de « mélanger » le vin qui, dans le poème, est consommé pur : *Studia... Iohanni Tarditi oblata*, Milan, 1995, p. 211, n. 42 et t. 5 de cette édition, Appendice II, p. 259-264. — V. 221-227. Dans l'apparat critique de son édition, Keydell considère ces vers comme « posterius a poeta additi », affirmation qui nous semble sans fondement. — V. 222. Cf. *Anacreontea*, 12, 5-8 : οἱ δὲ Κλάρου παρ' ὄχθαις δαφνηφόροιο Φοίβου λάλον πιόντες ὕδωρ μεμηνότες βοῶσιν. — V. 223. Sur l'emploi de ἔμπνοος pour l'Ilissos, cf. la note à 47, 13 (t. 17, p. 126). — V. 224. Φοιβάδες αὖραι : même expression en 14, 16 ; voir la note *ad loc.* (t. 6, p. 174). — V. 225ᵇ. Sur cette formule, voir la note à 47, 459 (t. 17, p. 176). Sans doute à la suite d'Euphorion, fr. 87 Powell, Nonnos rapproche le nom d'Orchomène du verbe danser, ὀρχέομαι. — V. 228. Κορύμβῳ : correction de Koechly pour κορύμβων difficile à construire ; pour le datif à la place de εἰς + accusatif, cf. R. Keydell, t. 1, p. 58*. Κόρυμβος n'a pas seulement le sens de « grappe » ou « bouquet » (LSJ), mais désigne des guirlandes ou couronnes : cf. Straton, *Anth. Pal.*, 12, 8, 1 ; [Opp.], *Cyn.*, 4, 245 ; Nonnos, 11, 15 ; 43, 435, mais le mot est toujours accompagné de στέφω ou πλέκω ou d'un dérivé, et en général au pluriel : « couronner de feuillages, tresser du feuillage » ; il est bien attesté chez Nonnos avec μιτρόω, 11, 58 ; 20, 273 ; 21, 62 ; 43, 101. Le parallèle le plus proche est offert par 11, 173.

Page 40

230-249. — V. 230ᵇ. Ὁμόδρομος Ἰοχεαίρῃ : même expression en 48, 243ᵇ pour Aura. — V. 233. Καὶ πόδας αἰγλήεντας : l'insistance sur la beauté des pieds de Béroé, qui permet d'introduire la comparaison avec Thétis et la référence à la légende de Cassiopée, semble avoir une finalité purement rhétorique ; à moins qu'elle ne contienne une allusion qui nous échappe. — Ὑπερκύψασα ... πόντου est une variante de la formule ὑπερκύψασα θαλάσσης fréquente dans le poème ; voir la note à 1, 72-78 (t. 1, p. 139). — V. 235. Ἀργυρόπεζαν... Θέτιν : même expression en 47, 285 à propos d'Ariadne. — V. 236. Sur la légende de Cassiopée dans les *Dionysiaques* voir la note à 25, 134-137 (t. 9, p. 247). — V. 239. Ταυρώπιδι : création de Nonnos, associée 6 fois avec μορφή. — V. 240. Ἀκροβαφής : autre création de Nonnos ; cf. 1, 65 ; 48, 339. — V. 242. Variante à la traduction : « si ne l'avait retenu le souvenir de son union encornée avec une Sidonienne ». Noter la variation ὑμεναίων (242) / ἐρώτων (246) ; cf. à nouveau 247 et 255. — Βοοκραίρων ὑμεναίων : même expression en 3, 270 ; 20, 85, pour les amours de Zeus avec Iô, en 43, 15 (à l'accusatif) pour l'union envisagée de Déjanire avec le fleuve Achéloos. L'adjectif est une création nonnienne ; cf. la note à 47, 559 (t. 17, p. 185). Les scrupules de Zeus, s'abstenant d'une aventure qui le tente pour ne pas donner de rivale à Europé, ni procéder au catastérisme d'un deuxième taureau, ne sont pas courants chez le dieu. — V. 244 = 38, 394. — V. 247-249. Ces vers ne laissent aucun doute sur le destin auquel est promise Béroé, destinée à Poseidon. S'il n'y a pas de « lutte nuptiale » avec Zeus, il y en aura une avec Dionysos, moins choquante pour les bienséances qui règlent l'univers des dieux, mais perdue d'avance pour le jeune prétendant.

Page 41

250-262. — V. 251. Λαροτέρην : cet adjectif, qui qualifie habituellement un liquide, est employé aussi métaphoriquement pour le chant de Cadmos en 1, 519. — Σίμβλοιο : dans ses six autres occurrences, le mot, qui désigne la ruche, est toujours au pluriel ; ici, au singulier, il fait sans doute référence à l'un des rayons et, par métonymie, au miel qu'il contient. — Μελίρρυτον... φωνήν : seul emploi figuré de cet adjectif dans le poème. — V. 253. Πινυτάς, attribut du complément d'objet, indique le résultat de l'action : litt. « Persuasion aiguillonnait les esprits des hommes obtus pour les rendre subtils ». — V. 255. Ἀκοντιστῆρες Ἐρώτων : même expression pour les yeux de Béroé en 42, 236 et pour les seins nus de Sémélé en 7, 264. — V. 257-258[a] = 48, 322-323[a] (pour Artémis au bain) ; voir les notes *ad loc.* (t. 18, p. 164). — V. 258. Νείατα : seul emploi dans le poème de cet adjectif homérique.

263-272. Le τότε du v. 263 marque la fin du long développement commencé au v. 155 et retraçant les origines de Béroé. À partir de ce vers, on revient au récit principal, celui qui, après la consultation par Aphrodite des tables d'Harmonie, va aboutir au lancer par Éros d'une double flèche sur Poseidon et sur Dionysos tout juste arrivé à Beyrouth (v. 1-9). — V. 263[b]. Expression parallèle en 14, 90 μαντιπόλου... ἔμπλεον ὀμφῆς (un Pan). Seul exemple dans le poème de l'emploi imagé d'ἔγκυος suivi d'un nom abstrait. En voyant Béroé, Aphrodite pressent que son destin est de devenir patronne d'une cité, prophétie qualifiée de νοήμονος parce qu'elle se vérifiera. — V. 264. Περιστρωφῶσα : *hapax* dans le poème. Son emploi à l'actif transitif est propre à Nonnos. — V. 265. Νόον ἱππεύσασα : litt. « faisant chevaucher son esprit ». Cette image et le sens factitif donné au verbe employé transitivement (il signifie ailleurs « traverser à cheval ») n'ont pas de parallèle dans le poème. — V. 267. Φερωνυμίην :

hapax qui vient d'Opp., *Hal.*, 1, 243 ; cf. φερώνυμος, v. 270 et ἐπώνυμον, v. 271. — V. 272. Ἀντιτύπων... φιλόπτολιν οἶστρον ἐρώτων : formule compliquée, litt. « l'aiguillon de passions semblables qui fait aimer les villes » : Aphrodite, à l'image des nymphes éponymes Mykéné et Thébé, éprouve le désir de voir son nom (ou plutôt celui de sa fille) attaché à une cité ; aux v. 273-275, ce désir prend la forme d'une véritable jalousie (ζῆλον) envers Athéna, sa sœur, éponyme de la plus prestigieuse cité législatrice. — Φιλόπτολιν οἶστρον : même expression en 40, 439 ; voir la note *ad loc.* (t. 14, p. 297). — Ἀντιτύπων... ἐρώτων : cf. 47, 333 (mais dans un sens différent).

273-287. — V. 273. Στίχα θεσμῶν : l'époque de Nonnos est celle des grands recueils de jurisprudence. — V. 274. Premier hémistiche identique en 13, 219 ; 25, 143 ; 46, 134. — V. 276. Διερροίζησε : *hapax* dans le poème, attesté seulement chez Sophocle (*Trach.*, 468). — V. 287. C'est bien l'Ourse elle-même, et non pas le Gardien de l'Ourse (Arctophylax, Arcturus, mentionné au ch. 42, v. 291) qui veille sur la porte Nord.

Page 42

288-310. — V. 294-302. Le voile tissé par Harmonie représente l'univers avec une image circulaire (cf. μεσόμφαλον v. 296, ἐσφαίρωσε v. 297, κύκλωσε v. 302, περίδρομον, v. 302) qui rappelle celle du bouclier d'Achille forgé par Héphaistos au ch. 18 de l'*Iliade* ; en particulier les v. 301-302 font écho à Σ 607-608. Dans les *Dionysiaques*, on retrouve le même type de représentation pour le bouclier de Dionysos (25, 352-360, 388-412). On notera en particulier le parallélisme des v. 387b-390a du ch. 25 et des v. 296-297 de notre passage. — V. 294b-295a. Cf. Hés., *Trav.*, 64b (création de Pandore à qui Athéna enseignera le tissage). — V. 296b-297 ≈ 25, 388b-389 (à un mot près). — V. 300. Ταυροφυής... κερασφόρος : la représentation des fleuves avec des cornes ou une tête taurine est fréquente dans le poème (en particulier pour l'Hydaspe) et ailleurs ; voir la note à 23, 307-309 (t. 8, p. 261). — V. 301. Ἐυκλώστοιο χιτῶνος : même expression dans *H. hom. Ap.* 203. — V. 307. Χιονώδεϊ πέπλῳ : même expression en 35, 197.

Page 43

311-317. — V. 312. Τανύπεπλος : seul emploi dans le poème de cette épithète homérique. — V. 315. Ῥίζα βίου : Harmonie commence son discours à Aphrodite avec la même formule qui ouvre la litanie de Béroé au v. 143 ; l'idée a déjà été exprimée au v. 14. — Après le v. 317, il faut admettre une lacune de quelques vers comportant la fin des paroles de réconfort d'Harmonie à Aphrodite et le début de la réponse d'Aphrodite.

318-337. — V. 319. Σύγχρονος ἥλικι κόσμῳ : même formule au
v. 364 pour Béroé ; cf. σύγχρονε κόσμου au v. 144, au début de la
litanie à Béroé et σύγχρονος Ἡοῦς au v. 359 ; la question de
l'ancienneté est capitale dans ce chant. — V. 324. Τριηκοσίων
ἐνιαυτῶν : cf. Callim., fr. 48 Pf. Ζεὺς ἐράτιζε τριηκοσίους ἐνιαυ-
τούς ; sur cette période d'union clandestine de Zeus et d'Héra, voir la
note à 32, 33 (t. 10, p. 150). — V. 334. Θεμιστοπόλων : voir la note
au v. 10. — V. 336. Γέρας μοι ἔδωκε : ἔδωκε est une conjecture de
Graefe reprise par Keydell, au lieu de l'incompréhensible ἔοικε donné
par le manuscrit. Sur l'abrègement exceptionnel de οι à la première
brève du deuxième dactyle, cf. R. Keydell, t. 1, p. 41*. — V. 336-337.
Rouse a tort de construire « les hommes, contraints par les lois du
mariage ». L'idée implicite du propos d'Aphrodite est que les lois du
mariage sont à la base de la vie en société (cf. v. 383-384).

Page 44

338-352. — V. 343-350. Dans cette énumération, les noms des planètes sont doubles et se retrouvent dans un groupe de textes remarqua-
blement cohérent. Phaéthon (v. 349) apparaît comme nom de la planète
Jupiter chez Aristote, *Mu.*, 392 a 23-24 ; Eudoxe, *Ars*, 5, 14 et 19 ;
Cicéron, *De Natura Deorum*, 2, 20, 52. Mêmes références pour Stilbôn
(v. 344, « scintillant », particularité de Mercure parmi les planètes) et
Phainôn (Saturne, v. 350), plus *Placita philosoph.*, dans Diels, *Doxo-
graphi Graeci*, II, 15, 4. Pour Arès « Pyroeis » (v. 348) — Mars est
bien connu pour être la « planète rouge » —, Aristote, *Mu.*, 399 a 9 ;
Cicéron, *op. cit.*, 2, 20, 53 ; Théon de Smyrne, p. 139 H. (citant le
poète épique Alexandre d'Éphèse) ; Philon d'Alexandrie, I, 504 ;
Cléomédès, I, 3. Mercure est dit « doré » (v. 343) par allusion à l'âge
d'or, celui de la justice, auquel il préside (cf. v. 344). Surtout,
Alexandre d'Éphèse, cité comme un poète « récent » par Strabon, 14,
1, 25 (642 C), surnommé Lychnos, avait composé un poème astronomique où il met en rapport l'harmonie des sept cordes de la lyre et les
sept planètes, énumérées dans le même ordre et surtout avec les mêmes
noms que chez Nonnos (*Suppl. Hell.*, n° 21 v. 2-8). Ce passage était
assez célèbre si l'on en juge par les citations qui en sont faites (par
Théon de Smyrne, philosophe platonicien et astronome de l'époque de
Trajan et Hadrien) et par la traduction latine de Calcidius (platonicien
du IVᵉ-Vᵉ siècle). Le fait que les parallèles avec Nonnos portent uniquement sur le contenu, et nullement sur la forme, ferait penser, malgré D. Accorinti, *Byz. Zeitschr.*, 1997, 2, p. 365-366, qui a eu le mérite
de faire le rapprochement des deux textes, que le poète n'imite pas
directement Alexandre d'Éphèse, mais s'inscrit dans la tradition philo-
sophique qui l'utilise. Sur la question des lectures et des citations,
directes ou indirectes, faites par les mythographes, on verra maintenant
A. Cameron, *Greek Mythography in the Roman World*, Oxford Univ.

Press (Amer. Philol. Assoc.), 2004. — V. 344. ῷ ἔνι πάντα τετεύχαται : même expression en Ξ 220. — V. 352. Γράμματι φοινικόεντι : « en lettres de pourpre » : l'encre pourpre est celle des textes qui émanent de l'empereur.

353-367. — V. 353. Ἰθυνόων est une création et un *hapax*. — V. 357. Πρωτόπτολις est également une création et un *hapax*. — V. 361. Faut-il supposer une lacune après le v. 360 ? Μόγις implique que les déesses mettent du temps à trouver la cité la plus ancienne, qui figure en effet sur la septième et dernière table : on attendrait peut-être la mention de leur passage devant les précédentes. Mais c'est surtout le changement de sujet entre 360 et 361 qui incite à placer ici une lacune. — V. 364-367. Sur l'étymologie de Bérytos et l'adoption de la conjecture de Graefe reprise par Keydell, πέλε au lieu de πέσε, voir la Notice, p. 28. — V. 364. Cf. la note au v. 319. — V. 366. Ὑπατήια : création et *hapax*, avec un jeu de mots sur ὕπατος, « consulaire ».

Page 45

368-384. — V. 370. Sur le sens de γείτων, voir la note au v. 10. — V. 373. L'invention de l'harmonie de la lyre, inspirée des sept planètes, est le sujet du passage d'Alexandre d'Éphèse dont Nonnos paraît s'être inspiré plus haut ; voir la note à 343-350. — V. 374. Sur Hyagnis inventeur de la double flûte, voir la note à 10, 233 (t. 4, p. 146). Second hémistiche presque identique en 45, 163. — V. 376. Seule mention dans le poème de Linos, héros thébain, fils d'Apollon, qui passait pour être l'inventeur du rythme et de la mélodie. — Εὐεπίην est le terme qui désigne la poésie d'Homère en 13, 51 ; 25, 262. — Ἀρκὰς ἀλήτης : Arcas est le roi des Arcadiens qui deviendra plus tard la constellation du Bouvier (cf. 13, 295-297 et la note, t. 5, p. 144). L'adjectif ἀλήτης, épithète de λαός... Ἀρκὰς en 13, 287, est ici appliqué au roi. — V. 378. En 40, 379-380 le quadrige du Soleil apporte les saisons. — V. 379-380. Passage très proche en 4, 278-279, mais c'est Cadmos qui y invente ce comput digital (voir la note *ad loc.*, t. 2, p. 161). Endymion est mentionné à plusieurs reprises dans le poème pour ses amours avec Séléné (récapitulation dans la note à 48, 581-583, t. 18, p. 183), mais c'est le seul passage où il figure comme inventeur. Formulation également très proche en 6, 61 à propos d'Astraios. — V. 381-382. La seconde partie du v. 381 est très proche de 4, 262 (voir la note *ad loc.*, t. 2, p.160), mais c'est de l'invention de l'éloquence (ἐυγλώσσοιο... φωνῆς), et non de l'écriture, que Cadmos semble crédité ici. — Ἐυγλώσσοιο : la seule autre attestation de cet adjectif se trouve en 3, 321, également à propos de Cadmos. — V. 383. Ἀθτίδι πεύκη : cf. 48, 961. — V. 384. Συζυγίης ἀλύτοιο : même formule en 7, 47 ; 24, 273.

385-398. — V. 387. Le cercle central est celui du soleil, donc d'Apollon, le dieu qui accorda à Octave la victoire d'Actium. —

V. 388. Πολύστιχον : sur les emplois de cet adjectif dans le poème, voir la note à 37, 519 (t. 13, p. 157). Le sens qui convient ici « en vers nombreux », seul exemple dans le poème, n'est attesté que chez le philosophe Ammonios. — V. 393. Ὑγρομόθοιο : sur cette création de Nonnos, attestée aussi en 39, 88, 272, voir la note à 39, 88 (t. 14, p. 231). — V. 394. Πτολιπόρθιος, doublet de πτολίπορθος, vient de ι 504 (Ulysse) ; cf. 25, 154. — V. 395. Sur σαόπτολιν, voir la note à 47, 557 (t. 17, p. 185). — V. 396. Βιότοιο γαληναίοιο τιθήνη : variation sur le βιότοιο τιθήνη employé au v. 318 par Aphrodite à propos d'Harmonie.

Page 46

399-407. — V. 402-407. Vers presque identiques en 33, 143-148 (ne diffèrent que 404[b] et 33, 145[b] ; 407[a] et 33, 148[a]). Γαληνιόωντι (v. 402) et θελξινόου (v. 405) ne figurent que dans ces deux passages — V. 403. Vers très proche en 3, 398 (Électre tenant dans ses bras Émathion et Harmonie).

408-427. — V. 411. Vers très proche en 48, 787 (avec ὀξύ au lieu de δριμύ) ; voir la note *ad loc.* (t. 18, p. 198 s.). — Δριμύς, *hapax* dans les *Dion.*, est attesté chez Homère et Eschyle, mais surtout présent chez Aristophane (cf. J. Taillardat, *Les Images d'Aristophane*, Paris, 1962, par. 356-357, 602 ; 385 pour les variantes). — Δυηπαθέος τοκετοῖο : se retrouve aussi en 48, 815. — V. 415. Ὁμογάστριον, homérique, est un *hapax* dans le poème. — V. 419. On a ici le seul exemple d'emploi absolu de τιταίνω dans le poème. Selon Keydell, le verbe a ici le même sens que l'expression τόξα τιταίνω attestée six fois. Cette interprétation nous paraît préférable à la substitution de τόξα à σεῖο proposée par Graefe. — V. 424. Χέλυν : c'est la carapace de cette tortue, cadeau d'Apollon, qui sera la caisse de résonance de la lyre d'Éros (v. 427). — V. 425[b]. Cf. π 66 ἐγὼ δέ τοι ἐγγυαλίξω.

NOTES

CHANT XLII

Page 80

1-5. — V. 1. Vers repris de 20, 289. Un relevé de ces reprises (incomplet, celle-ci n'y figure pas) a été fait par Ludwich et augmenté par P. Collart, p. 43-48. Le premier hémistiche ne revient pas moins de sept fois dans le poème, dans un contexte identique en 11, 355 = 14, 315, en début de chant déjà en 32, 1. Dix chants sont ouverts par une formule du type « sur ces mots » : 4, 8, [15, 19], 23, [32, 36], 39, 42, 45 ; dans les six chants qui ne sont pas entre crochets, la formule est suivie par « la divinité partit ». C'est de loin la formule d'ouverture de chant la plus usitée du poème ; après elle vient l'expression Λῦτο δ᾽ ἀγών · (5 ex.). Pour l'interprétation de ces vers « formulaires », homérismes archaïsants plutôt que marques d'une précipitation brouillonne, voir F. Vian, t. 9, p. 211-212 (à propos de 14, 376-402 et 29, 219-239). — Μεταχρόνιος : pour le sens, « qui se trouve en l'air », cf. note à 20, 289 (t. 8, p. 199). — V. 2. Ἀκίχητος, repris au v. 23, qualifie aussi Éros en 19, 261 ; voir la note *ad loc.* (t. 7, p. 176). — V. 3. Κατέγραφεν ἠέρα ταρσῷ : même formule en 4, 407 ; 23, 119 ; 31, 5, toujours pour évoquer les déplacements aériens de divinités. — V. 4. Κατωμαδίη, seul ex. chez Nonnos, « suspendue à l'épaule », comme chez Callim., *Hymnes*, 4 (*Délos*), 44, et différemment d'Hom., Ψ 431 et d'Aratos, 29, « au niveau des épaules ».

6-16. — V. 6-9. Comparaison reprise d'Hom., Δ 75-77, οἷον δ᾽ ἀστέρα ἧκε Κρόνου πάις ἀγκυλομήτεω / ἢ ναύτῃσι τέρας ἠὲ στρατῷ εὐρέι λαῶν / λαμπρόν· τοῦ δέ τε πολλοὶ ἀπὸ σπινθῆρες ἵενται ; elle caractérise également la descente d'une divinité (Athéna) sur terre. On la retrouve en 24, 89-90 pour Ourania avec le même emploi en fin de vers de ὁλκῷ, qui vient d'Apollonios, pour désigner la trajectoire d'une étoile filante. Cf. la note à 24, 90 (t. 8, p. 269). — V. 6. Ὡς (δ ᾽) ὁπότ᾽ est homérique (Λ 671). — Ὀξύς « rapide » est post-homérique. L'épithète reparaît au v. 10 à la même place mais avec un sens différent, dans une expression prise à Apoll. Rh., 2, 1251, chez qui elle qualifie le vol terrifiant de l'aigle vers Prométhée. Cette reprise fait le lien entre les deux termes de la comparaison, le premier visuel et le second auditif (D. Gigli Piccardi, *Metafora*, p. 48 ; D. Accorinti *ad loc.*). — La construction du v. 8 est délicate : si on fait dépendre πτολέμοιο de τέρας, la construction est dissymétrique, car ce mot ne peut convenir que pour le premier membre de phrase (« présage de guerre pour une armée »), mais s'adapte mal au second (« ou pour un marin »). Cela a conduit Koechly, suivi par Keydell, à supposer après le v. 8 une lacune d'un vers entier où Nonnos aurait précisé le genre de prodige que représente l'étoile filante pour les marins. Cela paraît peu vraisemblable et il faut plutôt voir dans la gaucherie de la construction la marque d'un certain manque de poli sensible dans ce chant. On peut aussi faire dépendre πτολέμοιο de στρατιῇ, « une armée de guerre, c.à.d. une armée en guerre », ou en faire un génitif marquant le temps (« pendant la guerre »). On notera que dans le vers d'Homère τέρας n'a pas de complément, pas plus que dans les quatre autres emplois de ce mot dans les *Dionysiaques*. — V. 12. Les « rocs assyriens » désignent sans doute le mont Liban. Sur la localisation de l'Assyrie chez Nonnos, voir *Myth. et géogr.* p. 191-192. — V. 16. Ἡνιοχῆα θαλάσσης : le « Cocher de la mer » est ici Poseidon, comme en 43, 8 ; en 39, 95, c'est Zeus qui est appelé ἡνίοχον πόντοιο καὶ αἰθέρος (voir la note *ad loc.*, t. 14, p. 231).

17-22. — V. 17. Ἁλιγείτονος : cet adjectif, repris au v. 28, se retrouve seulement en 28, 247. Voir la note *ad loc.* (t. 9, p. 327). — V. 19-22. Sans reprises verbales vraiment significatives, le thème de la scène est inspiré de Callim., *Hymnes*, 5 (*Bain de Pallas*), 9-12 ἀλλὰ πολὺ πράτιστον ὑφ' ἅρματος αὐχένας ἵππων / λυσαμένα παγαῖς ἔκλυσεν Ὠκεανῶ / ἱδρῶ καὶ ῥαθάμιγγας, ἐφοίβασεν δὲ παγέντα / πάντα χαλινοφάγων ἀφρὸν ἀπὸ στομάτων. — V. 20. Marôn est chez Nonnos un vieillard ivrogne et bon danseur (il remporte contre Silène l'épreuve de pantomime au ch. 19). En trois passages, il est le cocher de Dionysos : en 11, 119-122 ; 18, 47-51 (voir la note de J. Gerbeau *ad loc.*, t. 7, p. 133) et ici. Ce rôle convient mal avec le grand âge qui lui est attribué fréquemment (cf. G. Chrétien, t. 4, p. 77-78), mais dont rien n'est dit dans ces trois passages, qui sont cohérents entre eux. Le char du dieu est toujours traîné par des panthères. — V. 22. La nuque des fauves a été entaillée par le joug (Peek, *Lex.*, *s. v.*) ou plutôt marquée par le fouet (cf. 37, 380).

Page 81

23-39. — V. 25. Βακχεύσας Διόνυσον est un oxymore. — V. 26. Οἴνοπα βότρυν ὀπώρης : même hémistiche en 47, 51. — V. 27. Κυβερνητῆρα τριαίνης : même formule pour désigner Poseidon en 37, 344 et 43, 177. — V. 29. Allusion aux deux ports de Bérytos, l'un militaire et l'autre pour la pêche. Pour la formule finale, cf. 41, 34. —

V. 32. Il n'est pas nécessaire de supposer, comme l'a fait Koechly, suivi par Keydell, une lacune après ce vers. — V. 34. Noter la reprise de ἔφλεγε (v. 30) et le jeu sur les sonorités ἔφλεγε / ἔθελγεν.— V. 35ᵃ. Reprise du v. 24 — V. 36. Cf. 9, 156 et la note (t. 4, p. 113) : réminiscence, à plusieurs reprises chez Nonnos, de Callimaque, fr. 110, 53 Pf. — V. 37. Ἀνηώρητο πεδίλῳ : même fin de vers en 25, 57 ; 43, 439 (avec, pour cette référence, νόθος ὄρνις).

40-48. — V. 40. Ἀντώπιον ὄμμα τιταίνων : même hémistiche en 4, 248 ; 25, 408 ; pour ἀντώπιον voir la note à 4, 9 (t. 2, p. 152). — V. 42ᵃ. Ὀχετηγός : *hapax* homérique, employé 8 fois par Nonnos au sens figuré, « qui fait couler, qui amène » (cf. note à 7, 203, t. 3, p. 178). Pour la fortune de cet emploi figuré dans l'Antiquité tardive, cf. t. 3, p. 94, n. 1. — V. 43. Vers très proche (avec πομπός au lieu de πορθμός) en 5, 588 ; voir la note *ad loc*. (t. 2, p. 193). — V. 47. Pour le premier hémistiche, la même idée est exprimée en 11, 101-102 ; voir la note à 11, 102 (t. 5, p. 160). — Ἱσταμένην : pour cet emploi, cf. au ch. 42 les v. 67, 284, 349, 448, 458 ; il est dérivé du sens de « faire face » (pour un combattant, 17, 162), « s'immobiliser » (21, 22). Noter qu'on a six emplois de ce participe au ch. 42, deux au ch. 41 (v. 291 et 304), un au ch. 43 (v. 120), sur un total de 23 dans toute l'œuvre ; sauf un (v. 349), ces neuf exemples sont au féminin. Au ch. 42, ceux qui se rapportent à Béroé dessinent des scènes où l'insensible est vue debout et immobile. Aux v. 47 et 67, Bacchos contemple la jeune fille, puis cherche à la lutiner ; aux v. 448 et 458, c'est Poseidon qui la détaille, puis lui adresse un discours de supplication.

49-64. — V. 49. Πρόμον ἄστρων : même formule, à la même place, en 40, 367 pour désigner Héraclès assimilé au Soleil. — V. 50. Ὀπισθοτόνων : création de Nonnos, employée une quinzaine de fois dans le poème. — V. 51. Cf. 37, 303 et t. 13, p. 86, n. 2. — V. 55. Περιδέδρομεν : parfait valant aoriste, 13 ex. dans les *Dion.*, voir la note à 28, 65-66 (t. 9, p. 317). — V. 56-57. Formulation voisine en 32, 265-266, pour évoquer la retraite d'Érechthée ; voir la note *ad loc*. (t. 10, p. 13). — V. 56. Ὀκναλέου ποδὸς ἴχνος ὑποκλέπτων, littéralement « cherchant à dissimuler la trace de son pied hésitant » signifie que Poseidon s'éloigne à la fois discrètement et à contre-cœur. Pour ἴχνος ὑποκλέπτειν, cf. 16, 249. — V. 59. Πολύφλοισβος est épithète de la mer chez Homère. Autre exemple d'emploi métaphorique avec μερίμνη en 33, 263. Noter le jeu de sonorités παφλάζοντα πολυφλοίσβοιο. —V. 61-62. Noter l'anaphore du premier hémistiche. — V. 63. Χρόα désigne ici le « corps » de la jeune fille, mais χροός aux v. 79 et 424 a le sens de « teint ».

Page 82

65-88. — V. 65-70. Keydell, « Eine Nonnos-Analyse », *Antiquité classique*, 1, 1932, p. 190 s., a tort de mettre en cause la place de ces vers (qu'il considère comme une variante de 315-322). Voir la Notice, p. 56-57. — V. 67. Ὁμόθηρος est un *hapax* dans le poème. Il vient de Callim., *Hymnes*, 3 (*Artémis*), 210. — V. 70. Νάρκησε : ce verbe (« être paralysé ») est un *hapax* dans les *Dionysiaques* ; appartenant au vocabulaire médical ou naturaliste, peu courant en poésie mais homérique (Θ 328), il semble ici venir du poème théocritéen *Oaristys* (27, 51) où le contexte est le même, mais l'emploi exactement inverse. Dans l'*Oaristys*, le garçon touche les seins eux-mêmes de la jeune fille sous son vêtement (v. 49) ; ses mains, loin d'être engourdies, veulent leur « donner une leçon » d'amour (v. 50) et c'est la jeune fille qui se sent défaillir sous la caresse (ναρκῶ, v. 51). — Γυναιμανέος : Dionysos (ou Bacchos) reçoit aussi cette épithète en 16, 229, 252 ; 33, 153 ; 48, 644, 774 et, plus loin, v. 314. Cf. aussi γυναιμανέων : 16, 389 (Lyaios) ; 43, 437. — V. 79. Pour χροός voir la note au v. 62. Pour μάρτυς, « témoin », appliqué à un objet, voir F. Vian, *Rev. Ét. gr.*, 1997, p. 143-160 (p. 152). — V. 81ᵇ-83. Ce passage est à rapprocher de 32, 12-13 où, au contraire de Béroé, Héra se coiffe avec minutie ; voir la note *ad loc.* (t. 10, p. 147). — V. 85-86. Le thème de ces vers (le charme du négligé) se retrouve en 10, 272-273 et 48, 149 avec des formulations à peu près identiques (v. 86 ≈ 10, 272 ≈ 48, 149). Voir les notes à 10, 272 (t. 4, p. 149) et 48, 146 (t. 18, p. 146).

Page 83

89-97. — V. 90. Πυρόεντος... Κυνός : sur la chaleur qui caractérise la constellation du Chien et les épithètes qui l'expriment, voir la Notice du ch. 47, t. 17, p. 36. — V. 93. Πάτριον ὕδωρ désigne l'eau « paternelle » ou « ancestrale » (cf. 47, 86), pas forcément celle du fleuve qui porte le nom du père de Béroé, Adonis (malgré R. Keydell : il est question d'une source dans la forêt et non du bord d'un fleuve) : Béroé est soit une Océanide soit la fille d'Aphrodite elle-même sortie des ondes ; Rouse comprend « l'eau de sa patrie » (« of her own country », cf. 7, 172 ; 13, 251). — V. 97. Cette comparaison entre l'eau et le nectar est insolite dans les *Dionysiaques* (l'épithète indique qu'il s'agit bien du nectar et non du vin comme parfois : voir F. Vian à 25, 443 s. (t. 9, p. 264) sur le vocabulaire de ces deux boissons). Ordinairement, c'est le vin terrestre qui est déclaré supérieur au breuvage des dieux ; mais ici le dieu du vin dans son amour en arrive à préférer l'eau de la source où Béroé vient de boire. Dionysos s'inspire d'un manège amoureux décrit par Achille Tatios, 2, 9 : l'amant appuie ses lèvres sur la coupe à l'endroit même où sa bien-aimée a bu. Ce thème a été étudié par D. Gigli Piccardi, *Studi A. Ardizzoni* (1978) p. 435, suivie par D. Accorinti, à ce passage de Nonnos, avec davantage de parallèles. Cf. surtout Longus, 4, 26, 4.

98-109. — V. 98ᵇ. Même hémistiche en 7, 256 ; 10, 321. — V. 105. Sur la légende d'Alphée dans le poème, voir la note à 37, 170-

173 (t. 13, p. 126). Alphée est aussi qualifié d'ἀλήτης en 13, 324. —
V.107. Ὑγρὸς ἀκοίτης est employé en fin de vers en 3, 277 (Nil) ;
41, 30 (Poseidon). L'expression se trouve à propos de l'Alphée dans
Anth. Pal., 9, 362, 6.

Page 84

110-123. — V. 110. Ὑγρομέδοντι : cet adjectif est une création
de Nonnos, toujours employée pour Poseidon (5 autres emplois). —
V. 112. Ἀντὶ μέθης : litt. « au lieu d'ivresse ». — V. 117-120. Sur la
légende de Tyrô, voir les notes à 1, 124 (t. 1, p. 142) et à 8, 235-246,
245-246 (t. 3, p. 195-196). — V. 122ᵇ. Même hémistiche en 15, 270.
124-137. — V. 127. Ὁμίλεεν n'implique pas forcément une
conversation, mais seulement une rencontre : cf. 8, 416 ; 27, 334 ; 38,
2 ; parfois amoureuse, cf. 8, 71 ; 32, 83 ; 43, 56 et ici le v. 335. Dans
ce cas, le verbe est d'ordinaire, comme au v. 335, accompagné d'un
mot qui en précise le sens. — V. 132-133. Même rapprochement entre
les deux variétés de pin en 12, 133 ; 21, 104 ; 22, 175-176. — V. 133ᵇ-
134. Reprise développée du v. 45. — V. 135. Μή μιν ἀλυσκάζειε :
même formule en 48, 481, 630 ; cf. t. 18, p. 115, n. 5. — V. 137.
Κυπριδίων... ἐρώτων : même expression en 1, 351 et 33, 335. —
Παραίφασις... ἔρωτων : cf. 48, 870 (et la note, t. 18, p. 205-206) et,
plus loin, v. 203.

Page 85

138-149. — V. 140. Ἀνδροφόνοι : les thyrses portent le même
qualificatif en 31, 7. — V. 141. Πεδοτρεφέων : sur cet adjectif créé
par Nonnos, d'application très générale, voir la note à 40, 535 (t. 14,
p. 303-304). — Ὀφιωδέα δεσμά : formule fréquente, au singulier ou
au pluriel, pour évoquer les serpents qui s'enlacent dans la chevelure
de Dionysos. — V. 145ᵇ. Même hémistiche en 26, 29. — V. 148.
Θηρονόμῳ : dans ses trois autres occurrences, cet adjectif est
employé avec μάστιξ (6, 116 ; 11, 122 ; 18, 50). Néanmoins la correction de Koechly s'impose, car θηροφόνῳ donné par le manuscrit ne
s'accorde pas avec le contexte. — V. 150-157. — V. 150. Ἐριπτοίητον : sur les sens, passif (comme
ici, « effrayé ») ou actif (« furieux ») de cet adjectif créé par Nonnos,
voir la note à 27, 189 (t. 9, p. 302-303). — Ὑπὸ στόμα, qu'on
retrouve au v. 155, signifie « dans sa bouche ». Même expression en
6, 103 ; 40, 227. — V. 153. Ici et au v. 441, seuls exemples de γλυκύπικρον (mot de Sappho) dans le poème. — V. 154. Le verbe σπάω est
habituellement employé chez Nonnos au sens d' « aspirer, sucer » (du
lait, exceptionnellement de l'eau en 41, 73). Ici l'emploi est imagé :
avec παλινάγρετον « aspirer en sens contraire », d'où « ravaler » ses
paroles. En 43, 49 et 44, 67, il sert à désigner l'action d'arracher un
membre (dans des scènes de *sparagmos*). — V. 156. Ἀμβολιεργόν :

hapax chez Nonnos ; semble provenir d'Hés., *Trav.*, 413. — Άπε-σφήκωσε : sur les quatre occurrences de ce verbe créé par Nonnos qui signifie « délier », c'est la seule où l'emploi est figuré. **158-168.** — V. 158-163. Dionysos feint de prendre Béroé pour Artémis, mais s'étonne qu'elle n'ait pas ses attributs. Ces propos montrent clairement que Béroé n'est pas habillée en chasseresse et du reste il n'est dit nulle part qu'elle chasse, si ce n'est peut-être aux v. 316-321 (voir *ad loc.*) : elle semble se promener aux alentours du palais de sa mère (cf. les v. 163 et 277). — V. 160. Κυκλάς est épithète de αὔρη également en 1, 133 ; 16, 16 ; la correction θυιάδος proposée par Koechly est donc inutile. — V. 161. Ἀργαί : seul emploi dans le poème de cet adjectif utilisé chez Homère pour les chiens, à la fois « brillants » et « rapides » (Α 50 ; Σ 283). — V. 162ᵃ. Hémistiche voisin (et non identique, malgré Peek, *s. v.* κεμαδοσσόος) en 5, 460. Sur cet adjectif callimachéen, voir la note à 9, 171 (t. 4, p. 115). — V. 165. Ἀπειροκάκῳ est un *hapax* dans le poème ; l'adjectif se trouve chez Thucydide et Euripide (*Alc.*, 923). — V. 168. Νοοπλα-νέος : l'adjectif est une création de Nonnos ; Dionysos porte le même qualificatif en 45, 68. et en 33, 227 (mais avec un sens passif : « à l'esprit égaré »).

Page 86

169-181. — V. 170. Βαρύμοχθον : le seul autre emploi de cet adjectif créé par Nonnos se trouve en 5, 469. — V. 173-174. Cf. 48, 481-482 pour une idée analogue, également exprimée sous forme sentencieuse. — V. 175. Πιτυώδεος ὕλης : même formule en fin de vers en 37, 11 ; 40, 445 ; 44, 186. La forêt de pins (sans doute déjà évoquée au v. 42, sans indication d'essence) où Dionysos soupire pour Béroé est peut-être celle, proche de Beyrouth, dont les chroniqueurs du Moyen Âge font l'éloge : al-Idrisî, trad. P. Jaubert (1836), I, 355 ; Guillaume de Tyr, *Hist. occ. Crois.*, I, 475, à propos du « mout biau bois de pins » qui fournit en madriers les assiégeants de 1111. — V. 176. Nonnos combine deux couples d'expressions : l'hom. δείελον / μέσον ἦμαρ d'une part et de l'autre les deux étoiles, du matin et du soir. — V. 181. Allusion à Homère : cf. Ν 636-637 (propos, en forme de « priamel », de Ménélas triomphant sur un Troyen) : πάντων μὲν κόρος ἐστί, καὶ ὕπνου καὶ φιλότητος | μολπῆς τε γλυκερῆς καὶ ἀμύμονος ὀρχηθμοῖο « on se lasse de tout, du sommeil, de l'amour, du chant suave et de la danse sans défaut » (mais les Troyens sont insatiables de guerre). **182-195.** — V. 182. Ὑπεβρυχᾶτο est un *hapax* dans les *Dionysiaques* ; on le trouve chez Triphiod. 519.— V. 184. Ὑποκάρδιον ἕλκος ἐρώτων : même formule en 15, 244 ; voir la note *ad loc.* (t. 6, p. 217). — V. 185-193. Nouvelle comparaison développée, dont le thème (Éros comparé à un taon) vient d'Apoll. Rh., 1, 1265-1269, qui lui-même s'inspire d'Hom., χ 299-301 (ce dernier dans un autre contexte : le massacre des prétendants). Le taon est appelé μύωψ par Nonnos (v. 189) comme par Apoll. Rh. (v. 1265 et 3, 277) et avant lui Callim., fr. 301 Pf. L'originalité de Nonnos est d'avoir focalisé sa description sur les mouvements du bovin piqué et non sur ses meuglements comme Apollonios. On notera que le *tertium comparationis* se limite à peu de choses (v. 187ᵃ ≈ 195), à moins que le troupeau qu'abandonne le βοῦς ne désigne l'armée que Dionysos a quittée (allusion vague en 194ᵇ ?). — V. 188-189. L'inversion de ces deux vers, due à Cunaeus, est indispensable pour le sens : le participe βεβολη-μένος ne pouvant se rapporter qu'au taureau (sujet non exprimé de ἐστυφέλικτο), non au taon. — V. 189. Ὀξυόεις signifie chez Homère « de frêne » (ὀξύη) mais n'est plus attesté dans la poésie entre Homère et Nonnos, qui le reprend (14, 137, 335 ; 36, 281) en lui donnant un sens admis par certains grammairiens qui le font dériver d'ὀξύς (Hésychius) ; voir H. Ebeling, *Lex. Hom.* ; P. Chantraine, *Dict. Etym.* ; B. Snell et alii, *Lexikon des frühgriechischen Epos, s. v.* — V. 192. À quoi ἀντίτυπον compare-t-il la corne du bovin ? À sa queue repliée suppose Peek, *Lexikon, s. v.*, ou plutôt au dard du taon, ὀξὺ... κέρας répond à ὀξυόεντι... κέντρῳ, mais alors que le dard du taon triomphe du taureau, celui-ci n'est capable que de frapper dans l'air. C'est le triomphe du petit sur le grand ; cf. Apoll. Rh., 3, 275-277 (Éros comparé à un taon) et 291-295 (thème épique de l'incendie né d'une étincelle). — V. 195. Πανθελγέι : sur cet adjectif créé par Nonnos, voir les notes à 31, 273 (t. 10, p. 145) et à 48, 273-274 (t. 18, p. 159).

Page 87

196-204. — V. 197. La correction de Keydell, qui remplace μύθῳ, texte de L, par μύθων est inutile ; Pan, qui va faire un exposé de stratégie amoureuse, est peut-être « gros (ἐγκύμονι) des discours (μύθων) de la Paphienne » (c'est-à-dire de propos sur l'amour), mais Παφίης ἐγκύμονι se rapporte aussi très bien au récit (μύθῳ) que Dionysos fait à Pan de ses déboires amoureux. On notera que le poète épargne ainsi au lecteur, non sans humour, les jérémiades amoureuses de Dionysos. — V. 201. Nonnos s'inspire formellement de Callim., *Hymnes*, 1, 90, ἐνέκλασσας δὲ μενοινήν. Pour le sens, il transpose l'hom. κατε-κλάσθη ἦτορ que les scholies glosent ἐλυπήθη. Pan s'amuse et compatit à la fois.

205-251ᵃ. — V. 213. Vers proche en 48, 483. — V. 216. Sur ὀχε-τηγός, voir la note au v. 42. — V. 221-223. Le copiste de L note ici en marge trois corrections apportées à son modèle, qu'il désigne par « τὸ παλαιόν » ; voir l'apparat critique. — V. 225. La correction de Wernicke ἄναπτε au lieu de ἔνιπτε s'appuie sur des emplois parallèles du verbe avec le même complément μῶμον en 12, 231 ; 27, 69 ; 37, 413. — V. 241. Εὐαφέος : cet adjectif est un *hapax* dans le poème ; il vient du vocabulaire des naturalistes et des médecins (Théophraste, Arétaios, Aétios [VIᵉ s.], Paul d'Égine [VIIᵉ s.]) pour désigner une surface moelleuse. Ici, il signifie « agréable à toucher » d'où « douce à caresser ». — V. 246. Ἠριγενείῃ : « Celle qui naît dans les brumes », c'est-à-dire l'Aurore.

Page 88

251ᵇ-273. — V. 253. Βάρβιτα : seule mention de cet instrument dans le poème. C'est à l'origine un luth dont jouait Borbad, fondateur de la musique persane ; mais le terme est employé dans la littérature gréco-latine pour désigner une sorte de lyre comportant plus de sept cordes. Ici il est caractéristique de l'Asie Mineure (« consacré à Rhéa »). — V. 254. Κύπριδος ἁβρὸν ἄγαλμα : en 34, 293, cette périphrase sert à désigner Chalcomédé. — Παροίνιον : « qui concerne l'ivresse », d'où « dans les banquets » ; cet adjectif aristophanesque est un *hapax* dans le poème. La musique, le vin et l'amour font bon ménage. — V. 260. Ἀνυμφεύτους ὑμεναίους : la formule revient 7 fois dans le poème (4 au génitif, 3 à l'accusatif). Sur les amours malheureuses de Pan, voir la note à 2, 119 (t. 1, p. 170). — V. 264. Il ne paraît pas nécessaire de supposer ici une lacune, comme le fait R. Keydell. — V. 265. Οἴνοπι μορφῇ fait allusion à la rougeur qui embellit une femme qui pleure. L'adjectif est souvent employé dans le poème pour qualifier le raisin et, par métonymie, Dionysos. Sur la rougeur des joues comme critère de beauté, voir la note à 18, 343 (t. 7, p. 157). — V. 271. Μελίφρονα est un *hapax* dans le poème. Le second hémistiche est imité par Collouth. 95 avec δεσμόν au lieu de θεσμόν.

Page 89

274-281. — V. 275-314. D. Gigli Piccardi, *Metafora*, p. 21-28, étudie les métaphores de ce discours. Selon elle, p. 22, « cette transformation de Dionysos en paysan … fait penser que Nonnos a eu l'intention de le mettre en relation avec Adonis, divinité phénicienne de la végétation et des jardins ». Mais Adonis dans les *Dionysiaques*, comme dans la mythologie courante à l'époque romaine, est avant tout un chasseur et c'est ainsi qu'il est présenté ici (v. 67, 346-347). D. Gigli Piccardi compare le procédé utilisé ici par Dionysos et le manège de Clitophon au jardin, faisant à Satyros, en présence de Leucippé, le tableau de la puissance d'Éros sur les différents règnes de la nature : oiseaux, pierres, plantes, fleuves… « elle laissait entrevoir qu'elle n'écoutait pas sans plaisir » (Ach. Tat., 1, 16-18). Mais, indépendamment de la différence de résultat, le procédé même nous semble assez différent. Il ne s'agit pas ici d'exemples, mais Dionysos se livre à une série de sous-entendus obscènes, la métaphore ne faisant que renvoyer, de manière obsessionnelle, à l'acte sexuel et à la grossesse sa conséquence directe. — V. 277-280. Comme l'a vu D. Gigli Piccardi, *loc. cit.*, les métaphores sexuelles commencent dès ces vers, avec l'emploi du terme πρόθυρον, « vestibule », attesté avec ce sens en particulier chez Ératosthène le Scholastique, *Anth. Pal.*, 5, 242, et l'image de la prairie féminine. — V. 277ᵃ. Même hémistiche en 8, 204.

282-300. — V. 282. Sur le terme γεωμόρος, voir ci-dessus la n. à 41, 24. Il annonce ici une série de métaphores agricoles pour désigner l'acte sexuel, dans la veine du « labour conjugal » familier à la poésie grecque depuis l'archaïsme (Théognis, 582) et en particulier chez les Tragiques ; on le retrouve chez Nonnos à propos de la castration d'Ouranos (voir 41, 99-102 et la n.). — V. 284-300. Les quatre appels de Dionysos correspondent aux saisons : v. 284ᵇ-290ᵃ (6 v.), les semailles, l'automne ; v. 290ᵇ-292 (2 v. et demi), les pluies, l'hiver ; v. 293-294 (2 v.), les fleurs, le printemps ; v. 295-300 (6 v.), moissons et vendanges, l'été. — V. 284-285. La borne dressée est au sens propre celle de l'équinoxe d'automne. La métaphore est claire. — V. 286-291. Ciels d'automne. Le soleil entre dans le signe zodiacal du Scorpion le 21 octobre ; les Pléiades se couchent début novembre et le Gardien de l'Ourse (Arcturus, dont c'est la seule mention dans le poème) est une des étoiles les plus brillantes de la constellation du Bouvier, dont le lever héliaque marque le début de l'automne. Cf. la note à 1, 255 (t. 1, p. 151). Le Scorpion est associé aux labours d'automne chez Nonnos : 6, 240-241 ; 38, 264-265. Sa présence ici pourrait impliquer une métaphore sexuelle (son dard ; les semailles, aux vers suivants, évoquent à nouveau le « labour conjugal »). — V. 289-290. Le soleil, en particulier d'automne, à son lever, amène la rosée ; cf. 40, 386-389. Comme l'a bien vu Keydell, *Byz.-Neugriech. Jahrbb.*, 4, 1923, p. 4, la tournure personnelle « baignée par Phaéthon » a des implications érotiques, mais elle vise plutôt le bain prénuptial que la consommation de l'union (sous-entendue au vers précédent). — V. 294. Nous ne suivons pas la transposition de Marcellus, qui place 301-302 entre 294 et 295 (voir ci-dessous à 301-312).— V. 297-298. Ou « un parent est arrivé ! ». La constellation de la Vierge, dont « le lever héliaque correspondait au début des vendanges » (M.-Ch. Fayant, t. 17, p. 32-34), comporte l'étoile προτρυγητήρ (qui est peut-être le σύγγονος de la Vierge évoqué ici), « Annonciatrice des Vendanges », qui, plus précoces en Grèce que chez nous, sont associées à la deuxième partie de l'été et non à l'automne. La Vierge céleste tient un épi de blé (cf. déjà 6, 84). Certes, la Vierge (Érigoné) n'est pas à proprement parler la sœur d'Amymôné, mais la question n'est pas que l'approximation soit « flatteuse » pour cette dernière (*sic* Keydell, *Byz.-Neugriech. Jahrbb.*, 4, 1923, p. 4, *aus Schmeichelei*). Dionysos ne fait qu'entasser les équivoques sexuelles : σύγγονος (cf. aussi 371) fait également allusion à lui-même, tout autant « parent » d'Amymôné que la Vierge. S'il y a glissement de la vendange (v. 295-297) vers la moisson (v. 298-300), l'idée est toujours la même (Béroé est mûre pour être cueillie) et les prémices de cette récolte iront à la déesse de l'amour et non à Déméter. D. Gigli Piccardi interprète ces « prémices » offerts à Aphrodite comme une allusion aux enfants du couple (p. 24). Il nous paraît évident qu'il s'agit de l'offrande de la virginité de la jeune fille, prélude certes à une union féconde (la « moisson porteuse d'épis » du v. 299).

Page 90

301-312. Nonnos reprend un thème de la littérature érotique (F. Vian, Notice du ch. 32, t. 10, p. 82) : le penchant des plantes les unes pour les autres est censé avoir un effet stimulant pour les humains. Il faut voir ici une célébration parodique de l'universalité du désir sexuel et c'est pourquoi on se gardera de retirer les v. 301-302 à cet ensemble pour les transporter entre 294 et 295 afin d'étoffer une évocation du printemps qui déçoit l'attente des éditeurs, mais trouve son parallèle dans le vers unique consacré à l'hiver, juste avant (v. 292). P. Collart, p. 240-241, voulait démembrer cette série, considérant les v. 301-302 comme un additif au v. 294, mal inséré. Mais les plantes de ces deux vers ont la même fonction « exemplaire » que celles des v. 308-310. Le choix des exemples correspond à des considérations de genre grammatical (que le français ne peut pas rendre) : des plantes au nom masculin (jacinthe, narcisse) cherchent à atteindre des plantes au nom féminin (myrte, anémone). Il est possible que Nonnos se souvienne de sa description du jardin d'Électre au ch. 3, v. 140-164. On y trouvait aussi, mais non pas réunis, la « jacinthe » (qui évoque le beau Hyakinthos) et le myrte. Comme le fait remarquer D. Accorinti *ad loc.*, la présence du myrte n'est sans doute pas due seulement au fait que cette plante est consacrée à Aphrodite, mais aussi que la « baie de myrte » désigne une partie du sexe féminin (le clitoris ?) chez Aristophane, *Lys.*, 1004 (voir J. Taillardat, *Les images d'Aristophane*, Paris, 1962, par. 112 = latin *landica*). Le couple narcisse-anémone provient de l'évocation des amours végétales qui entourent l'union de Zeus et d'Héra au ch. 32 ; le v. 302 reprend presque intégralement 32, 92, sans que nous sachions pourquoi ces deux fleurs, dont l'une porte un nom masculin et l'autre un nom féminin, sont accouplées. Au v. 301, ἐπιτρέχω, « assaillir » (hom.) ou « courir après » les femelles (Plut., *Mor.*, 965ᵉ) et au v. 302 ἐπιθρῴσκω, « couvrir », « saillir », font image. — V. 306. Allusion aux seins de la jeune fille. Νεοθηλέα a un double sens selon qu'on rattache son deuxième élément à θάλλω, « pousser » ou à θηλή, « mamelon » du sein. — V. 308-310. L'orme (féminin en grec) et le cyprès (de désinence masculine) ne semblent pas réunis ailleurs. La légende (homosexuelle) de Kyparissos, liée à celle d'Hyakinthos, est évoquée par Nonnos en 11, 363-365 ; en revanche, il ne semble pas que Ptéléè, la nymphe de l'orme, ait eu des amours célèbres ; Nonnos ne la mentionne pas. Au v. 309, les amours du palmier mâle et femelle figurent déjà en 3, 143 d'après Achille Tatios. Le safran (Crocos) et la salsepareille (Milax, féminine), et leurs amours, ont été évoqués au ch. 12, 85-86 (voir la note *ad loc.*, t. 5, p. 189) et au ch. 32, v. 86. Enfin, 15, 353-355 énumère dans l'ordre narcisse, safran et salsepareille, anémone : ces plantes qui pousseront sur la tombe d'Hymnos sont celles d'adolescents « frappés par le désir », ποθόβλητοι, ce qui nous donne sans doute la clef de l'origine — pédérastique — du catalogue nonnien. Hyakinthos appartient à la même catégorie et le cyprès est un arbre funéraire. L'orme aussi a ce caractère (Hom. Ζ 419). Le parallèle avec 16, 278-280 (union de Dionysos et de Nicaia) est plus lointain ; le thème de la nature complice des amours divines reparaît une dernière fois, sous un jour plus sombre, avant l'union d'Aura et de Dionysos (48, 515 et 577ᵇ-587). Par ailleurs, le safran est l'une des plantes qui poussent lors de l'union de Zeus et d'Héra (Hom. Ξ 348), la salsepareille est une plante dionysiaque dont les grappes ressemblent à celles de la vigne sauvage (Théophr., *Rech. Plantes*, 3, 18, 11-12 et la note de S. Amigues). — V. 312. On voit aisément ce que sont ces deux pommes (les seins) et cette grappe (le triangle pubien).

Page 91

313-322 — V. 315. Ἐπέρραφεν (cf. 9, 3) est une correction de Marcellus pour ἐπέφραδεν impossible syntaxiquement. Nonnos joue sur une épithète de Dionysos, Eiraphiôtès, qu'il rapproche du verbe ῥάπτω, « coudre », conformément à l'une des multiples interprétations antiques de ce surnom : voir Chantraine, *Dict. Étym., s. v.* — V. 316-321. Béroé tient à la main des filets (v. 316), mais ce sont ceux de son père Adonis (v. 321). Même ici, elle n'est pas vraiment représentée en nymphe chasseresse. — V. 320. Le τελέσσει reproduit par la plupart des éditeurs est dépourvu de sens. Graefe a proposé τελέσσεν, mais ce trochée final est contraire à l'usage de Nonnos, comme le note Koechly qui adopte τελέσσαι (texte de F et M adopté par Falkenburg et Lubin), infinitif complément d'un ἔτλη hypothétiquement contenu dans un vers manquant. Rouse et Accorinti conservent, mais traduisent par un passé. La lecture τελέσσοι semble possible pour deux raisons : — quand on se reporte au manuscrit, on ne lit pas -ει ; la vérification d'une vingtaine de –ει en fin de vers ajoutés au-dessus de la ligne ne fournit aucun signe identique à celui de 42, 320 ; en revanche, en 42, 139, le –οι de θύρσοι en fin de vers au-dessus de la ligne a une graphie très comparable à celle du v. 320 (2 lettres non séparées, contrairement à l'usage le plus fréquent du copiste). Ludwich indique : ει *fere ut* οι P ; — la forme serait un optatif aoriste à voyelle o au lieu du α habituel (ce qui fait ressembler les formes de ce type à un optatif futur), qui n'a pas d'autres attestations pour ce verbe, mais dont Keydell, p. 48*, cite 16 exemples (aucune à la 3ᵉ pers. du sing.

actif). — V. 322. Dionysos veut stimuler l'imagination de Béroé en introduisant des thèmes érotiques dans une conversation cynégétique : ici, la jalousie qu'Héphaistos, époux légitime d'Aphrodite, pourrait éprouver à l'égard d'Adonis, l'amant de celle-ci. Dans la tradition courante, c'est Arès, l'autre amant d'Aphrodite, qui est jaloux et provoque la mort du jeune homme. Cette légende est évoquée à propos de la naissance de Béroé au ch. 41, v. 208-211, avec l'emploi du même adjectif ζηλομανής (création nonnienne) au v. 211.

323-345. Pour le songe de Dionysos, comparer le songe d'Ariadne en 47, 320-335 ; voir la note à 47, 332-335 (t. 17, p. 168). — V. 330. Φερέσταχυν : l'adjectif est une création de Nonnos pour 4 occurrences, les 3 autres étant associées à Triptolème. — V. 334. Cf. 7, 142. — V. 337. La correction de Graefe ἐκόμισσε pour ἐνόμισε, amétrique et non épique, est inévitable. — V. 338-339. L'anémone, née du sang d'Adonis blessé à mort par Arès sanglier, ne peut susciter que des plaisirs éphémères, d'où les reproches que lui fait Dionysos. Ailleurs dans le chant (cf. le v. 346 !), Adonis paraît toujours de ce monde. Cf. 48, 276. — V. 338ᵇ. Même hémistiche en 11, 237 (avec également μινυνθάδιος au vers précédent) ; l'adjectif est une création de Nonnos employée aussi en 7, 31. — V. 339-342. Cf. 47, 345-349 et la note (t. 17, p. 169). — V. 342-343. Cf. 48, 515-516. — V. 345. Λυσιμελής n'est employé qu'une autre fois dans le poème en 48, 652 comme épithète du sommeil (voir la note ad loc., t. 18, p. 189). Ici Nonnos joue sur le sens de l'adjectif : Dionysos est à son tour victime du tourment qu'il inflige ordinairement aux autres.

Page 92

346-362. — V. 347. Cf. 24, 134. — V. 356-360. Dionysos révèle son identité : R. Shorrock, *The Challenge of Epic*, p. 99 n. 207, rappelle à ce sujet Ulysse se révélant aux prétendants (χ 35-41), mais de manière à vrai dire toute différente. C'est la première manifestation explicite de la divinité de Dionysos avant qu'il aille rejoindre son Père dans l'Olympe (cf. 362 et la note). Nonnos toutefois, en résumant la première partie du discours de Dionysos, c'est-à-dire la présentation du dieu proprement dite, et en ne retenant du discours que le manège de séduction, relativise l'importance de cette théophanie. — V. 361. Le manuscrit porte ἀναιδείη, seul emploi du mot dans les *Dion.*, dans une alliance qui surprend si l'on attend une antithèse. Mais le mot est peut-être une faute pour ἀναλκείη, plus satisfaisant pour le sens et qui serait aussi le seul emploi de ce mot dans le poème (mais Nonnos emploie l'adjectif ἀναλκίς). La leçon ἀναιδείη a pu être suscitée par αἰδοῦς à la fin du vers. — V. 362. Sur les deux sens, profane, *prolixe, expressif* (cf. 19, 200) et religieux, *multiforme* (cf. 3, 423 ; 12, 68), de ποικιλόμυθος, voir la note à 12, 68 (t. 5, p. 188). Il serait possible que le mot ait ici aussi une valeur religieuse : voir la note au v. 369. Si la scène du ch. 3 évoque « une sorte de salutation évangélique » (F. Vian), celle-ci aurait pu faire songer à la Transfiguration (Μεταμόρφωσις) du Christ sur le mont Thabor, cf. ἀνδρομέης ἀπὸ μορφῆς / εἶδος ἑὸν μετάμειψε (v. 356-357), mais la sobriété du poète n'y incite guère (à la différence de ce qu'il a fait dans le récit de la lutte contre Dériade, il n'évoque pas du tout une transformation physique de Dionysos).

363-379. — V. 363. Il nous semble nécessaire de rendre le καί adverbial (cf. l'imitation de Musée, v. 203, avec un verbe au futur) et de considérer ναίω comme un futur (cf. R. Keydell, t. 1 de son édition, p. 70*-71*). Aussi, bien qu'il dise à la lettre « je n'habite plus » et non « pas encore », Dionysos ne ment-il pas sur sa situation actuelle. — V. 369. Il est tentant de garder le texte de L, Βάκχος ἐγώ, qui rappelle le « Νόννος ἐγώ » de l'épigramme Anth. Pal., 9, 198 (F. Vian, t. 1, p. LVI) : comme le remarque F. Vian, « Dionysos se manifeste comme dieu (v. 357) ; il serait assez logique qu'il donnât son nom » et l'apostrophe initiale du v. 369 conviendrait pour introduire cette révélation, qui viendrait aussi à propos : Bacchos (369ᵃ) peut épouser la fille de Cypris (369ᵇ) sans qu'il y ait mésalliance. Mais la difficulté de construction du v. 370 et la cohérence du propos (orienté vers l'« inconvenance » de la conduite de Béroé) incitent à adopter la correction de Graefe en 369. On interprétera donc plutôt ce long discours de 66 vers (v. 363-428) comme un exercice de séduction. — V. 374-375. Leur déplacement après le v. 371, proposé par Koechly, nous semble souhaitable. Le v. 372 est la réponse à l'objection que Béroé est supposée formuler aux v. 374-375. — V. 378. Τελεσσιγάμοιο : voir t. 17, p. 106, n. 2.

Page 93

380-395. — V. 384. Le seul sens possible est « tu sais comment Syrinx a été punie pour avoir refusé l'amour ». Comme le remarque F. Vian, « l'absence d'accentuation signale que le mot μῦθον est difficile à lire voire corrompu sur le modèle de L. Dès lors, μισθόν, correction de Graefe, adoptée par Marcellus, Koechly et Ludwich, est tentant au sens de « salaire, châtiment » (cf. Callim., *Hymnes*, 3 (*Artémis*), 263). Μισθὸν ὀπάζειν (cf. 41, 423 avec un sens différent) serait un arrangement épique pour μισθὸν δοῦναι, au sens de « payer le prix de son arrogance ». — V. 387. Bien que ce fleuve soit « tant célébré », c'est la seule mention du Ladon dans le poème. La « fille du Ladon » est Daphné. Cette périphrase renvoie à la version arcadienne de la légende de Daphné, alors qu'en 33, 211-215 figure la version syrienne. Cf. P. Chuvin, *Myth. et géogr.*, p. 170. — V. 391. Χόλον δασπλῆτα : l'adjectif est aussi épithète de χόλος en 6, 182 ; 30, 201, ce qui justifie la correction de Koechly, χόλον au lieu de πόθον dont le sens ne convient pas ; sur l'origine callimachéenne probable de l'expression,

voir la note à 6, 182 (t. 3, p. 154). — V. 392. Éros est aussi qualifié de
βαρύμηνις en 47, 415. Pour l'épithète θερμός, voir la note au v. 2. —
V. 394-395. Autres références sur ce lieu commun de Nonnos dans la
note à 47, 390-395 (t. 17, p. 172-173).

Page 94

396-415ᵃ. — V. 397. Pour l'idée, cf. 8, 139 ; 47, 381. Pour
l'expression, cf. 42, 245. Δεδείξομαι, futur médio-passif de δείκνυμι,
est attesté chez Plutarque, *Mor.*, 2, 416 d Wyttenbach et chez Apoll.
Dysc., *Synt.*, 23, 26, al. (LSJ). — V. 399. Calque ironique de la formule qui désigne d'ordinaire des voiles teints en pourpre, cf. 4, 110
et 18, 355 (en 43, 445, une expression analogue désigne plutôt les
perles). — V. 404. Γλωχῖνα τριαίνης : même expression en 8, 238 ;
36, 111 ; 39, 281 ; au génitif en 2, 411 ; et, au datif, en 13, 437 et,
plus loin, v. 520. — V. 407-410. Ce bref catalogue d'amantes de
Poseidon est différent de celui qu'on trouve en 8, 235-246 où sont
mentionnées Mélanippé, Amymôné (que l'on retrouve ici) et Tyrô.
Voir la note *ad loc.* (t. 3, p. 195). — V. 407. Seule autre allusion à la
Danaïde Amymôné en 8, 241. — V. 409. Autre mention de Skylla
(mais pour son apparence) en 18, 246-247. — V. 410. Astéria est aussi
mentionnée comme amante de Poseidon en 2, 125 ; 33, 337. Sur cette
tradition propre à Nonnos, voir la note à 2, 125 (t. 1, p. 171). —
V. 411. Unique mention d'Euboia dans le poème. Voir P. Chuvin,
Myth. et géogr., p. 46, n. 22.

415ᵇ-428. — V. 416. R. Keydell suppose ici une lacune pour faire
place à la mention du Pactole, fleuve de l'or. On aurait ainsi : l'or et le
Pactole, l'argent et Alybé, l'Éridan et l'ambre, la perle, l'escarboucle.
Mais rien n'impose que le premier présent envisagé soit déterminé
géographiquement comme les deux suivants, alors que les deux derniers ne le sont pas. — V. 418. La périphrase « les trésors d'Alybé »
désigne l'argent. Sur Alybé, voir P. Chuvin, *Myth. et géogr.*, p. 154-
160. — V. 419. Ἀργυρόπηχυς est une création et un *hapax*. —
V. 424. Cette pierre peut être la perle, cf. 11, 310, plutôt que le dia-
mant produit par la foudre de Zeus, cf. 47, 591. Sans doute n'y a-t-il
pas de lacune (l'accusatif est complément de κομίσσω sous-entendu,
cf. 418, 419 et 426). Pour la construction, comparer 460 et 464. —
V. 426. Pour l'escarboucle et le jeu étymologique, voir les notes à 5,
177 (t. 2, p. 177) et 18, 74-75 (t. 7, p. 135).

Page 95

429-441ᵃ. — V. 433. Τί κύντερον : formule analogue en 48, 481 ;
voir la note à 48, 480 (t. 18, p. 177). — V. 434. Θυμοβόροιο : sur ce
mot, voir la note à 47, 53-54 (t. 17, p. 137). — Λυσσώδεϊ κέντρῳ :
même expression en 11, 194 (mais au sens propre). — V. 439. Ἀμιτροχίτωνι : cf. 48, 507 (pour Aura) à la suite de Callim., *Hymnes*, 3
(Artémis), 14 ἀμίτρους.

441ᵇ-458. — V. 445. L'hypothèse d'une lacune après 446 n'est pas satisfaisante : rien ne paraît manquer au sens et elle ne permet pas d'expliquer le difficile ἔτι du v. 445. Or au v. 445, si οἱ...σπεύδοντι se rapporte grammaticalement au vers suivant (dans sa hâte, ses pieds ébranlent les cimes), ἔτι, lui, relie le v. 445 au v. 447 : Poseidon n'est pas encore arrivé qu'il cherche déjà à apercevoir Béroé. Sans doute a-t-on dans ces vers une marque du relatif inachèvement de l'œuvre plutôt qu'une lacune à proprement parler. — V. 447. L'asyndète ne manque pas d'exemples chez Nonnos : 13, 201 ; 14, 82, 403, 416 ; 15, 206 ; 17, 22 ; 19, 236 ; 23, 116 ; 25, 105 ; 37, 352, 397 ; 43, 291 ; 47, 306 ; 48, 671 (F. Vian). — V. 451. Ἄκρα. La naissance (Vian, cf. 4, 429 ; 37, 521 ; Accorinti) plutôt que les pointes des seins, cachés par des bandes (v. 452-453). En tout état de cause, Poseidon cherche à voir en profitant de la transparence du tissu ; cf. 451ᵃ : les seins de Béroé ne sont donc pas nus ; et 451ᵇ : quel est l'intérêt de se placer en oblique (παρακλιδόν), si ce n'est pour profiter de la lumière à travers l'étoffe ? — V. 452. Πολυπλεκέεσσι, création de Nonnos et hapax absolu, se range à côté de πολύπλεκτος, autre création du poète (3 ex.), « entouré de liens » (23, 55), « serré » (5, 247 ; 26, 106). — V. 456ᵇ. Même hémistiche en 36, 124 ; 43, 120. — V. 458. Cf. au v. 47 pour les emplois de ἱσταμεν- dans le chant, où ils ont une fréquence particulière.

Page 96

459-485. — V. 459. Ἑλλάδα καλλιγύναικα : cf. B 683. — V. 460 et 464. L'anaphore du premier hémistiche rappelle celles du ch. 41, en particulier aux v. 98 et 119. En outre cet hémistiche rappelle 41, 107. — V. 461. Καλλιτόκοιο. Cet adjectif, mentionné par Hésychius, n'apparaît que chez Nonnos (26, 336 ; 44, 303). — V. 462. Εὐπάρθε-νον : sur le sens et les emplois de cet adjectif, voir la note à 39, 188 (t. 14, p. 239).

Page 97

486-496. — V. 488. Εὔπαιδα γενέθλην : même expression en 3, 257 (mais avec un sens différent) ; 48, 856, 911 ; voir la note à 48, 856 (t. 18, p. 204). — V. 491. Le ceste fouette et pique à la fois, comme en 32, 39 (voir la note *ad loc.*, t. 10, p. 150) ; 42, 438 et 47, 423. Il s'agit de la ceinture d'Aphrodite, *brodée* ou plus exactement *piquée* (d'où le terme κεστός, que les Anciens rattachaient à juste titre à κεντέω, cf. la note à 24, 245, t. 8, p. 275). Nonnos joue sur cette « piquante ceinture piquée ». — V. 493. Ὁμοφλέκτῳ : création de Nonnos et *hapax*.

497-514. — V. 497. Πολυμνήστοιο : seul emploi de cet adjectif homérique dans le poème. — V. 502. Cypris présente Béroé, enjeu de la lutte, dans la tenue de rigueur pour une jeune mariée, complètement voilée. — V. 511. Νυμφοστόλος : sur les emplois de cet adjectif, voir la note à 48, 108 (t. 18, p. 142). — V. 512. Cf. η 325, ἄτερ καμάτοιο. — V. 514. Il ne paraît pas nécessaire de supposer ici une lacune.

Page 98

515-525. — V. 516. Quelle est cette ville ? Byblos ? En fait, c'est plutôt Beyrouth elle-même, et γείτων indique l'appartenance plutôt que la proximité ; voir la note à 41, 10. — V. 518-520. Beyrouth eut à subir de graves tremblements de terre : en 349, pour la période qui précède la date probable de composition des *Dionysiaques*, puis en 494, 502, 529, 551 (qui ruina définitivement la ville) : P. Collinet, *Histoire de l'École de Droit de Beyrouth*, Paris, 1925, p. 55. Il est possible que le poème ait été composé après un long intervalle sans séismes ; tout comme il a pu y en avoir, dont nous n'avons pas gardé le souvenir, dans le siècle et demi qui sépare celui de 349 et celui de 494. — V. 521-522. Non seulement Dionysos n'anéantira pas les vignobles de Beyrouth, mais le vin de la *chôra* de la cité restera fameux jusqu'à la période islamique, cf. Ibn Saihan, cité par A. Rowe, *The Topography and History of Beth-Shean*, Philadelphie, 1930, p. 5, célébrant « le vin des villages de Beyrouth, pur, sans défaut, ou celui qui est apporté du pays de Beisân » (Nysa-Scythopolis, identifiée avec la Nysa nonnienne).

526-542. — V. 529. Sur ἀέξετο, voir F. Vian, à Apoll. Rh., t. 1, p. 178, n. 2. — V. 535. Χαλάσας πτερόν, à propos de l'aigle, rappelle Pind., *Pyth.*, 1, 6 πτέρυγ'... χαλάξαις, à propos de l'aigle du sceptre de Zeus, mais le sens est différent puisque, chez Pindare, il s'agit d'un aigle au repos. — Ἀελλήεις est une création nonnienne, fréquente dans le poème.

NOTES

CHANT XLIII

Page 136

1-7. — V. 1. Ἐγρεκύδοιμος, épithète d'Arès également en 32, 164 et 33, 156, n'est pas ici une simple épithète de nature ; Arès s'apprête bien à « éveiller le combat ». — Ὀχετηγός : voir la note à 42, 42. Seul autre emploi pour une personne en 19, 261 (Éros). — V. 2-3. Noter l'insistance sur le thème du mariage avec les adjectifs νυμφιδίης, θαλαμηπόλον et γαμίου. — Πτολέμοιο θεμείλια : même emploi figuré de θεμείλια en 17, 135 ἑτέρης δὲ θεμείλια πήγνυτο χάρμης ; 29, 324 λύων... θεμείλια δηιοτῆτος ; 40, 254 λύσας... θεμείλια δηιοτῆτος. Dans la note à 17, 311 (t. 6, p. 256), B. Gerlaud donne des exemples d'emploi de θεμείλιον ou de termes synonymes avec un sens affaibli dans des tours périphrastiques. D'après D. Gigli, *Metafora*, p. 144, n. 68, la périphrase appartiendrait au langage juridique, mais l'hypothèse n'est étayée par aucun argument. Chez Nonnos, on trouve πηγνύναι θεμείλια au sens concret en 5, 50 (fondation de Thèbes) et c'est cette formule qui sert de matrice aux emplois figurés de 17, 135 et de notre passage. L'expression λύειν θεμείλια δηιοτῆτος est, pour le sens, une variation sur la formule homérique λῦτο δ' ἀγών que Nonnos utilise à cinq reprises au premier vers d'un chant. On trouve chez Thucydide (5, 31) l'expression λύειν πόλεμον. — V. 5. Le nom propre Hyménaios désigne chez Nonnos deux personnages différents, le chef des contingents béotiens, éromène de Dionysos, ou, comme ici, le dieu du mariage (et non seulement du désir amoureux, cf. 33, 67, 82 ; 38, 137). Le dieu est, d'après Nonnos, fils de la Muse Ourania (qui vient aider le chef béotien homonyme de son fils lors du passage de l'Hydaspe en 24, 88-91) et camarade de jeux d'Éros en 33, 64-104. Sur ces deux personnages, mal distingués par la tradition mythologique, voir la Notice du ch. 29, t. 9, p. 198-202. En 33, 67, le dieu est qualifié d'εὐχαίτης (comme son homonyme mortel en 13, 84 ; 29, 15 ; 37, 723) et, en 33, 82, d'ἁβροκόμης (comme son homonyme mortel en 13, 91) ; l'épithète θοῦρος, usuelle pour Arès et pour Éros, ne lui est appliquée que dans ce passage, mais convient bien puisque Hyménaios combine les fonctions respectives de ces deux divinités ; l'alliance de mots rappelle celle du v. 3 γαμίου πτολέμοιο. — Ἐς ὑσμίνην δὲ χορεύων : même formule en 14, 230 et 30, 2. D'après F. Vian, *Rev. Phil.* 61, 1987, p. 13-17, la présence d'un complément de lieu incite à donner au verbe le sens affaibli d'« aller », mais son emploi dans le contexte particulier de la guerre amoureuse suggère que le sens originel de « danser » est encore perceptible. — V. 6. Dans le poème, Amyclées (faubourg de Sparte, lieu de culte d'Apollon) est évoquée principalement en relation avec la légende d'Hyakinthos. Aphrodite d'Amyclées n'est mentionnée qu'ici, mais Nonnos cite à trois reprises l'Aphrodite armée de Sparte avec laquelle elle se confond sans doute. Voir la note à 31, 262-263 (t. 10, p. 144) et P. Chuvin, *Myth. et géogr.*, p. 64, qui ajoute « qu'elle sert ici simplement à exprimer de manière rhétorique l'idée d'un « amour belliqueux ». — V. 7. Sur l'aulos phrygien, voir t. 3, p. 121, n. 1. Sur la flûte guerrière, voir les notes à 2, 370 (t. 1, p. 180) et 28, 22 (t. 9, p. 314).

8-17. — V. 8. Ἡνιοχῆι θαλάσσης : sur cette périphrase qui désigne Poseidon, voir la note à 42, 16. — V. 10. Μετανάστιος qualifie généralement des personnes et signifie « qui change de pays, émigré » ; ici il est employé métaphoriquement pour la couche de Béroé qui, si elle épouse Poseidon, sera réellement étrangère puisqu'elle quittera le monde terrestre pour le monde marin (cf. un emploi comparable avec οἶκον en 21, 19). Sur cet adjectif, voir la note à 40, 557 (t. 14, p. 305, qui ne mentionne pas notre passage), où la remarque finale (« C'est toujours une sorte d'exil, mais pour quelque chose de meilleur. ») ne convient pas ici. — V. 12ᵇ-15. La légende de Déjanire : cf. Soph., *Trach.* 9-27, 503-530. Déjanire n'est nommée qu'une autre fois en 35, 89-91, où Orsiboé lui est comparée, mais à un tout autre titre, celui de femme combattante. Sur cet épisode, voir P. Chuvin, *Myth. et géogr.*, p. 25-26. La légende de la rivalité entre Héraclès et l'Achélôos pour la conquête de la main de Déjanire est évoquée également en 17, 237-239. — V. 13. Περιβρομέω, *hapax* dans les *Dionysiaques*, est attesté chez Apollonios où il est le doublet de περιβρέμω. Pour le sens, cf. 2, 357 μόθος... ἐπέβρεμεν (combat de Zeus contre Typhée) et 40, 62 μόθος ἔβρεμε. — V. 15. Βοοκραίρους ὑμεναίους : le dieu-fleuve Achélôos est cornu ; cf. 13, 314 βοοκραίρων ἀπὸ λέκτρων et 17, 237-239. L'adjectif est une création nonnienne ; voir la note à 47, 559 (t. 17, p. 185). — V. 16. Ῥόμβῳ : employé 3 fois au sens de « tourbillon », le terme désigne plutôt ici un vrombissement (malgré Peek, *Lexikon, s.u.*), comme en 14, 401 ; 29, 190-192 et 41, 81. Voir les notes *ad loc.* (t. 6, p. 201 ; t. 9, p. 342 s.)

18-25. — V. 18. Vers presque identique en 32, 129 (τρηχαλέον au lieu de καὶ βλοσυρόν), dans l'épisode de la folie de Dionysos. —

Λυσσώδεϊ λαιμῷ : même expression en 18, 178 (lion) ; 20, 257
(lion) ; 29, 303 (Dionysos) ; 32, 129 (Dionysos) ; 46, 9 (Penthée), 220
(Agavé). — V. 19. Vers presque identique en 39, 374 (καὶ βυθίῳ au
lieu de ᾿Ασσυρίῳ). Le trident de Poseidon est qualifié d᾿ « assyrien »
parce que le combat a lieu en « Assyrie », terme très vague chez Nonnos. — V. 22. ᾿Ορεσσινόμοιο… ῾Ρείης : seul emploi de cette épithète pour Rhéa, qualifiée ailleurs de ὀρειάς (20, 72), ὀρεσσιπόλος
(13, 137) ou ὀρεστιάς (21, 92). — V. 23. Selon les contextes, ἄντυξ
δίφρου peut désigner soit l'ensemble du char à cause de la forme
arrondie du caisson, ce qui est le cas ici (cf. 14, 269 ; 25, 391 ; 48, 1
« caisson » ; 15, 145 « siège »), soit, comme en 37, 355 et, plus loin,
au v. 274, la rampe. — V. 25. Μιτρώσασα… κισσῷ : sur l'emploi du
verbe μιτρόω chez Nonnos, voir la note à 47, 8 (t. 17, p. 124 s.) ; sur
les rapports entre Dionysos et le lierre, voir la note à 47, 11-12 (t. 17,
p. 126) ; les autres passages où Nonnos mentionne des couronnes de
lierre sont recensés dans la note à 18, 136 (t. 7, p. 141). En 20, 296-
297, lierre et vigne sont également associés dans la chevelure de Dionysos.

Page 137

26-33. — V. 26-28. C'est durant son enfance chez Rhéa que Dionysos est devenu « le conducteur de son attelage de lions carnassiers »
(9, 161). En 20, 298, quand il arrive chez Lycurgue, c'est aussi avec un
attelage de lions. Sur ce char et ses autres mentions dans le poème, voir
les notes à 9, 161 (t. 4, p. 114) et 25, 312 (t. 9, p. 256). — V. 26. Περίπλοκον αὐχένα σείων : même hémistiche en 48, 129. — V. 27.
Τρηχαλέον μύκημα : même expression en 6, 201 ; 17, 206 ; 32, 129.
D'après B. Gerlaud (note à 17, 216, t. 6, p. 251), lorsqu'il qualifie un
son, l'adjectif est synonyme de τραχύς et prend le sens de « rude,
rauque ». — Les v. 27-28 ont été inversés par Marcellus, Koechly et
Ludwich. P. Collart, *Nonnos*, p. 242, n. 1, suivi par Keydell, rejette
cette transposition, considérant qu'il n'est pas gênant que καί τις soit
séparé de λέων et que la succession de deux propositions au participe
est fréquente chez Nonnos. — V. 29. Γείτονι : sur l'emploi pléonastique de cet adjectif voir la note à 41, 10. — V. 29-33. Pour une étude
détaillée de l'éléphant chez Nonnos, voir F. Vian, notes à 26, 295/332
(t. 9, p. 285-290). Sur la présence des éléphants dans le triomphe
indien de Dionysos et après, cf. en particulier n. à 26, 329-332 ; sur les
pattes que l'éléphant ne peut plier et sa démarche, cf. n. à 26, 303-
304 ; pour la trompe qualifiée de « lèvres », voir *infra* au v. 339. —
V. 31. ᾿Ανήφυσε : ἀναφύσσω est une création de Nonnos employée
en 15, 10 et 48, 600. — V. 33. ᾿Αχίτωνα : la « tunique » dont sont
dépouillées les Naïades désigne l'eau qui les recouvrait.

34-39. — V. 34. ῾Υγρομέδων : voir la note à 42, 110 ; cf. la périphrase du v. 120 ἁλὸς μεδέων. — V. 36ᵇ. Τανυπτόρθοις… κορύμ-

θοις : l'adjectif est une création nonnienne associée au même substantif en 14, 132 et 36, 386 (7 autres emplois dans le poème, pour des
végétaux ou des cornes). — V. 38. Vers très proche en 2, 37 (avec
Ταυρείου au lieu de χθονίου). Sur les sens de κενεών chez Nonnos,
cf. la note à 2, 37 (t. 1, p. 165). Sur les effets des coups de trident de
Poseidon, voir 21, 91-104 (tremblement de terre en Arabie avec mention d'arbres déracinés). — V. 39. L donne μετοχλίζοντο qui suppose
un allongement par position (possible puisqu'on est au temps fort et
que le pied précédent est un dactyle). D'après R. Keydell, *Nonni Dion.*,
t. 1, p. 49*, l'augment temporel est omis dans les syllabes longues par
position. Toutefois la présence de l'augment (dans le même contexte
métrique) en 2, 77 ; 24, 273 ; 3, 20 (verbe simple) incite à adopter la
correction de Ludwich μετωχλίζοντο.

40-51. — V. 40-41. Μελανόχροον... | εἰς βοέην ἀγέλην
Ποσιδήιον : ce troupeau de vaches noires de Poseidon démarque les
ταύρους παμμέλανας sacrifiés à Poseidon lorsque Télémaque et ses
compagnons débarquent chez Nestor à Pylos (γ 6). — Ἐγγύθι πόντου
transpose γ 5 ἐπὶ θινὶ θαλάσσης. — Ἄλματι ταρσῶν : le manuscrit
donne l'absurde ἄλμα γεραίρων. La conjecture de Falkenburg reprise
par Lubin ἄρμα γεραίρων a l'avantage de supposer une correction
minime et d'introduire une clausule attestée en 37, 339, mais elle est
également dépourvue de sens, ce qui conduit Falkenburg à admettre
une lacune. Les conjectures de Koechly ἄλματι κούφῳ et de Ludwich
ἄλματι λάβρῳ n'ont pas de parallèles et semblent moins plausibles
paléographiquement. De même pour ἄρπαγι θύρσῳ proposé par
Koch[1] 185, qui, en outre, bien qu'attesté en 44, 70 et 45, 287, ne
semble pas à sa place ici. Cunaeus suivi par Graefe, Marcellus et Keydell, propose ἄλματι ταρσῶν, clausule, attestée en dix autres passages,
dont le sens convient bien ici et qui constitue une correction plausible
du point de vue paléographique. — V. 42. Θυιάδες : parmi les termes
synonymes pour désigner les troupes féminines du dieu, Nonnos
recourt peu à celui de Thyiade (seulement deux autres occurrences en
25, 226 et 34, 194) ; en revanche, le terme est fréquent comme adjectif. — Τανύγληνος : création et *hapax* formé sur le modèle d'autres
composés ayant le même premier terme ou le même second terme. —
V. 44. Διαθλάω est attesté seulement chez Élien, *Nat. An.* 4, 21 ; il est
employé aussi en 17, 167 et 39, 284. — V. 48[b] = 46, 210[b]. — V. 49 ~
46, 212 (εἴρυσεν remplace ἔσπασεν). — V. 50[b]. Πολυστροφάλιγγι... ῥιπῇ : même formule en 6, 70 (voûte céleste sur la sphère
d'Astraios) et 23, 263 (fumée). — V. 51. Cf. Eur., *Bacch.* 1135 πᾶσα
δ' ἡματωμένη | χεῖρας διεσφαίριζε σάρκα Πενθέως.

Page 138

52-68. — V. 53[b] = 23, 217[b] ; 39, 207[b] . — V. 54. Cf. Π 173
τῆς μὲν ἰῆς στιχὸς ἦρχε Μενέσθιος. — Oineus n'est mentionné

qu'ici, ainsi que ses parents Éreuthalion et Phyllis. Il semble n'avoir aucun rapport avec le roi de Calydon, fils de Porthaon, à qui Dionysos fit don du premier cep de vigne selon Apollod., *Bibl.*, 1, 8, 1. Cf. P. Chuvin, *Myth. et géogr.*, p. 25, n. 17. En revanche, tous trois portent des noms parlants, « Vineux », « Rougeaud » ou « Rubicond » et « Feuillage ». — Εὐάμπελος : sur les 4 emplois de cette épithète dans le poème, c'est le seul où il soit appliqué à une personne. Il est épithète de Dionysos dans *Anth. Pal.* 9, 524, 6 (hymne à Dionysos consistant en une liste d'épithètes classées par ordre alphabétique). — V. 56. Ὁμιλήσας ὑμεναίοις : expression utilisée huit fois dans le poème, toujours pour évoquer l'union sexuelle. — Ἀγραύλοισιν signifie sans doute que le couple s'est uni en plein champ. — V. 57. Cf. Π 179 τῆς δ' ἑτέρης Εὔδωρος ἀρήιος ἡγεμόνευεν. — Μελαγχαίτης n'est employé qu'ici. On le trouve chez Hésiode (*Boucl.* 186) et Soph. (*Trach.* 837) pour des Centaures, ainsi que chez Euripide (*Alc.* 439) pour Hadès. Le premier terme est à mettre en rapport avec l'épithète homérique du vin. — Seule mention d'Hélicaon, « Frisé » ou « Vrillé » ; en 17, 217, une Bacchante porte le nom d'Hélikè. — V. 58. Ξανθοφυής : sur les emplois de ξανθός et ses dérivés pour caractériser la couleur du vin, voir la note à 47, 79 (t. 17, p. 141). — V. 59. Le nom d'Hélicaon semble justifié par sa chevelure frisée (ἕλιξ), mais ἕλιξ s'emploie aussi comme substantif pour désigner les sarments de vigne, ce qui intègre ce personnage au même titre que les autres dans le monde de la vigne et du vin. — Εὐστροφάλιγγος : seul autre emploi en 4, 278 (pour qualifier la main de Cadmos se livrant au comput digital) ; l'adjectif est attesté pour qualifier des cheveux dans *Anth. Pal.* 6, 219, 18 (Antipater). — Ἐπεσύρετο est le texte de L avant correction. La correction ὑπεσύρετο, qui serait un *hapax*, n'est guère satisfaisante : les boucles coulent *sur* la nuque. — V. 60. Oinopiôn (« Buveur ») et Staphylos (« Raisin »), fils d'Oinomaos (« Fou de vin »), sont sans rapport avec les personnages homonymes dont le second est le héros des ch. 18-19. Le nom d'Oinomaos apparaît en 28, 102 parmi les victimes de l'Indien Corymbasos. Rien ne permet de dire s'il s'agit ou non du même personnage que dans notre chant. En tout état de cause, ce ou ces guerriers doivent être distingués du père d'Hippodamie que Nonnos mentionne à plusieurs reprises. — V. 62. Le nom de Mélanthios (« Teint noir »), dont c'est l'unique mention, fait allusion à sa peau noire et il s'agit vraisemblablement d'un chef indien capturé par Dionysos, ce qui invite donc à conserver le texte de L ὄρχαμος Ἰνδῶν. On peut rapprocher son nom de celui de Mélaneus, fils d'Arétos, qui appartient aux troupes de Dériade (26, 257) et de son homonyme qui blesse Hyménaios avant d'être tué par Pan au ch. 29. En outre, le premier élément de son nom, μέλας, évoque aussi l'épithète homérique du vin et la mère de ce chef porte le nom bien dionysiaque d'Oinôné. — V. 63. Seule mention d'Oinôné (« la Vineuse ») dans le poème. — Κισσηιάς est un *hapax* absolu, dérivé du nom du lierre (en 21, 89, une Bacchante porte le nom de Κισσηίς). Il peut signifier « fille de Kisseus » bien que cet anthroponyme soit inconnu dans les *Dionysiaques* (chez Euripide, Kisseus est le père d'Hécube). Marcellus comprend « originaire de Kissa » qu'il situe « entre Thèbes et Haliarte, où l'on prétend que naquit Bacchus ». — V. 66. Μέθης ἐγκύμονι ληνῷ : même expression en 20, 130 ; en 47, 42, l'adjectif avec son complément au génitif est appliqué à des outres contenant du vin.

69-80. — V. 70. Sur l'appellation Bassarides, reprise aux v. 155 et 307, voir la note à 47, 275 (t. 17, p. 162). Sur les différentes appellations des troupes féminines de Dionysos, voir la note à 1, 34 (t. 1, p. 135 s.). — V. 71. Αὐλὸς... κερόεις : sur ce type particulier d'aulos phrygien, mentionné également en 8, 26, voir t. 3, p. 121, n. 1. Cf. 48, 775 εὐκεράων... αὐλῶν (et la note *ad loc.*, t. 18, p. 197 s.). — V. 73. Διδύμοις πατάγοισι : cf. 18, 106 διχθαδίοις π. Le tambourin est frappé par les deux mains à la fois et des deux côtés (cf. 29, 284-285). — Χαλκόθροον ἠχώ : même expression en 13, 48 ; χαλκόθροος, créé par Nonnos, n'est attesté que dans ces deux passages. Le bronze ici évoqué est celui du cadre sur lequel est tendue la peau du tambourin (cf. 13, 509-510 et la note, t. 5, p. 248), à moins qu'il ne s'agisse d'un tambourin entièrement en bronze : cf. 14, 214 τύμπανα χαλκεόνωτα. Sur les composés en -θροος chez Nonnos, voir la note à 47, 25-27 (t. 17, p. 130). — V. 74. Ἐνυαλίῳ... χορεύων : chez Nonnos, la danse est associée à la guerre (dans le camp de Dionysos) et le verbe χορεύω garde ici le sens de « danser », comme en 27, 167 ; cf. F. Vian, *Rev. Phil.* 61, 1987, p. 15. — V. 75. En dehors du ch. 43, Glaucos, fils de Poseidon (39, 98), est mentionné le plus souvent, comme ici, en association avec les deux autres Vieillards de la mer (Nérée et Protée), ainsi que Phorkys et Mélikertès : cf. 1, 110-111 (Nérée et Protée) ; 39, 99-110 (Protée, Phorkys et Mélikertès-Palémon) ; 42, 478 s. (Protée, Nérée et Mélikertès) ; et, plus loin, v. 212-255 et v. 387-389. Sur Glaucos, cf. aussi 10, 105 ; 13, 75 ; 35, 73 ; les notes à 10, 105 (t. 4, p. 135 s.) et 39, 98-100 (t. 14, p. 231 s.), et t. 14, p. 101, n. 1. — Ῥηξήνορι θύρσῳ : même formule en 25, 88, 97 ; 29, 237 ; 35, 340 ; 48, 87 ; formule différente, à l'accusatif pluriel, en 17, 275. — V. 76-78. Outre les trois passages cités ci-dessus, Protée apparaît en 1, 14 ; 21, 144, 289. Protée habite l'île de Pharos en 1, 14 (voir la note *ad loc.* avec les références homériques, t. 1, p. 134). Nonnos rappelle ici l'épisode du ch. IV de l'*Odyssée*, v. 351-587, où Ménélas raconte à Télémaque comment il a consulté Protée et a appris de lui le destin de plusieurs de ses compagnons. — Μετὰ δέρματα φώκης : Protée vit au milieu des phoques et la mention des peaux rappelle comment Ménélas et ses compagnons s'étaient dissimulés sous des peaux de phoques pour s'approcher de Protée (v. 435-440), épisode évoqué par Nonnos en 1, 37-38 (où la peau de phoque est opposée à la nébride) et 42, 398-399. Comme le note P. Chuvin, *in* N. Hopkinson, *Studies*, p. 167, ces références aux troupeaux de phoques de Protée près de l'île de Pharos constituent les seules allusions — de tonalité humoristique — à la prestigieuse cité d'Alexandrie où le poète déclare avoir composé son épopée (1, 13). — V. 79. Αὐχένα κυρτώσειεν... θρασύν : variation sur une formule analogue avec le verbe κάμπτω qu'on rencontre en 24, 59 ; 35, 181 ; 38, 28. — V. 80. Mélikertès est ici juste nommé, mais son destin est longuement raconté aux ch. 9-10. Il ne se distingue pas de Palémon, mentionné aux v. 86-90. Sur Mélikertès, voir les notes à 5, 561 (t. 2, p. 192) ; 10, 125 (t. 4, p. 137) ; 39, 102-105 (t. 14, p. 232) et t. 4, p. 60-63. Il figure en outre en 5, 558 ; 20, 379 ; 21, 146, 177 ; 39, 102, 250, 376 ; 42, 479 ; 46, 169, 291 ; 47, 359 ; 48, 200.

Page 139

81-91. — V. 82. En dehors du ch. 43, Phorkys, fils de Nérée, n'est mentionné qu'en 39, 101 (mais comme allié potentiel de Dionysos) ; voir la note *ad loc.* (t. 14, p. 232). — V. 83. Μενέχαρμος, épithète des divinités guerrières, n'est pas une caractéristique habituelle des Satyres. — V. 86. Ἀγραύλοις παλάμῃσι : jugeant que ce datif se rattachait mal à ce qui précède, Graefe a proposé de déplacer le v. 85 après le v. 82 et de construire le datif avec les v. 83-84, ce qui rapporterait l'expression au Satyre et non à Nérée. Au contraire, P. Collart, *Nonnos*, p. 243, suivi par Keydell, conserve l'ordre transmis ; selon lui, l'expression convient ici pour Nérée et vient renforcer les autres termes traduisant son déracinement : διψαλέον (v. 84), χερσαῖος (v. 85). Pour la syntaxe, R. Keydell, *Nonni Dion.*, t. 1, p. 61* considère que ce datif se rattache directement au substantif ἁλωεύς. — V. 87. Palémon apparaît en 5, 561 ; 9, 91, 97 ; 20, 388, 393 ; 21, 183 ; 37, 153 ; 39, 105. Il est cocher du char de Poseidon en 9, 90-91 ; 20, 390 et 39, 376. — V. 88. Μετ' Ἰσθμιάδος βυθὸν ἅλμης : Mélikertès-Palémon est associé à l'Isthme parce qu'un dauphin y aurait ramené son cadavre sur le rivage et que les Jeux Isthmiques auraient été fondés pour honorer sa mémoire ; voir les références aux textes rapportant cette tradition dans les notes à 20, 390 (t. 8, p. 204) et 37, 153 (t. 13, p. 123). — V. 90. Pour R. Keydell, *Nonni Dion.*, t. 1, p. 61*, le datif εἰναλίῃ μάστιγι se rattache directement au substantif κυβερνητῆρα ; cf. v. 86. — V. 91. Ἐμὸν... ἀνεψιόν : Palémon a pour mère Inô, sœur de Sémélé, ce qui fait de lui le cousin de Dionysos.

92-97. — V. 92. Φάλαγγα δορικτήτοιο θαλάσσης : hypallage. — V. 95-96. Ὑδριάδας : le mot est mis en valeur par le rejet et la coupe trihémimère ; cette structure métrique souligne le désordre que représenterait le mélange des Bacchantes (terrestres) et des Hydriades (marines). Hydriades est synonyme de Néréides, comme en 9, 81. — Θέτιδος... ξεινοδόκοιο : Thétis est la seule divinité marine ménagée pour avoir accueilli Dionysos en fuite devant Lycurgue (20, 354). On pourrait s'attendre à la même reconnaissance de Dionysos envers Nérée, ou Inô et Mélikertès dont l'accueil ne fut pas moins chaleureux que celui de Thétis (cf. 20, 355-369 ; 21, 170-184), mais il n'en est rien, même pas pour Inô, sa nourrice. Toutefois, on aurait tort de voir là une marque d'ingratitude de la part de Dionysos. C'est uniquement par souci de l'effet rhétorique que l'exception est unique ; multipliée, elle perdrait de sa force. — V. 97. Leucothéa est le nom que prend Inô devenue divinité marine après avoir fui la fureur d'Athamas (9, 78-91 ;10, 120-125). En 10, 77, Nonnos explique ce nom en ces termes : « comme elle traverse la poussiéreuse Plaine Blanche, elle reçoit en souvenir le nom de Déesse Blanche. » Pour d'autres explications de ce nom, voir la Notice du ch. 10, p. 61-62 et la note à 10, 77 (t. 4, p. 134).

98-108. — V. 99. Doris, Panopée et Galatée sont associées dans le même vers dès Homère (Σ 45) et chez Hésiode (*Théog.* 250). Doris est, d'après Hésiode, *Théog.* 240-242, fille de Nérée et de l'Océanide Doris (mentionnée en 1, 65). Elle apparaît également en 6, 297 et 39, 255. — Ἀερτάζειεν : cette forme d'optatif présent utilise des désinences d'aoriste. D'après R. Keydell, *Nonni Dion.*, t. 1, p. 46*, Nonnos utilise ce type de formes pour les verbes en -ζω et en -σσω dont l'aoriste est inusité. Cf. ὑποδρήσσειε, v. 116, 365. — V. 100. En dehors du ch. 43, Panopée n'apparaît qu'en 39, 255, dans la même série « hésiodique » avec Doris et Galatée. — V. 101. V. 101ᵃ ~ 87ᵃ. — Ἐχιδνήεντι κορύμβῳ : pour les autres emplois de cette formule, voir la note à 11, 58-59 (t. 5, p. 157) ; sur cette guirlande de serpents qui orne la chevelure de Dionysos et des Bacchants et, en général, sur le lien entre Dionysos et le serpent, voir la note à 9, 15 (t. 4, p. 100). — V. 102. Eidothée n'est mentionnée qu'ici et au v. 269. Nonnos en fait une Néréide, mais elle est la fille de Protée dans l'*Odyssée* (δ 366) et joue le rôle d'intermédiaire entre son père et Ménélas dans l'épisode évoqué par les v. 77-78. En 1, 37, elle apparaît aussi comme fille de Protée. — Περίκροτος est une création de Nonnos, reprise au v. 116 pour le tambourin. Autres emplois en 9, 117 (cymbales) ; 10, 223 (tambourin) ; 34, 135. — V. 104. Rappel allusif de l'amour de Polyphème pour Galatée, comme en 6, 300-324 ; 39, 257-294 ; 40, 553-558 et, plus loin, aux v. 266-267 et 392-393. Galatée éprouve pour le Cyclope un amour partagé, ce qui n'est pas la tradition la plus répandue, en particulier chez Théocrite (VI et XI) ; sur cette légende, voir la note à 6, 300-301 (t. 3, p. 162 s.) et la Notice du ch. 39, t. 14, p. 83-84. — V. 105. Ὄφρα est placé de la même manière, à l'intérieur de la proposition et en quatrième place du vers, en 18, 357 et 48, 800. — V. 107-108. Le thème de la servante qui éveille la jalousie de sa maîtresse parce qu'elle peut devenir une rivale auprès de son mari ou amant est un *topos* que Nonnos utilise au ch. 4 dans le discours d'Aphrodite (sous les traits de Peisinoé) à Harmonie (v. 164-165).

109-117. — V. 109-114. Cette scène, où Pan massacre — virtuelle-
ment, car il ne s'agit que de vœux de Dionysos — Poseidon avec ses
cornes, puis Triton avec ses sabots, rappelle le passage du ch. 17 où
Nonnos décrit les Pans au combat : les deux premiers utilisent leurs
sabots (v. 145-148) et leurs cornes (v. 149-153) pour anéantir leurs
adversaires. Cf. aussi 29, 313-315 (sabots). — V. 109. Τανυπτόρθοιο : sur cet adjectif, voir la note au v. 36 ; pour le sens, il faut le
rapporter à γλωχῖνι (hypallage) ; cf. 5, 320 τανυπτόρθοιο κεραίης
(Actéon se métamorphosant en cerf), 17, 149 τανυπτόρθων κεράων
(un Pan). — V. 112ᵇ. Εὐκαμπέσιν αἰχμαῖς = 17, 149ᵇ. — V. 114. Triton est ici présenté comme une divinité unique (cf. Hésiode, *Théog.*
931, Triton est fils de Poseidon et d'Amphitrite), comme dans d'autres
passages ; en revanche, aux v. 149 s., il s'agit d'un groupe de divinités, comme en 6, 270-274 ; voir la note à 6, 270-278 (t. 3, p. 161). —
Δισσοφυής, comme διφυής dont il est le doublet, n'est employé
qu'ici pour Triton ; les deux adjectifs qualifient habituellement les
Centaures et les Satyres. — Κύκλον ἀκάνθης : même formule en 5,
155 et 18, 277 (à propos d'Échidna). — V. 115-117. Pour l'athétèse
proposée par Keydell, voir la Notice, p. 109, n. 2. — V. 115. Glaucos
a déjà été mentionné au v. 75 comme adversaire de Marôn. — V. 116.
Nouvel emploi du verbe ὑποδρήσσω, en écho aux v. 88 et 104. —
Περίκροτα : cf. la note au v. 102. — V. 117. Les tambourins ont déjà
été mentionnés au v. 74 ; ici, il s'agit d'en faire un attribut de Glaucos,
en signe de sa soumission à Bacchos.

Page 140

118-132. — V. 118. La correction proposée par Falkenburg n'est
pas utile. Certes ce πέρι est un *hapax* dans le poème, mais περιμάρναμαι le serait aussi (ailleurs, il n'apparaît que dans une épigramme
citée par Pausanias, 5, 19, 4). Βερόης πέρι peut faire pendant à περὶ
πατρίδος au v. 119. — V. 121. Ἀμαλδύνειε τριαίνῃ : c'est en frappant le sol avec son trident que Poseidon provoque les tremblements de
terre ; cf. 6, 288-291 : lors du déluge, Poseidon « jette son arme, cour-
roucé de ne plus trouver de sol à soulever de son trident ». Ici,
l'emploi d'ἀμαλδύνω indique qu'il s'agit de détruire Béroé, de la faire
disparaître. D'après R. Keydell, *Nonni Dion.*, t. 1, p. 74*, l'optatif est
ici, comme dans une vingtaine d'autres passages, employé avec une
valeur de futur. — V. 124. Malgré les objections de P. Collart, *Nonnos*,
p. 243-244, il semble préférable d'admettre avec Graefe, Koechly et
Ludwich une lacune après le v. 124. La transposition après le v. 127
que propose Collart est hasardeuse. Le premier hémistiche est dans la
suite logique du v. 123 : la présence de vignobles sur le terroir de
Béroé peut être considérée par Dionysos comme un présage de victoire. En outre, la transposition exigerait une correction dans le second
hémistiche. — V. 125. Μάρτυρι Βάκχῳ : dans la note à 18, 87 (t. 7,

p. 137), J. Gerbeau suggère de distinguer, dans les emplois de l'expression, ceux où Dionysos est *pris pour témoin* (12, 173 ; 17, 158 ; 18, 87 ; 28, 300 ; 40, 66) et celui de notre passage où le dieu « *prend à témoin* Kécrops pour en faire un arbitre ». F. Vian (*Rev. Ét. Gr.* 110, 1997, p. 152) propose également de « classer à part 43, 125, où les rapports de sens entre le sujet et son complément au datif se trouvent inversés », justifiant cette inversion par une hypallage (pour le sens, l'adjectif serait à rattacher à Kécrops et non à Bacchos), et traduit : « qu'un autre Kécrops vienne rendre la justice *pour témoigner* en faveur de Bacchos ». — V. 127. Φερέπτολις : malgré Marcellus (« créatrice des cités »), P. Collart, *Nonnos, p.* 243 (« protectrice de la cité ») et Rouse (« city sustainer »), l'adjectif n'a pas le même sens qu'en 2, 86 et 44, 41 ; en revanche, son emploi est le même qu'en 27, 282 (Zeus s'adressant à Athéna) : « honore le rejeton de l'olivier de l'Acté *qui te valut une cité* ». — V. 130. Γεφυρώσω : sur cet *hapax* homérique employé 3 autres fois dans le poème, voir la note à 27, 185 (t. 9, p. 302). — V. 132. Τρηχαλέη δὲ κέλευθος : il pourrait s'agir non du résultat d'un séisme, mais de grands travaux, entrepris à plusieurs reprises et notamment par Proculus, gouverneur de Phénicie en 382-383, pour faciliter la traversée des gorges du Nahr el-Kelb, au nord de Beyrouth. L'inscription qui les commémore évoque des réalités très proches du texte de Nonnos : cf. p. 17, n. 1. — Ἰσάζεται : présent à valeur de futur, comme χαρίζομαι au v. 140. Cet emploi est fréquent chez Nonnos dans les verbes à liquide et certains verbes en -ίζω (R. Keydell, *Nonni Dion.*, t. 1, p. 68*).

133-142. — V. 133. Μιμαλλόνες : sur cette appellation des Bacchantes reprise aux v. 158 et 316, voir la note à 1, 34 (t. 1, p. 135 s.). — V. 137. Λιτήσια : création nonnienne (non indiquée comme telle par Peek) et *hapax* dans les *Dionysiaques* ; attesté dans la *Paraphrase*, 4, 23 ; dérivé de λιτή sur le modèle de l'homérique ἱκετήσιος. — V. 141. Ὑμέναιον ἐρώτων désigne ici le chant d'hyménée qui accompagne l'union ; pour les autres emplois et le sens de cette expression, voir t. 3, p. 99, n. 1.

Page 141

143-148. — V. 163-164. Ces vers sont à leur place à la suite des v. 145-146. Ils ont dû se présenter sous forme d'une addition marginale qui a été ensuite mal intercalée après le v. 162. Cf. P. Collart, *Nonnos,* p. 244. — Ἀλύξας : ce verbe est ordinairement employé par Nonnos avec un complément d'objet à l'accusatif, au sens de « échapper à » et Keydell considère qu'il manque après le v. 163 un vers qui indiquerait ce complément. Peek, *Lexikon, s.u.,* suggère de sous-entendre θάλασσαν. En fait ici, le verbe est employé absolument, comme en 32, 247, au sens de « s'échapper, se sauver ». Même emploi absolu et même sens pour ἀλυσκάζω (voir Peek, *Lexikon, s.u.,* I.). — Καλά est ironique, comme en 8, 333 et 10, 85. — Ζωάγρια : seulement 3 emplois et le seul comme substantif : rançon pour la vie sauve (Hom.). — V. 147. Μητροφόνου : cet adjectif est toujours employé par Nonnos dans des contextes évoquant la naissance de Dionysos (8, 399 ; 9, 64 ; 10, 306).

149-171. — V. 154[b] = 15, 372[b]. — V. 158. Οἰνοχύτου n'a pas le sens actif (« qui verse le vin ») habituel chez Nonnos ; cf. plutôt son sens chez Sophocle (*Phil.* 714) : « du vin versé ». — V. 159. Πιέτωσαν : impératif 3[e] pers. du plur. de πίνω. Cette désinence apparaît aussi en 2, 270 (φυγέτωσαν) et 48, 895 (ἐχέτωσαν). Cf. R. Keydell, *Nonni Dion.*, t. 1, p. 48*. — V. 161. Αὐτοκύλιστος ὀλισθήσειε θαλάσσῃ : l'adjectif et le verbe sont associés en 39, 233 ; plus fréquemment, l'adjectif figure à côté du composé ἐπολισθάνω (10, 356 ; 11, 478 ; 14, 376 ; 19, 286 ; 22, 367 ; 38, 29). Comme l'indique B. Simon dans la note à 38, 29 (t. 14, p. 188), « ces termes évoquent un mouvement tournant, effectué la tête en bas, qui se termine par un glissement aboutissant soit dans l'eau, soit dans la poussière ». — V. 162. Ὀρχηθμὸν θανάτοιο : cf. 22, 240 ὀρχηθμὸν ὀλέθρου. — Κυβιστήσασα : même verbe pour évoquer la danse de mort d'une main coupée en 28, 128 ; cf. aussi l'emploi de l'adjectif κυβιστητήρ pour une tête coupée en 22, 317. — V. 166-167[a]. Κακογλώσσοιο… νύμφης Ι… τέκνα : chez Callimaque, *Hymnes*, 4, 96, la périphrase τέκνα κακογλώσσοιο γυναικός désigne les enfants de Niobé. Nonnos s'inspire du même passage en 2, 161 où il utilise l'épithète pour Niobé. — Sur la légende de Cassiopée et son utilisation dans les *Dionysiaques*, voir la note à 25, 134-137 (t. 9, p. 247). Comme le note P. Chuvin, *Myth. et géogr.*, p. 222-223, l'allusion que nous avons ici, comme celle de 41, 233-236, « ménage l'amour-propre phénicien » : certes, Cassiopée sera punie de s'être proclamée plus belle que les Néréides, puisque ses enfants vont devenir esclaves de Doris, mère des Néréides, mais c'est « une vengeance tardive », qui n'est encore qu'à venir. Cette mention peut être rapprochée d'une mosaïque d'Apamée de Syrie représentant le triomphe de Cassiopée dans le concours de beauté qui l'oppose aux Néréides. Aux côtés de Poseidon qui préside le concours, se trouve Amymôné, c'est-à-dire Béroé, ce qui montre qu'on a affaire à une version locale de la légende, et près de Cassiopée figure Doris. Cf. J.-Ch. Balty, « Une version orientale méconnue du mythe de Cassiopée », *Mythologie gréco-romaine, mythologies périphériques*, Paris, 1981, p. 95-106. — V. 168[b]-169. Λελουμένον : ce bain dans les eaux du fleuve Océan est évoqué pour le Soleil en 38, 309 et 40, 386. — Πυρόεντα : sur l'image du feu associée à Sirius, voir la Notice du ch. 47, t. 17, p. 36-37. — V. 170-171. Σείριον ἀμπελόεντα : sur les rapports entre Sirius et la vigne, voir la Notice du ch. 47, t. 17, p. 37-38. — Ληναίης… χορείης : même formule, à la même place du vers, en 45, 32. La « danse infatigable du pressoir » désigne le foulage du raisin, évoqué par Nonnos comme une danse également en 12, 350-359 ; 19, 341-342 et 47, 501 (voir la note *ad loc.*, t. 17, p. 181). — Ἀκοιμήτοιο χορείης : même hémistiche en 5, 116 et 24, 348.

Page 142

172-194. — V. 173ᵇ = 10, 388ᵇ = 14, 257ᵇ. — Αἰόλα : ailleurs les peaux de faon sont qualifiées de πολυδαίδαλα (48, 864) ou στίκτα (12, 353 ; 14, 359 ; 42, 348). — V. 175. Μαιώσατο... φλόξ : même expression, à la même place du vers en 8, 398 et 47, 623 (avec l'adjectif γαμίη dans le vers). Sur les foudres accoucheuses de Dionysos, voir la note à 48, 843 (t. 18, p. 203). — Noter la redondance γαμίη... νυμφιδίη. Le second adjectif est appliqué aussi à φλόξ en 35, 281. — V. 176. Πυριτρεφές : l'adjectif, création nonnienne, avec un sens tantôt actif, tantôt passif, est appliqué aussi à Dionysos en 24, 13. — V. 179-180. Pour le mouvement de ces vers, comparer 47, 619-620 (discours de Dionysos à Persée avant leur combat). — V. 186. Ὑψώθη δὲ θάλασσα : même expression en 6, 258 ; cf. aussi la note à 1, 284-286 (t. 1, p. 153). — V. 187. Διψὰς Ἅμαξα : sur cette dénomination de la Grande Ourse, voir la note à 23, 294-295 (t. 8, p. 261). Elle est qualifiée de διψάς (2, 279 ; 3, 5 ; 38, 367) parce qu'elle ne se couche jamais dans l'Océan. Voir les notes à 3, 5 (t. 2, p. 133) ; 25, 137 (t. 9, p. 247) ; 38, 367 (t. 14, p. 218). — V. 188. Κύων... Μαίρης : sur cette autre dénomination de Sirius, voir la Notice du ch. 47, t. 17, p. 35-36. — V. 190. Κύματα πυργώσαντες : expression identique en 39, 378. Sur cette image du soulèvement des vagues, voir la note *ad loc.* (t. 14, p. 254). — V. 191. Οὐρανίῳ Δελφῖνι : sur cette constellation, voir la note à 23, 296-298 (t. 8, p. 261). — V. 193. Le vers est construit en chiasme avec un jeu de sonorités en miroir : datif en -ῳ / participe au datif en -ντι ; participe au datif en -ντι / datif en -ῳ. Les consonnes des substantifs ῥοθίῳ et ῥεέθρῳ créent un effet d'écho.

195-204. — V. 196. Βυθίου Κρονίωνος : cf. Luc., *Epigr.* 34 βύθιος Κρονίδης pour désigner Poseidon. — Ἁλιβρέκτῳ παρὰ φάτνῃ : cf. v. 210 θαλασσαίῃ παρὰ φάτνῃ (à propos du char de Glaucos) ; cf. aussi en 1, 209, à propos du char de Poseidon, ὑποβρυχίῃ παρὰ φάτνῃ, et en 20, 391, dans un passage où Lycurgue imagine Palémon devenant son cocher, la formule antithétique ἐπιχθονίη παρὰ φάτνῃ. — V. 197. Ἐγχείην... ὑποβρυχίην (comme ἔγχος au v. 199) désigne le trident de Poseidon ; cf. πόντιον ἔγχος au v. 20. — V. 198. Ἴσθμιον ἅρμα : voir la note au v. 87. — V. 199. Ἁλικνήμις : création nonnienne (comme ἁλιβρέκτῳ au v. 196) qui se retrouve en 24, 115 (conjecture de Keydell). — V. 202. Ἰνδῶων, texte de L, doit être conservé ; il s'applique aux lions de l'attelage de Dionysos mentionnés aux v. 26-28. — Συνεπλατάγησε : *hapax* homérique que Nonnos emploie aussi en 11, 108 (voir la note *ad loc.*, t. 5, p. 160). — V. 203ᵇ-204. Sur le thème du char marin qui ne se mouille pas, voir la note à 11, 275 (t. 5, p. 171). Noter la redondance ἀδίαν-τον... ἄβροχος. Bien que nous ayons ici le seul exemple de sens actif pour ἀδίαντος et que les adjectifs en -τος aient normalement un sens passif, nous écartons la correction de Graefe (ἀδίαντος au lieu de ἀδίαντον donné par L) qui aboutit à un pléonasme. On peut admettre que, comme ἄβροχος employé avec ὕδωρ (6, 292 ; 13, 326 ; 37, 173 ; 39, 49), ἀδίαντος employé avec ὕδωρ prend le sens actif de « qui ne mouille pas ».

Page 143

205-224. — V. 205. Triton porte aussi l'épithète d'εὐρυγένειος (création nonnienne) en 6, 294 et 36, 93. — V. 206-209. Sur Triton, voir la note au v. 114. Cette digression sur son aspect physique reprend sous une forme développée celle que l'on trouve en 36, 94 ἀνδροφυὴς ἀτέλεστος, ἀπ᾽ ἰξύος ἔγχλοος ἰχθύς. En 41, 61-62, la description de Kécrops est une variation sur le même thème. — Βροτοειδέα μορφήν : l'adjectif est une création de Nonnos et accompagne toujours le même substantif, en fin de vers, à l'accusatif (5 autres exemples) ou au datif (6 exemples). — V. 207. Ἀλλοφυῆ : sur cet adjectif, voir la note à 47, 79 (t. 17, p. 141). Il s'emploie pour des personnages hybrides (Satyres, Centaures) ou qui se métamorphosent. — Χλοάουσαν : la couleur glauque de Triton est mentionnée aussi en 6, 293 χλοερῆς... ἐπ᾽ ἰξύος et, avec l'adjectif ἔγχλοος, en 6, 271 (les Tritons) et 36, 94. — V. 209. Δίπτυχος... οὐρή : même formule pour les Tritons en 6, 271 et pour un dauphin en 1, 78. — V. 212. Ἀνιπτοπόδων : une seule autre occurrence de cet *hapax* homérique en 40, 285 ; voir la note *ad loc.* (t. 14, p. 280). — V. 213-224. Tout ce passage est athétisé par Keydell. Il est certain que la mention des Pans au milieu de la partie réservée aux divinités marines est choquante. Mais la transition s'opère au milieu d'un vers (213), ce qui suppose qu'en fait 205-214 était conçu comme formant un tout antithétique dans une bataille où alterneraient les troupes de Dionysos et celles de Poseidon. Cela suggère que le poète (ou son éditeur) a réutilisé des fragments d'une rédaction antérieure. — V. 213. Ἁλίρροιζος : création nonnienne (non signalée comme telle par Peek, *Lexikon, s.u.*) ; 4 autres emplois. — V. 217ᵇ = 39, 220ᵇ = 39, 370ᵇ. — V. 218. Ἀνεμώλιον : seul autre emploi en 7, 66. Noter le jeu étymologique avec ὑπηνέμιος au v. 220. — V. 221. Ποντιὰς Ἠχώ : même formule en 39, 130, voir la note *ad loc.* (t. 14, p. 234). — L a πόντιος, forme masculine qui pourrait être utilisée au féminin ; mais R. Keydell, *Nonni Dion.*, t. 1, p. 45* fait remarquer que, pour les adjectifs en -ιος, Nonnos préfère la forme spécifiquement féminine si elle existe et si elle a même valeur métrique que la forme masculine. Il convient donc d'adopter la correction de Ludwich, ποντιάς. — V. 222. Ἐυκρήπις : création nonnienne, seul autre emploi en 40, 258. — Λόφον νησαῖον : même expression en 2, 456. — V. 223. Ἀποπλαγχθεῖσα... πέτρη : variation sur le thème homérique du trait qui s'égare ; voir la note à 29, 75 (t. 9, p. 336 s.).

Page 144

225-243ᵃ. — V. 225. Sur Protée dieu de Pallène, voir la note à 21, 289 (t. 8, p. 223 s.). — V. 226. Δέρματι φώκης : sur cette peau de phoque dont se revêt Protée, voir la note au v. 78. — V. 227 ~ 21, 211 (où γελόωντες remplace στεφανηδόν). — V. 227ᵇ = 15, 1ᵇ. — V. 228. Οὐλοκόμων : sur cet adjectif appliqué aux Indiens, voir la note à 26, 341 (t. 9, p. 291). — V. 230. Ἑτερόχροος n'a pas ici son sens usuel chez Nonnos de « multicolore », mais un sens plus général « varié, multiple » ; cf. 41, 34 πολύχροα. — V. 231. Ὑφαίνων : sur l'emploi de l'image du tissage pour évoquer des changements de forme, voir la note à 40, 313-314 (t. 14, p. 282). — V. 232. Αἰολόνωτος : voir la note à 41, 192. — V. 235. Noter l'harmonie imitative produite par le jeu des sifflantes et des dentales. Pour l'emploi de ψιθύρισμα chez Nonnos, voir la note à 40, 334 (t. 14, p. 284). Ce ψευδαλέον ψιθύρισμα de Protée changé en arbre rappelle le νόθον ψιθύρισμα de Dionysos changé en arbre dans le Prélude du ch. 1 (v. 31). — V. 240-241. Ἀποπτύων... | ἰὸν : cf. 2, 31 (Typhée) ; 36, 169-170 ; 44, 112. — Ἰὸν ἀκοντιστῆρα : même expression en 1, 162 (serpents de la chevelure de Typhée) ; 36, 181. — Κεχηνότι... λαιμῷ : même expression en 12, 48 (gosier de Cronos) et 25, 480 (serpent qui tue Tylos, sur le bouclier de Dionysos). — V. 242. Ἀλλοπρόσαλλον est employé en 40, 58 à propos des métamorphoses de Dionysos. Pour les sens de cet adjectif chez Nonnos, voir la note à 30, 231 (t. 10, p. 126).

243ᵇ-252. — V. 246-247. Noter la reprise πολυδαίδαλον... |... πολύτροπα δαίδαλα. Les mêmes adjectifs sont repris respectivement aux v. 408 et 407. — V. 246ᵇ = 1, 23ᵇ (métamorphoses de Dionysos) ; cf. 16, 49 ; 36, 340. — Πολύτροπα δαίδαλα : même expression en 25, 563. — Périclymène n'est mentionné qu'ici dans les *Dionysiaques*. Ce fils aîné de Nélée avait reçu de son grand-père Poseidon le pouvoir de se métamorphoser. Lors de l'expédition d'Héraclès contre Pylos, Périclymène se transforma en abeille pour lutter contre le héros, mais Athéna dénonça la supercherie et il fut tué. Selon les auteurs, la méthode d'Héraclès pour le tuer varie, mais Nonnos est le seul à mentionner le simple écrasement entre les doigts, sans doute pour dévaloriser Héraclès. Voir P. Chuvin, *La mythologie grecque*, p. 326-327. — V. 249. Noter l'accumulation dans ce vers des termes dénonçant la supercherie : ψευδαλέον (cf. v. 235) μίμημα (cf. μιμηλόν v. 231) νόθης. — V. 252. Ἐπεπάφλασε λαιμῷ : même formule en fin de vers en 1, 237 ; malgré Peek, *Lexikon, s.u.*, le verbe (4 autres occurrences) n'est pas une création de Nonnos, mais vient de Quintus de Smyrne, 11, 229.

253-269. — V. 253. Θυγατέρων... φάλαγγα φιλεύιον : cf. 7, 92 Βασσαρίδων... φάλαγγα φιλεύιον. — V. 257. Ἐδοχμώθησαν est imagé ; les falaises sont tordues, placées de travers. — V. 258. Συνεκρούσαντο : seul emploi dans le poème de ce verbe attesté ailleurs à l'actif et dans un sens différent. — V. 260. Ἡμιφανὴς ἀπέδιλος : les deux épithètes sont également associées en 38, 125 à propos de la Naïade Clymène. — V. 262. Λύσσαν, correction de Falkenburg, s'impose, malgré les parallèles de 37, 6 et 38, 414. Le νύσσαν du manuscrit n'a pas de sens dans le contexte. — V. 263. Ἐρευγομένη... ἀφρόν : pour les références (chez Nonnos et ailleurs) à cette bouche écumante caractéristique du fou, voir la note à 10, 20 (t. 4, p. 130 s.). — V. 264. Sur Panopée, voir les notes aux v. 99 et 100. — V. 266-267. Sur Galatée et Polyphème, voir la note au v. 104. Δυσέρωτος rappelle discrètement la tradition selon laquelle Galatée ne partage pas les sentiments de Polyphème. — V. 268. Ἀτίνακτον : autres emplois de cet adjectif pour des femmes enlevées : 16, 57 (Nicaia, que Dionysos rêve d'enlever sur son dos en se métamorphosant en aigle), 39, 192 (Orithyie, assise sur l'épaule de Borée). — Ἁλιτρεφέων : sur cet adjectif (3 autres emplois) qui, malgré Peek, *Lexikon, s.u.*, n'est pas une création nonnienne,voir la note à 40, 267 (t. 14, p. 277). Il est employé ici dans une hypallage. — V. 269. Sur le pompile, voir les notes à 6, 295 (t. 3, p. 57, n. 1) et 39, 327 (t. 14, p. 250).

Page 145

270-285. — V. 270-278. Toute la comparaison avec le conducteur de char reprend presque textuellement des vers du passage du ch. 37 consacré à la course de chars : v. 271 = 37, 208 ; v. 272[b] ~ 37, 220[b] ; v. 273 = 37, 218 ; v. 274[a] ~ 37, 251[a] ; v. 274[b] = 37, 355[b] ; v. 275-276 = 37, 252-253 ; v. 278 = 37, 255. Ces parallèles justifient au v. 274 la correction de Graefe (πήξας au lieu de κάμψας), et au v. 278 la correction de Koch (ὀπισθοπόροιο au lieu de ὀπισθοτόνοιο dépourvu de sens ici). — V. 281-285. Keydell, *Byz. Zeitschr.*, 46, 1953, p. 17, propose d'athétiser ces vers, d'autres éditeurs les déplacent (voir Notice, p. 117, n. 2). Tout le passage sur les Néréides est certes très composite, alternant comportements individuels et comportements collectifs, mais ce dernier développement nous semble introduire avec le précédent un contraste porteur de sens ; voir la Notice p. 120-121. — V. 281. Ἁλίδρομον : voir la note à 47, 630 (t. 17, p. 189). — V. 282. Νώτῳ ἰχθυόεντι : même expression en 6, 294, ce qui corrobore la correction de Graefe. — V. 283[b] = 1, 72[b] = 39, 254[b]. Voir la note à 1, 72-78 (t. 1, p. 139). — V. 284. Ὑγρομανής est une création et un *hapax*.

Page 146

286-306. — V. 287ᵇ-289. La construction de la phrase est complexe : ὑδατόεν μύκημα est sujet de ἔβρεμε, Ποσιδήιος σάλπιγξ est une apposition (c'est le mugissement d'Océan qui sert de trompette guerrière à Poseidon) et ἄγγελος ὑσμίνης a une valeur attributive (« pour annoncer le combat »). On objectera à la construction adoptée par D. Accorinti, qui fait des v. 287ᵇ-288 un génitif absolu, la construction constamment intransitive de κεχηνώς chez Nonnos. — V. 287. Ἀενάων : cette épithète est également associée à l'Océan en 23, 282 ; 41, 177 ; 48, 313. Il y a hypallage avec κεχηνότος. — V. 288. Ὑδατόεν μύκημα est employé aussi pour l'Océan en 23, 281. — V. 290. Πελάγη κυρτοῦτο : cf. λ 244 κῦμα... κυρτωθέν. — V. 291. Ἰκαρίῳ : la mer Icarienne, qui entoure les îles de Samos et d'Icaria, doit son nom à Icare qui y serait tombé après que ses ailes de cire eurent fondu. — Μυρτῷος : cette mer baigne les côtes sud-est de l'Attique ; d'après Paus., 8, 14, 12, son nom vient de Myrtilos, le cocher d'Oinomaos, que Pélops précipita dans la mer après sa victoire contre Oinomaos et l'enlèvement d'Hippodamie. — V. 292. Ἑσπερίῳ... Ἴβηρ... Κελτῷ : ces trois adjectifs ne sont pas à proprement parler des termes géographiques, Nonnos les emploie pour désigner des mers de la Méditerranée occidentale, région qu'il ne semble guère connaître. Voir P. Chuvin, *Myth. et géogr.*, p. 20. Toutefois, en 46, 364, c'est la mer Illyrienne qui est appelée « mer Occidentale », localisation qui pourrait convenir ici. — V. 295. Αἰγαίου... συναιθύσσοντος est un génitif absolu et ῥέεθρα est complément de συναιθύσσοντος. On retrouve une construction parallèle au v. 346. Συναιθύσσω est une création de Nonnos (non signalée comme telle par Peek) ; outre ces 2 emplois au ch. 43, il est utilisé intransitivement en 10, 183. — V. 298. Κύμασι πυργωθεῖσα : expression identique en 3, 203 et 20, 337. Cf. v. 190. — V. 299-300. Κόχλον... ἑλὼν... |...μυκήσατο : cf. Théocr. 22, 75, à propos d'Amycos. — V. 300 ~ 39, 388. — Λίβυς... Νηρεύς : même expression en 25, 51. D'après N. Hopkinson (t. 8, p. 35, n. 1), il s'agit d'une métonymie pour désigner la mer qui baigne l'Afrique. — V. 301-306. Ce passage est suspecté par les différents éditeurs, qui le suppriment ou le déplacent. Après le développement sur les fleuves et les mers, ce retour à un combattant anonyme puis à Mélikertès peut sembler insolite. Dans sa note *ad loc.* (p. 320), D. Accorinti considère que τις renvoie à un fleuve, ce qui n'est guère convaincant. Quant à Mélikertès, son rôle ici ne correspond pas à celui des v. 196-201. On a sans doute affaire à un vestige d'une rédaction différente, à un brouillon inséré ici par le copiste. — V. 305ᵃ = 39, 374ᵃ. — V. 306. Ἅλμασι μητρῴοισιν : cf. 9, 269 ἅλμασιν Ἰνῴοισι. — V. 306ᵇ = 39, 375ᵇ, mais ici Mélikertès est l'adversaire de Dionysos. Pour les implications, voir la Notice, p. 122-123.

307-325. — V. 307 ~ 48, 32 (avec Γηγενέων au lieu de Βασσαρίδων). — Ἐπεστρατόωντο κυδοιμῷ : même second hémistiche en 28, 276 ; 29, 216 ; 30, 226 ; 34, 130, pour marquer l'arrivée d'un nouveau contingent dans la bataille et introduire un catalogue. La finale -όωντο est une variante métrique pour -εύοντο. — V. 308. Μετήλυδα βότρυν ἐθείρης : second hémistiche identique en 32, 13 ; 42, 83. Pour βότρυν ἐθείρης, qu'on retrouve aussi en 1, 528 ; 11, 444 ; 24, 195 ; 25, 162 ; 40, 104 ; 45, 227 ; 47, 190, voir la note à 10, 182 (t. 4, p. 143). Pour la chevelure en désordre, caractéristique des états de frénésie, voir la note à 10, 29 (t. 4, p. 131). — V. 309. Φοιτάδι λύσσῃ : même formule en 2, 24 et, au génitif, en 5, 328 ; cf. aussi φοιταλέης λύσσης en 9, 49 (voir la note ad loc., t. 4, p. 104) ; 46, 98. — V. 310. Βητάρμονι παλμῷ : 12 autres emplois de cette formule dans le poème dans des contextes de danse (y compris danse de mort) ou de frénésie. Vers très proche en 45, 275 également pour une Bacchante. — V. 311-313. Sur les Cabires et les Corybantes, voir la Notice du ch. 3 (t. 2, p. 12-13) et les notes à 14, 17 (t. 6, p. 174) et 14, 23 (t. 6, p. 174 s.). Autre référence à la grotte des Cabires en 4, 183. — V. 314. Le Tmôlos désigne par métonymie la Lydie. — Λεχωίδος... λεαίνης : même expression en 5, 294 ; 15, 196 ; 48, 314. Sur la férocité de la lionne qui vient de mettre bas, voir la note à 5, 294 (t. 2, p. 182) et t. 6, p. 77, n. 2. — V. 315. Selon Keydell, ἄρσενα est à prendre au sens de solutam. — Ὀφιώδεϊ δεσμῷ : même expression en 4, 357 ; 9, 131 ; 18, 199. La chevelure de serpents caractérise Dionysos ; cf. la note à 18, 199 (t. 7, p. 146). — V. 316. Μαιονίς : sur les noms de la Lydie chez Nonnos, voir F. Vian, t. 5, p. 88-89. L'emploi ici de l'hapax Μαιονίς au lieu de Μυγδονίς s'explique par un souci de variation avec Μυγδονίων du v. 320. — Ἀκρήδεμνος... Μιμαλλών : même expression en 17, 29 et 21, 285 ; cf. aussi 14, 346 et les notes à 14, 344/347 (t. 6, p. 198). — Ὑπεβρυχᾶτο, leçon de L que nous conservons (Koechly, suivi par Keydell, corrige ἐπεβρυχᾶτο, attesté en 2, 245), est un hapax dans les Dionysiaques, mais le verbe est attesté chez Lucien et Triphiodore. En 2, 245, ἐπ- s'explique car il annonce εἰς ἐνοπήν ; ici, ὑπ-, traduit par « sourdement », est plus à sa place. — V. 318. Compte tenu du complément au datif, ἐπαφριόωσα, correction du Vindobonensis, est préférable à ὑπαφριόωσα donné par L. Dans les deux cas, il s'agit d'une création de Nonnos et d'un hapax, formé sur ἀφριάω créé par Oppien et usité par Nonnos en 5 occurrences. Le préfixe ὑπ(ο)- a pu être entraîné par ὑπεβρυχᾶτο au v. 316. — V. 319. Ἀναβλύζοντες : ce verbe est fréquent dans le poème avec un complément désignant le vin, en particulier pour des personnages ivres : 12, 363 (un Satyre) ; 15, 101 (un Indien) ; 20, 28 (Pithos) ; 24, 331 (troupes de Dionysos). — V. 322. Ἀμπελόεν... ἔγχος désigne le thyrse. Cf. 45, 14 et φιλάνθεμον ἔγχος en 18, 201 ; 29, 220. — V. 323-325. L'évocation des Silènes chevauchant des lions rappelle celle du ch. 20, v. 118-119.

Page 147

326-339. Bien que ces vers soient suspectés par Keydell (*Ant. class.*, 1, 1932, p. 191), ils nous semblent s'insérer dans la structure du passage où deux développements sur les affrontements collectifs encadrent un développement consacré à des affrontements individuels. — V. 326-327ª. On retrouve ici, comme aux v. 222-223 (un Pan) et 301-304 (un combattant des troupes de Poseidon), l'utilisation de blocs de rochers comme projectiles. — V. 327ᵇ- 328. Φοιταλέην... I... Ἰνώ : même épithète pour Inô en 9, 250 ; cf. ἄστατος, v. 262. — Ἔγχεϊ κισσήεντι : pour les autres références à cette expression, voir la note à 47, 643 (t. 17, p. 190). — V. 329ª = 30, 10ª. Sur le tour ἄλλος... ἄλλος, voir la note à 39, 326 (t. 14, p. 250). Le tour est général et marque la réciprocité. — V. 330. Θύρσῳ ἀκοντιστῆρι : même expression au v. 336 et en 24, 134 ; 30, 5 ; 42, 347 et, au nominatif pluriel, en 30, 25. — V. 332. Vers très proche en 6, 275 (avec ἥντετο au lieu de ἥρισε) ; voir la note *ad loc.* pour le sens de φιλοσκοπέλῳ (t. 3, p. 161). — V. 333. Πήχεϊ παφλάζοντι : même expression pour Poseidon en 40, 326 ; voir la note *ad loc.* (t. 14, p. 283). — V. 334. La périphrase δαίμονα Παλληναῖον désigne Protée ; voir la note au v. 225. — Ὀρεστιὰς... Βάκχη : même expression en 15, 158. — V. 337-339. Noter l'antithèse ὑψινεφής (ἐλέφας)... I... χαμευνάδι (φώκῃ) aux deux extrémités de la phrase. — V. 337ᵇ = 25, 513ᵇ (à propos du serpent qu'affronte le Géant Damasen) ; l'expression ἐνοσίχθονι παλμῷ est attestée 6 autres fois dans le poème, en particulier pour Typhée (1, 288 ; 2, 41). — V. 338 = 26, 307 ; sur les pattes et la démarche de l'éléphant, voir la note à 26, 303-304 (t. 9, p. 286 s.). — V. 339. Χείλεσι μηκεδανοῖσι : comme le note F. Vian dans la note à 26, 316 (t. 9, p. 288), Nonnos mentionne rarement la trompe de l'éléphant ; il en fait des lèvres (cf. v. 31) ou une mâchoire, voire un gosier (26, 321), jamais un nez, erreur surprenante car l'animal n'était pas si exotique à son époque.

Page 148

340-358ª. — V. 341. Ταυροφυεῖς : cf. 15, 37 Σατύρων ταυρωπίδα μορφήν. Les cornes caractérisent les Satyres et plusieurs de leurs épithètes usuelles y font allusion (κεραός, κερόεις, εὐκέραος, βόόκραιρος, βουκέραος). — V. 342 ~ 10, 270 (à propos d'Ampélos). Sur le rapport de cette notation avec l'iconographie, voir la note à 10, 271 (t. 4, p. 149). — V. 343-345. Malgré Keydell, qui les considère comme un doublet des v. 319-325, nous ne voyons pas de raison d'éliminer ces vers qui font pendant au développement sur les Satyres. — V. 344. Ποσσὶ διχαζομένοις : cf. 28, 26 (Satyre chevauchant une lionne). — V. 345. Συμπλεκέων : même adjectif pour les flûtes en 18, 105. — Ἔθλιψε μέλος : cf. 3, 238 ἐπιθλίβοντες ἀοίδην, pour les doigts des joueurs de flûte (voir la note *ad loc.*, t. 2, p. 144) et 6, 42 περιθλίβων θρόον αὐλοῦ (Zéphyr). — Μέλος διδυμόθροον αὐλῶν : cf. 41, 374 δίθροον... μέλος αὐλοῦ ; pour les adjectifs, voir les notes à 47, 25-27 et 47, 26 (t. 17, p. 130). La correction de Graefe (διδυμόθροον au lieu de ἑτερόθροον) est exigée par le mètre ; cf. 10, 234 (où l'adjectif est épithète d'αὐλόν) ; 17, 70. — V. 346. Βαλιῇσι συναιθύσσουσα θυέλλαις : cf. en 10, 183, pour les boucles d'Ampélos λιγυρῷ δὲ συναιθύσσοντες ἀήτῃ. Pour le verbe, voir la note au v. 295. — Βαλιός, qui a toujours le sens de « rapide » chez Nonnos, est aussi employé comme épithète pour les vents en 9, 156 et 42, 36. — V. 347. Ἐκροτάλιζεν... κύμβαλα : même expression, mais avec un emploi intransitif du verbe (κύμβαλα sujet), en 17, 346 et 29, 286. Pour le sens du verbe, voir les notes à 27, 224-226 (t. 9, p. 304) et 40, 215 (t. 14, p. 272). — V. 348-349. Bacchante ou autre figure dionysiaque montée sur un ours ; cf. 20, 114 (λοφιὴν ἐπεμάστιεν ἄρκτου) ; 27, 133 ; 28, 15. Cf. aussi les jeux d'Ampélos en 11, 66. Les autres montures traditionnelles du cortège dionysiaque figurent dans le passage : taureau (v. 344) et panthère (v. 350). — L'idée de l'affrontement de l'ours à un monstre marin vient peut-être d'Oppien qui considère le phoque comme un animal redoutable, même sur terre, et capable de battre un ours (*Hal.*, 5, 38-40). Cf. t. 14, p. 106, n. 2. — Λυσσάδος ἄρκτου : formule fréquente (9 attestations). — V. 351 = 29, 278 ; voir la note *ad loc.* (t. 9, p. 348). — V. 352. Ἴχνεσιν ἀβρέκτοισιν : même expression en 3, 6 et 27, 186 ; voir la note à 3, 6 (t. 2, p. 133). — V. 353. Ἐπισκαίρουσα καρήνῳ : même comportement décrit (avec le verbe ἐπισκιρτάω) en 6, 194 (Dionysos-serpent sur la tête d'un Titan) ; 22, 238 (un guerrier sur la tête d'un blessé) ; 25, 512 (le dragon sur la tête du Géant Damasen). — V. 354. Λάξ, adverbe homérique, est un *hapax* chez Nonnos. Le début du vers est une imitation d'Homère, K 158 = o 45 λὰξ ποδὶ κινήσας. — V. 355. Κωφὸν ὕδωρ ἐπεμάστιε : sur ce geste, voir t. 8, p. 36, n. 2. — V. 356-357. Ὑγροφόρητος : création de Nonnos employée aussi en 15, 373 et 40, 497. — 356ᵇ-357 ~ 29, 280ᵇ-281 (avec Βάκχης au lieu de νύμφης) ; voir la note à 29, 281 (t. 9, p. 348 s.).

358ᵇ-371. — V. 358ᵇ. Πόντου : γείτων étant suivi chez Nonnos du datif ou du génitif (cf. 13, 73 γείτονα πόντου), on pourrait garder πόντῳ, la leçon de L, comme le fait Ludwich. Mais en fait πόντος ne doit pas être rattaché à l'adjectif (« le rivage proche de la mer » serait un pléonasme) mais au nom ἠόνι, comme le suggère Keydell en fondant sa correction sur *Paraph.* 21, 20 παρ' ἠόσιν ἵστατο πόντου. Sur l'emploi de γείτων avec παρά, voir la note à 41, 10. — V. 359. Θαλασσόμοθος : création de Nonnos, épithète de Dionysos également en 36, 421 et 39, 407 (second hémistiche identique au nôtre) ; autre emploi en 39, 370 avec un sens légèrement différent (voir la note *ad loc.*, t. 14, p. 253). — V. 360. Psamathé n'est mentionnée qu'ici dans les *Dionysiaques*. Cette Néréide, dont le nom évoque le sable, figure dans le catalogue de la *Théogonie* (v. 260) ; au v. 1004, Hésiode en fait l'épouse d'Aiacos et la mère de Phôcos. D'après Euripide (*Hélène*, 5 ss.), après avoir quitté Aiacos, elle devint l'épouse de Protée dont elle eut un fils, Théoclymène, et une fille, Eidô, appelée ensuite Théonoé. — Πολυταρβής n'est attesté que dans *Anth. Pal.* 9, 816. — V. 361. Εὐπαλάμου Βριαρῆος : même formule en 39, 291, où Poseidon rappelle le rôle de Briarée (dont il se dit le père, contrairement à la tradition hésiodique) dans la lutte de Zeus contre les Titans (cf. *Théog.* 713-725). Ici, Nonnos fait allusion à une autre intervention du Géant : d'après A 396-406, Thétis fit appel à lui pour sauver Zeus du complot d'autres dieux qui voulaient l'enchaîner. — V. 362. Αἰγαίωνα : cf. 39, 287 ; d'après A 402-404, Aigaiôn est le nom que porte Briarée chez les mortels. — V. 364. Ce vers, construit en chiasme, a été indûment corrigé. La leçon du manuscrit μετὰ φώκοιο τελευτήν ne peut cependant être intégralement conservée puisque μετὰ n'est pas acceptable métriquement et il faut donc reprendre la conjecture de Kœchly ἄμα... τελευτῇ. Mais il n'y a pas lieu de corriger φώκοιο en Γλαύκοιο comme l'ont fait la plupart des éditeurs. Comme l'a déjà vu Marcellus, on connaît par Hésiode *Théog.*, 1003-1005, un Phôcos fils de Psamathé et d'Aiacos (cf. Pind., *Ném.* 5, 12) qui fut tué par ses frères Pélée et Télamon pour les avoir vaincus aux concours gymniques (cf. l'allusion chez Eur., *Andr.* 687). Comme le note justement D. Accorinti, qui conserve φώκοιο (*Medioevo greco*, 1, 2001, p. 9), la présence de ce personnage ne fait pas difficulté, même s'il n'a pas été mentionné auparavant. Psamathé évoque d'abord les malheurs des siens : le risque d'esclavage pour Nérée son père et la mort de Phôcos son fils. Cela s'accorde bien avec l'évocation ensuite de Thétis promise elle-même à la servitude quand elle devra pleurer son mari, son fils et son petit-fils. De même Leucothéa est une mère qui a vu périr son fils. On peut ajouter que la mention de Phôcos souligne les liens qui unissent Psamathé et Thétis : le fils de la première est le frère de l'époux de Thétis. — V. 365. Αἰολόδακρυς : création nonnienne, comme ποικιλόδακρυς (3 occurrences) ; un seul autre emploi en 26, 79. — V. 366ᵇ ~ 13, 42ᵇ, parallèle qui justifie la correction de Keydell ; sur l'adjectif ἁβροβίων, repris au v. 447, voir la note *ad loc.* — V. 367. D'après Peek, *Lexikon, s.u.* πότμος, les trois datifs équivalent à des génitifs. Cf. R. Keydell, *Nonni Dion.*, t. 1, p. 61* qui signale quelques exemples analogues. — V. 369-371. Pour les malheurs de Leucothéa, voir la Notice p. 126, n. 3.

Page 149

372-384. — V. 372. Ὑψιμέδων Ζεύς : sur cette formule, fréquente dans le poème, voir la note à 47, 257 (t. 17, p. 160). — V. 376. Le second hémistiche rappelle la formule ἐχυτλώσαντο κεραυνοί utilisée en 8, 401 ; 45, 28 ; 47, 616, toujours à propos de la naissance de

Dionysos. Les foudres de Zeus qui, à sa naissance, l'ont baigné, deviennent ici hostiles (cf. ἀπειλητῆρες), comme si Dionysos était désormais abandonné par son père. — V. 377. Θεὸς ἀμπελόεις : périphrase très fréquente dans le poème (10 exemples), toujours pour désigner Dionysos qui porte aussi cette épithète (6 exemples). En 7, 103-106, Zeus annonce à Aiôn qu'ἀμπελόεις sera l'épiclèse attachée à Dionysos, comme d'autres le sont à Hermès, Arès ou Apollon. Ici, en conclusion de l'épisode (comme en 41, 21, dans le préambule), c'est une manière de réaffirmer la vraie mission de Dionysos : diffuser la culture de la vigne et non fonder des cités. — Γαμίῳ δεδονημένος ἰῷ : cf. πόθου δεδονημένος ἰῷ en 33, 195 (Morrheus) et 41, 322 (à l'accusatif, pour Zeus). — V. 379. Pour la comparaison du tonnerre avec la trompette, voir la note à 2, 365 (t. 1, p. 180). — V. 381. Même vers (avec Ἐρεχθεύς au lieu de ὁδίτης) en 32, 265. Sur les réminiscences homériques de cette formule, voir la note à 32, 265-266 (t. 10, p. 163). La clausule νωθρὸς ὁδίτης employée aussi en 3, 101 et 17, 27 vient de Callimaque ; voir la note à 3, 102 (t. 2, p. 138). — V. 383. Noter le jeu des sonorités αἰδομένοισιν ἀειδομένων.

385-393. — V. 385. Ὀψιτέλεστον : cette correction de Koechly (reprise par Keydell), s'appuie sur le parallèle de 48, 478 ; ἡμιτέλεστον (L) ne convient pas pour le sens. — Ἁλίδρομος... σύριγξ : cf. 14, 403 ἔβρεμε σύριγξ ; l'adjectif est une création et un *hapax*. — V. 386. Ἄσβεστον.... πῦρ : même expression en 24, 67 (incendie de l'Hydaspe allumé par Dionysos) et au v. 407 (forge d'Héphaistos) ; cf. Π 123 ἀσβέστη... φλόξ. — V. 387. La répétition de ἤπυε du v. 385 dans le manuscrit est vraisemblablement fautive. La correction de Tiedke ἔντυε est satisfaisante paléographiquement et pour le sens. Cf. 20, 32 ἔντυεν εὐνήν. Mais on préférera la graphie ἤντυε (cf. 48, 304), qui est plus près du texte transmis. — V. 388. Ὁμοζήλῳ δὲ πορείῃ : même hémistiche en 13, 566 ; 22, 49 ; 48, 451 ; expression au génitif en 5, 267. — V. 389. Noter la construction en chiasme. — V. 391. Vers à peu près identique en 10, 239 (Ἄμπελος remplace ἄστατος). — V. 392-393. Sur Galatée et Polyphème, voir la note au v. 104.

Page 150

394-407. — V. 394. Ὁμιλήσας ὑμεναίοις : voir la note au v. 56. — V. 396-397. Ces vers font probablement allusion à la présence d'une importante base navale romaine à Bérytos, voir la Notice p. 127. Ils rappellent aussi la mention d'Actium au ch. 41. — Ἄρεος εἰναλίοιο : cf. 26, 175 et 34, 53 ; P. Chuvin, *Myth. et géogr.*, p. 202, n. 34, suggère un jeu de mots avec le nom traditionnel d'Arès Ἐνυάλιος (utilisé au v. 74). — V. 399. Sur « l'Arabe Nérée », formule qui désigne par métonymie la mer Érythrée (l'océan Indien), voir t. 8, p. 35, n. 1. — V. 400. Ἡφαίστου σοφὸν ἔργον : même hémistiche en 3,

132 (palais d'Électre) ; 5, 138 (collier d'Harmonie) ; 19, 123 (cratère d'or, prix du concours de danse des jeux funèbres en l'honneur d'Ampélos) ; 25, 384 (bouclier de Dionysos). L'expression est sans doute imitée d'Homère ; voir la note à 25, 384 (t. 9, p. 260). — V. 401. Vers inspiré de Σ 401 πόρπας τε γναμπτάς θ' ἕλικας κάλυκάς τε καὶ ὅρμους. Ce parallèle justifie la correction de ὄλθον en ὅρμον. — Κάλυκας : 4 autres emplois au sens de « bouton de fleur » ; désigne ici des boucles d'oreille de cette forme, comme dans Σ 401 ; H. hom. à   Aphrodite, 87. — Ἕλικας : seul emploi au sens de « bracelets » dans les Dionysiaques. Cf. les références ci-dessus. — V. 402-404. Comme le note F. Vian, t. 1, p. LXVII, la lacune médiane affectant ces trois vers consécutifs prouve que le v. 403 était placé au-dessous du v. 402 et que, à la différence de L, son modèle disposait donc le texte en une seule colonne. — V. 402ᵇ. La lacune a été comblée par référence à 29, 200 et 36, 412. Pour les modèles de cette expression, voir la note à 29, 200. — V. 404-407. Ces vers, qui constituent une digression, s'inspirent de la scène du ch. XVIII de l'Iliade (v. 468-477) où Héphaistos se met au travail pour forger les armes d'Achille. Le v. 404 peut aussi être rapproché de γ 434. — Πυράγρην : autres mentions des tenailles d'Héphaistos en 27, 122 et 30, 71. — V. 405. Φυσαλέου : seul autre emploi en 23, 149 ; avant Nonnos, cet adjectif ne semble attesté que chez Cercidas (IIIᵉ s. av. J.-C.), 6, 15 (Powell, Coll. Alex., p. 208). — Χοάνοιο : seule attestation dans le poème. — V. 405-406ᵃ. Cf., à propos d'Héphaistos, 38, 205 ἄσθμασι ποιητοῖσι χέων ποιητὸν ἀήτην. Même recours à des « vents factices » en 23, 148 (pour gonfler des outres). — V. 406ᵇ-407. Pour le bruit de la forge, cf. 5, 579-580 εὐκελάδου δὲ... καμίνου. Autres évocations de la forge d'Héphaistos en 29, 349 et 29, 376.

408-418. — V. 409. Sur Arachné, voir la note à 18, 214-215 (t. 7, p. 147). Les étoffes brodées par Arachné font partie des présents d'hospitalité offerts par Staphylos à Dionysos. Autre allusion en 40, 303. D'après P. Chuvin, Myth. et géogr., p. 202, il peut s'agir de la soie « assyrienne » (connue par Pline) qui arrivait sur la côte depuis la Babylonie et que l'on travaillait en particulier à Beyrouth et à Tyr. — V. 410. Ἴδηρ... Ῥῆνος : sur l'emploi insolite de cette épithète pour le Rhin, voir la note à 23, 94 (t. 8, p. 250). Autres allusions au Rhin en 46, 56, 58. Pour P. Chuvin, op. cit., p. 202, cet hommage rendu par le Rhin à Béroé est peut-être un reflet des relations de la ville avec l'Occident, bien attestées par l'inscription des naviculaires d'Arles (CIL, III, 14165⁸). — Ἐχεκτεάνων : l'adjectif est appliqué au Pactole lui-même en 10, 157 et au Geudis en 11, 37 et 17, 35. — V. 411. Sur le Pactole et ses autres mentions dans le poème, voir la note à 10, 145 (t. 4, p. 139). — V. 414ᵇ-416ᵃ. Sur l'Éridan et les Héliades, voir la note à 2, 157 (t. 1, p. 172). — V. 415ᵃ = 23, 93ᵃ ; 415ᵇ = 23, 92ᵇ. — V. 416.

Δῶρα... στίλβοντα : cf. ὄλβον... στίλβοντα également à propos de l'ambre en 11, 308. — V. 417. Le Strymon (aujourd'hui Stroma) n'est mentionné qu'ici dans le poème, par référence aux mines d'argent du Pangée ; c'était le pays d'origine des Bithyniens (Hdt, VII, 75). Sur le Geudis, voir la note à 27, 37-39 (t. 9, p. 294) ; ce fleuve de Bithynie est mentionné également en 11, 37 et 17, 35 (vers identiques). Lui aussi fait référence à une région, au nord-ouest de l'Asie Mineure, très riche en mines, en particulier argentifères.

Page 151

419-436. — V. 419. Ἀρτιχόρευτος : création nonnienne que l'on retrouve en 7, 46 ; 24, 193 ; 26, 268. Sur cet adjectif et la chronologie des rites de noces, voir la note à 26, 266-268 (t. 9, p. 284). — V. 420. Ἀμειδήτῳ : seul autre emploi de cet adjectif en 12, 122, également pour Dionysos (après la mort d'Ampélos). — V. 421. Γνωτὸς Ἔρως : même formule à l'accusatif en début de vers en 48, 178. — Παρήγορον ἴαχε φωνήν : même hémistiche en 3, 325 ; 11, 355 ; 33, 350 ; 40, 36 ; 46, 321. — V. 425. Θαλασσοπόρῳ : sur cet adjectif, voir la note à 40, 531 (t. 14, p. 303). — V. 427. Ὁμόγνιον : Ariadne est la petite-fille d'Europé (par Minos), Dionysos est le petit-fils de Cadmos, frère d'Europé (par Sémélé). Autre allusion à cette parenté en 13, 229-230 (Minos cousin de Sémélé). — V. 429. Le texte de L comporte 2 fois λιπών dans le vers. Se fondant sur le parallèle de 48, 238, Keydell propose de maintenir le second, ce qui dispose les compléments en chiasme, tandis que Graefe et Ludwich conservent le premier. En revanche, qu'il s'agisse de remplacer le premier ou le second, λόφον proposé par Graefe nous paraît paléographiquement préférable à ῥίον conjecturé par Ludwich et adopté par Keydell. En outre, il semble plus logique que le copiste ait écrit λιπών au lieu de λόφον au début en anticipant sur la suite. — V. 430. Εὐπάρθενον : sur l'emploi de cet adjectif chez Nonnos, voir la note à 39, 188 (t. 14, p. 239). — V. 431. Plusieurs corrections ont été proposées pour remplacer le texte de L, ἠελίοιο, qui ne convient pas. La proposition de Marcellus, reprise par Koechly, Ὠκεανοῖο, s'accorde bien avec la généalogie d'Aura, fille de l'Océanide Périboia (48, 246), mais n'est guère satisfaisante pour l'argumentation d'Éros. Il vient d'expliquer à Dionysos que le mariage avec une nymphe de la mer ne lui convenait pas et il est en train de lui vanter l'ἄβροχον... λέχος d'Aura ; le rappel de son grand-père Océan semble mal venu. La correction de Giangrande (*Class. Rev.*, n.s., 13, 1963, p. 255) ἠερίοιο est plus séduisante, d'abord au point de vue paléographique, mais aussi pour le sens : Aura, dont le nom signifie « la brise », est une nymphe « aérienne » et représente donc l'opposé de Béroé. Toutefois la forme attendue serait plutôt ἠερίης (cf. 6, 117 ἠερίης... αὔρης), mais elle est impossible métriquement et on peut supposer que, comme il le fait pour d'autres adjectifs en -ιος (cf.

R. Keydell, *Nonni Dion.*, t. 1, p. 44*-45*), Nonnos a utilisé la forme masculine au féminin. — V. 435. Περιστέψω σε κορύμβοις : cf. [Opp]., *Cyn.*, 4, 245 καὶ ἐστέψαντο κορύμβοις. — V. 436. Vers très proche en 48, 179 (ὑμεναίων remplace ᾿Αφροδίτης). 437-449. — V. 437. Γυναιμανέοντι : sur le sens de cet adjectif, voir la note à 16, 229 (t. 6, p. 233). — V. 438. Θοῦρος ῎Ερως : formule fréquente (9 autres exemples). — Πτερύγων... βόμβον ἰάλλων : même expression à propos d'Éros en 42, 11. — V. 439. Νόθος ὄρνις ἀνῃώρητο : même expression à propos d'Éros en 42, 37. — V. 442. Χρυσαυγέι : même adjectif pour le Pactole en 10, 19. — Χρυσαυγέι πηλῷ : cf. στίλβοντι πηλῷ en 10, 162 également pour le Pactole. — V. 443. Ψαμάθοιο a été proposé par Graefe et adopté par Marcellus pour remplacer le fautif λιβάνοιο de L. Le sable du Pactole est évoqué en 10, 146 πορφυρέαις ψαμάθοισι, 10, 331 ἐν ψαμάθοις... εὐκροκάλου ποταμοῖο et 10, 421 ψαμαθώδεϊ πηλῷ. La correction de Koechly ἀφνειοῦ ποταμοῖο a l'inconvénient de porter aussi sur l'adjectif. Celle de Ludwich, τιτάνοιο, est peu convaincante parce que Nonnos n'emploie pas ce mot ailleurs. ᾿Αφνειαῖς λιβάδεσσι, proposé par Keydell et fondé sur le parallèle διδύμαις λιβάδεσσι dans *Paraphr.* 19, 180, est plus éloigné du texte initial, oblige à une double correction et ce groupe au datif est gênant après χρυσαυγέι πηλῷ. — ᾿Αφνειῆς : cf. ἀφνειῷ... βυθῷ en 10, 147 et ἀφνειῆς... γαλήνης en 11, 50, également à propos du Pactole. — V. 446. Βαθυπλούτου : sur l'origine et l'emploi de cet adjectif chez Nonnos, voir la note à 10, 146 (t. 4, p. 139). — V. 447. ῾Αβροβίων γένος ἀνδρῶν : cf. Denys le Périég. 968 ἁβροβίων ᾿Αράβων γένος.

INDEX RERVM NOTABILIVM

Les indications de pages renvoient aux notices et aux notes sous la traduction. Les notes en fin de volume sont désignées par l'indication du chant et du vers ; une référence du type 41, 120/128 renvoie à un ensemble de notes comprises entre les deux vers mentionnés. Les parallèles ou sources littéraires ne sont signalés que pour les auteurs les plus notables.

INDEX FRANÇAIS

INDEX GREC

ἀδίαντος : 43, 203ᵇ-204.
ἄδρυπτος : 41, 194.
ἀερσιπότητος : 41, 9.
αἰολόδακρυς : 43, 365.
αἰολόνωτος : 41, 192.
ἀκλινής : 41, 138.
ἀκροβαφής : 41, 240.
ἁλίβρομος : 43, 385.
ἁλικνήμις : 43, 199.
ἁλίρροιζος : 43, 213.
ἀλύσκω : 43, 163-164.
ἀμβολιεργός : 42, 156.
ἀναβλύζω : 43, 319.
ἀναφύσσω : 43, 31.
ἀνημέλκτος : 41, 140.
ἀπειρόκακος : 42, 165.
ἀποσφηκόω-ῶ : 42, 156.
ἀργός : 42, 161.
ἀρτιλόχευτος : 41, 99.
ἀρτίφυτος : p. 139 (n. 1) ; 41, 5.
ἀτίνακτος : 43, 268.
αὐτογένεθλος : 41, 52.
αὐχήν : 41, 38-39, 75.

βαθυκύμων : 41, 36.
βαλιός : 43, 346.
βάρβιτον : 42, 253.
βαρύμοχθος : 42, 170.
βιοσσόος : 41, 20.
βουτύπος : p. 86 (n. 2).
βροτοειδής : 43, 206-209.
βρύον : 41, 120.

γείτων : 41, 10, 119.
γυναιμανής : 42, 70.

δικασπόλος : 41, 171.
δισσοτόκος : 41, 75.
δριμύς : 41, 411.

ἔγκυος : 41, 263ᵇ.
ἐγρεκύδοιμος : 43, 1.
ἔμβρυος : p. 144 (n. 1).
ἔμπνοος : 41, 49.
ἑτερόχροος : 43, 230.
εὐάμπελος : 43, 54.
εὐαφής : 42, 241.
ἐύγλωσσος : 41, 381-382.
ἐυκρήπις : 43, 222.
εὔνησος : 41, 15ᵃ˙
εὐρυάγυια : p. 41 (n. 1).
ἐυστροφάλιγξ : 43, 59.
εὐτρόχαλος : p. 44 (n. 1).

ζηλομανής : 41, 211.

ἡδυτόκος : 41, 218.

θαλασσόμοθος : 43, 359.
θεμείλιον : 43, 1.
θεμιστοπόλος : 41, 10.
θυγατρογόνος : 41, 102.

ἰθύνοος : 41, 353.
ἰσοέτηρος : 41, 150.
ἱσταμένη : 42, 47.

κατωμάδιος : 42, 4.
κενεών : 41, 27.
κόρυμβος : 41, 228.

Μαιονίς : 43, 316.
μελαγχαίτης : 43, 57.
μετανάστιος : 43, 10.
μιτρόω-ῶ : 41, 176-177.
μογοστόκος : 41, 73.
μυκηθμός : 41, 188.

ναρκάω-ῶ : 42, 70.

TABLE DES MATIÈRES

COLLECTION DES UNIVERSITÉS DE FRANCE

OUVRAGES PARUS

Série grecque

dirigée par Jacques Jouanna
de l'Institut
professeur émérite à l'Université de Paris Sorbonne

Règles et recommandations pour les éditions critiques (grec). (1 vol.).

ACHILLE TATIUS.
Le Roman de Leucippé et Clitophon. (1 vol.).

AELIUS ARISTIDE (Pseudo-)
Arts rhétoriques. (2 vol.).

AELIUS THÉON.
Progymnasmata. (1 vol.).

ALCÉE.
Fragments. (2 vol.).

LES ALCHIMISTES GRECS.
(3 vol. parus).

ALCINOOS.
Les doctrines de Platon. (1 vol.).

ALEXANDRE D'APHRODISE.
Traité du destin. (1 vol.).

ANDOCIDE.
Discours. (1 vol.).

ANONYME DE SÉGUIER.
Art du discours politique (1 vol.).

ANTHOLOGIE GRECQUE.
(12 vol. parus).

ANTIGONE DE CARYSTE.
Fragments. (1 vol.).

ANTIPHON.
Discours. (1 vol.).

ANTONINUS LIBERALIS.
Métamorphoses. (1 vol.).

APOLLONIOS DE RHODES.
Argonautiques. (3 vol.).

APPIEN.
Histoire romaine. (4 vol. parus).

APSINÈS.
Art rhétorique. (1 vol.).

ARATOS.
Phénomènes. (2 vol.).

ARCHILOQUE.
Fragments. (1 vol.).

ARCHIMÈDE. (4 vol.).

ARGONAUTIQUES ORPHIQUES. (1 vol.).

ARISTÉNÈTE. (1 vol.).

ARISTOPHANE. (5 vol.).

ARISTOTE.
De l'âme. (1 vol.).
Catégories. (1 vol.).
Constitution d'Athènes. (1 vol.).
Du ciel. (1 vol.).
Économique. (1 vol.).
Génération des animaux. (1 vol.).
De la génération et la corruption. Nlle éd. (1 vol.).
Histoire des animaux. (3 vol.).

Série latine

dirigée par Jean-Louis Ferrary
de l'Institut
directeur d'études à l'École Pratique des Hautes Études (IVᵉ section)

Règles et recommandations pour
les éditions critiques (latin).
(1 vol.).

ACCIUS.
Œuvres. Fragments. (1 vol.).

AMBROISE (Saint).
Les devoirs. (2 vol.).

AMMIEN MARCELLIN.
Histoires. (7 vol.).

L. AMPÉLIUS.
Aide-mémoire. (1 vol.).

L'ANNALISTIQUE ROMAINE.
(3 vol. parus).

APICIUS.
Art culinaire. (1 vol.).

APULÉE.
Apologie. - Florides. (1 vol.).
Métamorphoses. (3 vol.).
Opuscules philosophiques. -
Fragments. (1 vol.).

ARNOBE.
Contre les Gentils. (1 vol. paru)

LES ARPENTEURS ROMAINS.
(1 vol. paru)

AUGUSTIN (Saint).
Confessions. (2 vol.).

AULU-GELLE.
Nuits attiques. (4 vol.).

AURÉLIUS VICTOR.
Livre des Césars. (1 vol.).
Abrégé des Césars. (1 vol.).

AVIANUS.
Fables. (1 vol.).

AVIENUS.
Aratea. (1 vol.).

BOÈCE.
Institution arithmétique. (1 vol.).

CALPURNIUS SICULUS.
Bucoliques.

CALPURNIUS SICULUS (Pseudo).
Éloge de Pison. (1 vol.).

CASSIUS FELIX.
De la médecine. (1 vol.).

CATON.
De l'Agriculture. (1 vol.).
Les Origines. (1 vol.).

CATULLE.
Poésies. (1 vol.).

CELSE.
De la médecine. (1 vol. paru).

CÉSAR.
Guerre civile. (2 vol.).
Guerre des Gaules. (2 vol.).

CÉSAR (Pseudo-).
Guerre d'Afrique. (1 vol.).
Guerre d'Alexandrie. (1 vol.).
Guerre d'Espagne. (1 vol.).

CETIUS FAVENTINUS.
Abrégé d'architecture privée.
(1 vol.).

CICÉRON.
L'Amitié. (1 vol.).
Aratea. (1 vol.).
Brutus. (1 vol.).
Caton l'ancien. De la vieillesse.
(1 vol.).
Correspondance. (11 vol.).
De l'invention (1 vol.).
De l'orateur. (3 vol.).
Des termes extrêmes des Biens
et des Maux. (2 vol.).

MARTIANUS CAPELLA.
Les Noces de philologie
et Mercure. (1 vol. paru).

MINUCIUS FÉLIX.
Octavius. (1 vol.).

PREMIER MYTHOGRAPHE
DU VATICAN. (1 vol.).

NÉMÉSIEN.
Œuvres. (1 vol.).

OROSE.
Histoires (Contre les Païens).
(3 vol.).

OVIDE.
Les Amours. (1 vol.).
L'Art d'aimer. (1 vol.).
Contre Ibis. (1 vol.).
Les Fastes. (2 vol.).
Halieutiques. (1 vol.).
Héroïdes. (1 vol.).
Métamorphoses. (3 vol.).
Pontiques. (1 vol.).
Les Remèdes à l'Amour. (1 vol.).
Tristes. (1 vol.).

PALLADIUS.
Traité d'agriculture. (1 vol. paru).

PANÉGYRIQUES LATINS.
(3 vol.).

PERSE.
Satires. (1 vol.).

PÉTRONE.
Le Satiricon. (1 vol.).

PHÈDRE.
Fables. (1 vol.).

PHYSIOGNOMONIE (Traité de).
(1 vol.).

PLAUTE.
Théâtre complet. (7 vol.).

PLINE L'ANCIEN.
Histoire naturelle. (36 vol. parus).

PLINE LE JEUNE.
Lettres. (4 vol.).

POMPONIUS MELA.
Chorographie. (1 vol.)

PROPERCE.
Élégies. Nlle éd. (1 vol.).

PRUDENCE. (4 vol.).

QUÉROLUS. (1 vol.).

QUINTE-CURCE.
Histoires. (2 vol.)

QUINTILIEN.
Institution oratoire. (7 vol.)

RHÉTORIQUE À HÉRENNIUS.
(1 vol.).

RUTILIUS NAMATIANUS.
Sur son retour. (1 vol.).

SALLUSTE.
Conjuration de Catilina. Guerre
de Jugurtha. Fragments des
Histoires. (1 vol.).

SALLUSTE (Pseudo-).
Lettres à César. Invectives. (1 vol.).

SÉNÈQUE.
Apocoloquintose du divin
Claude. (1 vol.).
Des Bienfaits. (2 vol.).
De la Clémence. (Nlle éd. 1 vol.).
Dialogues. (4 vol.).
Lettres à Lucilius. (5 vol.).
Questions naturelles. (2 vol.).
Théâtre. Nlle éd. (3 vol.).

SIDOINE APOLLINAIRE. (3 vol.).

SILIUS ITALICUS.
La Guerre punique. (4 vol.).

STACE.
Achilléide. (1 vol.).
Les Silves. (2 vol.).
Thébaïde. (3 vol.).

SUÉTONE.
Vie des douze Césars. (3 vol.).
Grammairiens et rhéteurs. (1 vol.).

SYMMAQUE.
Lettres. (4 vol.).

TACITE.
- Annales. (4 vol.).
- Dialogue des Orateurs. (1 vol.).
- La Germanie. (1 vol.).
- Histoires. (3 vol.).
- Vie d'Agricola. (1 vol.).

TÉRENCE.
- Comédies. (3 vol.).

TERTULLIEN.
- Apologétique. (1 vol.).

TIBULLE.
- Élégies. (1 vol.).

TITE-LIVE.
- Histoire romaine. (30 vol. parus).

VALÈRE MAXIME.
- Faits et dits mémorables. (2 vol.).

VALERIUS FLACCUS.
- Argonautiques. (2 vol.).

VARRON.
- Économie rurale. (3 vol.).
- La Langue latine. (1 vol. paru).

LA VEILLÉE DE VÉNUS
(Pervigilium Veneris). (1. vol.).

VELLEIUS PATERCULUS.
- Histoire romaine. (2 vol.).

VICTOR DE VITA.
- Histoire de la persécution vandale en Afrique. – La passion des sept martyrs. – Registre des provinces et des cités d' Afrique. (1 vol.).

VIRGILE.
- Bucoliques. (1 vol.).
- Énéide. (3 vol.).
- Géorgiques. (1 vol.).

VITRUVE.
- De l'Architecture. (9 vol. parus).

Catalogue détaillé sur demande

Ce volume,
le quatre cent quarante-septième
de la série grecque
de la Collection des Universités de France,
publié aux Éditions Les Belles Lettres,
a été achevé d'imprimer
en janvier 2006
dans les ateliers
de l'imprimerie Peeters s. a.
à Louvain, B-3000

N° d'édition : 6378.
Dépôt légal : février 2006.

Imprimé en Belgique